111 Gründe, Bücher zu lieben

Für Julia und die Erdmanns

Stefan Müller

111 Gründe,
Bücher
zu lieben

Eine Liebeserklärung
an das Lesen

SCHWARZKOPF & SCHWARZKOPF

Das Vorwort

1. KAPITEL
Jenseits des Klappentextes

2. KAPITEL
Bücher sind Menschen und Menschen sind Bücher

5. KAPITEL

Wer schreibt, bleibt:
Tagebücher und Historisches

Seite 97

6. KAPITEL

Unvergleichliche Heldinnen

Seite 119

7. KAPITEL
Große und kleine Helden
zwischen den Buchdeckeln
Seite 143

10. KAPITEL
Jugendbücher
und Schullektüre
Seite 221

9

11. KAPITEL

111 deutsche Buchjahre:
eine Unbedingt-lesen-Liste
Seite 245

12. KAPITEL
Zu guter Letzt
Seite 273

Das Vorwort

Liebe Leserinnen und Leser,

wenn ich nicht regelmäßig arbeiten müsste, würde ich wahrscheinlich zwei Drittel meines Lebens auf meiner Couch verbringen und lesen. Nun habe ich das Glück, dass ich als Literaturwissenschaftler so tun kann, als wäre das Arbeit. Sollte mich also jemand fragen, was ich den ganzen Tag gemacht hätte, und ich wüsste nur etwas beschämt »lesen« zu antworten, könnte ich das problemlos auch durch »arbeiten« ersetzen. So wie andere Leute Squash mögen, Fußball, Formel 1, Eisenbahnen oder Elefantenfiguren, mag ich Bücher. Ich lese und besitze gern so viele wie möglich von ihnen und mag den Anblick meiner Bücherwand, die ich in regelmäßigen Abständen erweitern muss. Dass ich ein Buch übers Lesen schreibe, liegt also ziemlich nahe.

Über Bücher zu schreiben, ist eine Mammutaufgabe. Es ist im weitesten Sinne sogar gefährlich! Denn man wagt sich auf das weltenumspannende Terrain der – Gott sei Dank! – niemals vom Aussterben bedrohten verschiedenen Arten der Bücherwürmer und Leseratten vor. Über Bücher zu schreiben, ist deswegen so schwierig, weil sie zwar einen im Grunde simplen Aufbau haben (Papier, Druckertinte, Leim), dafür aber oft mit explosivem Inhalt daherkommen. Und sie sind eine Sache des Geschmacks und daher so schwer zu beurteilen oder gar zu empfehlen wie die neueste Oberbekleidung vom Catwalk in Paris oder Ferienhotels am bulgarischen Goldstrand.

111 Gründe, Bücher zu lieben ist keine wissenschaftliche Abhandlung, sondern eine Reise durch die mannigfaltigen Epochen der Literatur. Gemeinsam schauen wir hinter die Kulissen des Büchermarktes und nehmen die unterschiedlichen Erscheinungsformen von Büchern unter die Lupe. Vor allem aber ist *111 Gründe, Bücher zu lieben* eine literarische Schatzsuche nach den beliebtesten Romanen, nach den mutigsten Heldinnen, den empfindsamsten Helden, nach Klassikern, Dauerbrennern und Neuerscheinungen, die das Zeug haben, uns ganz lang im Gedächtnis zu bleiben.

Gespickt mit unzähligen Leseempfehlungen, ist dieses Buch für alle, die Bücher lieben.

Stefan Müller

1. KAPITEL

Jenseits des Klappentextes

1.

Weil Bücher von der Schriftrolle bis zum Taschenbuch ihre eigene Geschichte haben

Mit Geschichtlichem wollen wir uns nicht lange aufhalten, denn wir lieben Bücher ja nicht, weil sie sich irgendwann mal aus einer Papyrusrolle im alten Ägypten über den Kodex aus Pergament im antiken Rom zu einem neuzeitlichen Papier-Wälzer wie Uwe Tellkamps *Der Turm* entwickelt haben (der aufgrund seiner Dicke und Schwere schon fast als Wurfwaffe bezeichnet werden könnte), sondern weil sie einfach da sind und uns erfreuen, informieren, unterhalten, erschrecken, faszinieren und noch weitere etwa 300 Tätigkeiten ausüben.

Allen Spitzfindigen sei an dieser Stelle gesagt: Natürlich, Bücher können selbst keine Tätigkeiten ausüben, sondern sind nur Produkte, die eine bestimmte Wirkung erzielen. Aber da wir hier unter uns sind, kann man die gebundenen Papierberge als ein wenig selbstständiger betrachten. Wer von uns wurde nicht von einem Buch seit seiner Jugend begleitet, wer hat nicht in einem Buch einen Seelentröster gefunden, wer hat nicht schon mal auf die Hilfe eines Buches gesetzt (frage ich jetzt mal die Verzweifelten in der Küche)?

Laut UNESCO ist ein Buch ein nicht periodisches Werk und hat übrigens mindestens 49 Seiten. Was ein wenig seltsam klingt, denn wo ist bitte schön die Rückseite der 49. Seite geblieben? Dass der Begriff »Buch« tatsächlich von der Baumart Buche abgeleitet ist, ist so naheliegend, dass man gar nicht drauf kommt. Im Germanien anno dazumal hatte man auf die Rinde der Buche geschrieben.

So, ich stelle mal den Zeitraffer an und vereinfache die Historie ein bisschen: Bevor der Mainzer Johannes Gutenberg in Europa den Druck mit beweglichen Lettern erfand, waren traditionelle

Bücher sowas wie kostbare Mangelware. Sie wurden von Hand geschaffen und beschrieben, oftmals reich verziert und verschwanden dann in einer Klosterbibliothek oder in einem Präsentationsraum in irgendeinem Schloss, wo sie dann kaum jemand mehr zu Gesicht bekam. Da half auch Anstellen nichts, sofern man das damals überhaupt schon erfunden hatte. Dann kam Gutenberg und schuf die Möglichkeit der Vervielfältigung von Schriften. Diese frühen Bücher, heute Inkunabeln oder Wiegendrucke genannt, sind dieser Tage sehr kostbar und waren der Startschuss für den modernen Buchhandel. Bücher sind das gedruckte Gedächtnis der Menschheit und funktionieren auch bei Stromausfall. Das Gute ist, sie können beides: bilden und unterhalten.

Bei Philosophen aller Couleur stellt sich seit Menschengedenken die Frage, was nun zuerst da war, die Henne oder das Ei. Bei dem Buch und der Schrift haben wir dieses Problem nicht, denn die Entwicklung von der Erfindung der Schrift bis hin zu Bestsellern anno 2013 lässt sich historisch ja belegen. Und es würde auch wenig Sinn ergeben, hätte man ein Buch erfunden und wüsste nicht, wie man es füllen sollte.

Je mehr Bücher produziert wurden, umso größer war ihre Verbreitung, desto besser wurde die Bildung der Menschen, was wiederum dazu führte, dass noch mehr Bücher gedruckt wurden. Durch die Verbesserung des Buchdrucks und die Schöpfung von preiswerterem Papier verbreiteten sich die papiernen Wissensträger, die dazumal nur gebildeten Leute vorbehalten waren, in ganz Europa. Dann kamen – im Schnelldurchlauf – die Reformation (alle wollten jetzt die Bibel auf Deutsch lesen), etwas später Goethe, dann die Manns und kurz darauf *Shades of Grey*. Was würde wohl der alte Gutenberg dazu sagen?

2.

Weil jeder doch gern mal einen Literaturpreis gewinnen möchte

»Richtige Schriftsteller« behaupten von sich ja immer, dass sie nicht leben könnten, wenn sie nicht jeden Tag mindestens eine Seite Text schrieben. Eine Art innerer Zwang treibe sie dazu an, sei ihnen wie die Luft zum Atmen, sie würden verkümmern, wenn ihre Fingerspitzen nicht auf dem Wellental einer Tastatur herumklimpern könnten. Zunächst ist ihnen auch gar nicht wichtig für wen, sondern nur dass sie schreiben. Und ärgern sich am Ende doch, wenn es keiner liest. Doch mal ehrlich, Quantität allein bringt ja nun nicht den Lesefrieden auf die Welt; bei manchen Autoren wäre es doch günstiger, sie würden weniger, dafür aber bessere Sachen schreiben. Und überhaupt: Niemand kann mir erzählen, dass er frohen Herzens für die Schublade schriebe, denn jeder Schreiberling sehnt sich doch nach Anerkennung durch seine Leserschaft, wie ein Schauspieler auf der Bühne nach dem Applaus der Zuschauer lechzt und ein Fernsehmoderator am nächsten Tag einen ernsten Blick auf die Einschaltquoten seiner Sendung wirft.

Jeder, der sich viele Wochen und Monate an seine Schreibmaschine oder seinen Computer setzt und durchaus auch mal ganze Nächte hindurch an seinen Texten arbeitet, dabei zu essen und zu schlafen vergisst und nicht mehr fähig ist, die Einladungen von Freunden zu einem gemütlichen abendlichen Beisammensein anzunehmen, möchte doch wenigstens ein bisschen Anerkennung einheimsen. Am besten natürlich auch etwas weiter über die Grenzen der Familie und der lokalen Zeitungen hinaus. Was dem Ingenieur seine Brücke, ist dem Schriftsteller sein Buch – und bitte jeder sollte doch ein bisschen Staunen dafür übrig haben. Größter Lohn sind freilich gute Verkaufszahlen und das Auftauchen auf diversen Bestsellerlisten, denn hat man es dorthin erst geschafft, ist der eigene Name schnell im Munde vieler anderer, dann klettert man nicht mehr mühselig auf der Karriereleiter, sondern nimmt einfach den Lift.

Doch erst, wenn die eigenen Bücher mit einem leicht ablösbaren Aufkleber mit dem charmanten Aufdruck »Ausgezeichnet mit …« verziert werden, hat man sich in die endlos lange Reihe von Preisträgern eingereiht und kann nun stolz behaupten, es zu etwas gebracht zu haben. Billy Wilder prägte mal einen scherzhaften Ausspruch über Auszeichnungen und Preise, die früher oder später jedes Ar… bekomme, und wenn man bedenkt, dass es allein in Deutschland weit über 300 Bücherpreise gibt, könnte er damit durchaus Recht haben. Die Mehrzahl der Preise trägt Namen berühmter Autoren, ob die allerdings über die Auswahl der Gewinner immer so glücklich wären, sei mal dahingestellt.

Preise gibt es ja nicht nur für die pädagogisch wertvollsten Bücher, oft werden auch Persönlichkeiten für ihre Verdienste um die Kunstform Buch geehrt. Städte schreiben Literaturpreise aus, um ihren kulturpolitischen Ansatz zu unterstreichen, die Frankfurter Buchmesse prämierte sogar das Buch mit dem irrwitzigsten Titel. Früher hat man solche Bücher gar nicht erst gekauft, jetzt bekommen sie sogar Preise!

Die Formalitäten sind jeweils verschieden: Mal bewirbt sich ein Verlag mit einem Buch, manchmal schlägt sich der Autor selbst vor, es gibt Preise für Übersetzer, Buchgestalter, Jugendbücher, Krimis, mal wird einfach mit ausgestreckter Hand in die Fülle der Schriftsteller gegriffen und schon – die Vielfalt macht's möglich – hat man seinen Preisträger. Dem Otto Normalverbraucher völlig unbekannte Autoren werden mit gutdotierten Preisen überhäuft und vielgelesene Schriftsteller werden einfach Jahr für Jahr ignoriert, bis man ihnen am Ende der Karriere, also quasi kurz bevor der Stift endgültig aus der Hand gleitet, nur trostweise irgendeinen Preis fürs Lebenswerk überreicht.

Am besten ist, man schreibt gar keine Bücher, dann muss man sich auch nicht ärgern, wenn man keinen Preis bekommt, ja wenn man es nicht mal auf eine sogenannte Longlist, geschweige denn auf eine Shortlist schafft. Ich habe noch keinen Literaturpreis erhalten. Aber ich will auch gar keinen. Ganz ehrlich.

3.

Weil Literaturwissenschaftler einfach ihr Hobby zum Beruf machen können

Ich bin ja selbst so einer. Und fühle mich gut dabei. Man muss nur aufpassen, dass man in der Routine der Arbeit nicht die Faszination für das Objekt selbst verliert, Bücher also nicht mehr zur eigenen Unterhaltung konsumieren kann, sondern immer nur nach wissenschaftlich verwertbaren Aspekten Ausschau hält. Danach, wie sich Silben zu Wörtern und Wörter zu Sätzen formen und in ihrer Summe einen zufälligen oder genauestens geplanten Sinn ergeben.

Wer einmal hinter die Kulissen einer Fernsehserie geschaut hat oder sogar dort arbeitet, der sieht das Produkt mit anderen Augen: Die Wände sind aus Pappe und davon hat das vermeintliche Zimmer auch nur drei (und eine Decke schon mal gar nicht), die Aussicht nach draußen ist nur ein Plakat, der Straßenlärm kommt künstlich vom Band, und die Darsteller können sich nicht leiden, obwohl sie in der Serie ein ach so verliebtes Paar spielen.

Nicht anders ist das ja bei Sängern. Die machen zwar auf der Bühne eine tolle Figur und lächeln auch immer so herzlich in die Kamera, aber wehe das Playback geht aus! Und dass manche Sänger nur eine Arbeitsberechtigung haben, damit sich der Techniker im Studio nicht arbeitslos melden muss, ist auch so eine Geschichte, der man besser nicht auf den Grund geht.

Alle Literaturwissenschaftler eint die Liebe zu Büchern und zum Lesen. Was den Wissenschaftler vom Normalo-Leser unterscheidet, ist, dass die eigentliche Arbeit des Profis während des Lesens beginnt und nach der letzten Seite in eine neue Ebene aufsteigt. Dann geht es ans Analysieren, Auszählen und Anstreichen, ans In-Verbindung- und In-Kontrast-Setzen, es geht darum, Sekundärliteratur auszuwerten und nicht selten sogar Tertiärliteratur, es werden Thesen und Antithesen aufgestellt, es wird interpretiert und verworfen, niedergeschrieben und wegradiert, mit Kollegen im Büro oder im stillen Kämmerlein mit sich selbst diskutiert, die Lebensbedingungen des Autors werden hinterfragt, der Erzähler vom Autor losgelöst.

Man muss aufmerksam sein und sehr akribisch, man ist quasi ein Sherlock Holmes beim Lesen, achtet auf jede Kleinigkeit (und sei es auch nur ein mysteriöser Gedankenstrich! – zu dem kommen wir später noch), schenkt dem Beachtung, was eigentlich überlesen wird. Der Literaturwissenschaftler deutet und erklärt und muss aufpassen, dass er nur das aus einem Text herausholt, was drin ist, und nicht auch das, von dem er gerne wollte, dass man es herauslesen könnte. Schon anhand dieser Satzkonstruktion wird erkenntlich, wie schwer dieser Job ist!

Nun wird jeder Arbeiter auf einer Baustelle sagen, dass sein Job viel schwerer ist. Denn was ist das Schippen von Sand und Kies und das Tragen gewichtiger Metallträger gegen einen Job im Lesesessel und am Schreibtisch, bei dem man sich nicht mit mehr beschäftigt als mit Buchstaben, Büchern und Schreibpapier? Aber das wäre ja im Grunde so, als würde man *Hausarzt Dr. Bolliger – Sein Leben, seine Liebe, seine Patienten* von Patrick C. Frey mit *Dr. Faustus* von Thomas Mann vergleichen. Das geht irgendwie nicht.

Beide Berufe bringen ihre Schwierigkeiten und ihre schönen Seiten mit sich. Hier wie da müssen sich die Erfahrenen mit Anfängern rumärgern und deren Fehler korrigieren. Hier wie da steht man am Ende des Arbeitstages vor einem mal mehr, mal weniger befriedigenden Ergebnis. Während der Bauarbeiter aber zum Feierabend mit den Kollegen eine kühle Flasche Bier hebt (Sie merken schon, die Klischeekiste ist gerade aufgesprungen), bleibt der Literaturwissenschaftler allein zurück – nur umgeben von seinen Büchern, seinen Ideen und der Angst vor den Kollegen in aller Welt, die nur darauf brennen, seine neuen Erkenntnisse zu widerlegen. Also mal ehrlich, wer ist jetzt hier im Vorteil?

4.

Weil Kritiker Schmeichler oder Barbaren sein können

Wenn Marcel Reich-Ranicki in seinem Literarischen Quartett mit der Faust auf den Tisch haute und ein Buch nach Strich und Faden verriss, wusste man als Zuschauer gar nicht, was man davon halten sollte. Einerseits faszinierte seine Redegewandtheit, die über den bissigen Ton hinwegzutäuschen vermochte, andererseits empfand man Mitgefühl mit den betroffenen Autoren, deren Karriereende – obwohl sie vielgelesene und bekannte Leute waren – man nun gekommen sah. Wer seine Fernsehbeiträge verpasst hat, kann ja mal auf YouTube nachschauen oder kauft sich einfach seinen Band *Lauter Verrisse*, der auch einen guten Eindruck vom Ton seiner Kritiken vermittelt. Wie mühten sich Sigrid Löffler, Hellmuth Karasek und später auch Iris Radisch zu schlichten und von Reich-Ranicki offenbar überlesene Vorzüge eines Buches zu betonen.

Marcel Reich-Ranicki war zwar Deutschlands Literaturkritik-papst, aber bei weitem nicht der Einzige, der seine Meinung über Bücher kundtut. In Literaturzeitschriften, Tageszeitungen und Sammelbänden werden die geistigen Ergüsse von Kritikern abgedruckt. Das Rezensionsexemplar eines Romans – vom Verlag hoffnungsvoll an die lesenden und schreibenden Kollegen in den Redaktionen verschickt – wird zur Grundlage einer thematischen, stilistischen und an den persönlichen Bedürfnissen des Kritikers ausgerichteten Auseinandersetzung mit dem Werk.

Und da im Internetzeitalter nicht nur altgediente Literaturwissenschaftler und Buchmarkt-Insider Rezensionen verfassen, sondern heute jede und jeder auf den Seiten von Onlinekaufhäusern, in Blogs und auf Homepages seine Meinung vervielfältigen darf, gibt es mittlerweile eine Fülle von mehr oder minder kritischen Auseinandersetzungen. Das freie Internet lädt jedermann ein, seine Meinung kundzutun, auch wenn sie eigentlich keiner wissen möchte und vor allem auch wenn sie unangemessen ist. Sollte man nicht nur Dinge beurteilen, die man zu beurteilen objektiv in der Lage ist? »Schlagt ihn tot, den Hund. Es ist ein Rezensent!«, hat schon der alte Goethe in einem Gedicht geschrieben. Man müsste daher eine mathematische Gleichung erfinden, durch die die Glaubwürdigkeit einer Rezension zu berechnen ist, indem man den Stil des Romanautors proportional dem des Rezensenten gegenüberstellt. Besteht eine Diskrepanz von mindestens 15 Einheiten (wovon auch immer), hat der Kritiker das Buch einfach nicht verstanden und sollte sein Geschriebenes am besten wieder entfernen oder als untauglich kennzeichnen.

Kritiker sind keine Götter, sondern Menschen wie du und ich. Sie haben ihren eigenen guten oder schlechten Geschmack. An einem Tag schreiben sie etwas Gemeines, weil sie schlechte Laune haben und sich drin suhlen wollen, an einem anderen schreiben sie etwas Gutes, weil sie schlechte Laune haben und das ändern wollen. Einige Leser lassen sich durch eine schlechte Kritik abschrecken und verzichten auf den Erwerb des Buches, andere fühlen sich durch einen Verriss geradezu animiert, es zu kaufen, um zu prüfen, was wirklich dahintersteckt. Kritiken sind Orientierungshilfen und im Grunde so etwas wie Kalorien-, Fett- und Zuckerangaben auf Lebensmittelverpackungen. Sie zeigen dem geneigten Leser an, was alles drin ist – ob und wie's am Ende schmeckt, muss aber jeder selbst herausfinden.

5

Weil uns ein Buchcover magisch anziehen kann

Zufallskäufe im Buchsegment gibt es eigentlich gar nicht, denn irgendein Detail wurde exakt so gesetzt, dass es uns als Käufer auffallen und zum Erwerb animieren soll. Selbst wenn man weiß, was man kaufen will, ist man trotzdem nicht vor äußeren Einflüssen gefeit. Und das geht beispielsweise so: Es gibt immer wieder Klassiker, die ihr Dasein mehr oder weniger unbeachtet in Buchhandlungen verbringen. Ihre Aufmachung ist schlicht, der Titel ist sowieso geläufig. Nehmen wir als Beispiel mal *Anna Karenina*. An dem Regal »Romane von A bis Z« gehen wir ständig daran vorbei und denken bei uns, dass man das auch mal lesen müsste. Ist schließlich Weltliteratur, und was wäre das für ein Angeberfaktum, wenn man von sich sagen könnte, es gelesen zu haben. Aber die Arbeit kommt dazwischen, der Haushalt, Freunde, die besucht und empfangen werden wollen. Man verschiebt den Kauf auf später, denn dieses Buch – so ganz schlicht mit seinem weißen Schutzumschlag und der Pastellzeichnung einer schönen Frau vorn drauf – wird immer da sein.

Große Literaturklassiker eignen sich ja seit Filmurzeiten dazu, in prächtige Hollywoodschinken verwandelt zu werden. Jedes Vierteljahrhundert hat seine eigene Verfilmung, auf *Anna Karenina* trifft das ganz gut zu. Man denkt sofort an die göttliche Greta Garbo, Scarlett O'Hara, ach nein, Vivien Leigh und Sophie Marceau, bis dann die Ankündigung aus den Journalen bricht, dass die bezaubernde Keira Knightley die Rolle der unglücklich verliebten, ehebrecherischen Russin spielen wird. Lew Tolstois Erben (oder aber auch der Buchhandel) wittern ein gutes Geschäft. Die dicken Schinken werden wieder gut sichtbar hingelegt, und nun sieht man zum ersten Mal, dass es neben dem schlichten weißen Einband mit Pastellfrau auch eine ebensolche Ausgabe mit dem

Konterfei der Garbo gibt, und wenig später wird der Fokus auf eine ganz neue Zielgruppe gesetzt: Fans von Keira Knightley und diejenigen, die von Tolstoi noch nie was gehört haben und den Wälzer für das »Buch zum Film« halten.

Das Cover zeigt eine Aufnahme aus dem neuen Film, Keira Knightley in einem überwältigenden ausladenden roten Kleid, das jede Möchtegernprinzessin einmal tragen möchte und dem vielleicht ein Stückchen näher kommt, wenn sie das Buch liest. Das Cover springt einem direkt ins Auge, es fesselt den Käufer, noch bevor er weiß, dass er mit dem Akt des Berührens sich schon von einem bloßen Interessenten zu einem Käufer entwickelt hat. Gut, dass sich Umschläge recht schnell wechseln lassen, während der Inhalt bleibt.

Buchcover sind aufregend wie Kunstwerke. Sie machen neugierig auf den Inhalt eines Buches, sie locken mit hübschen Menschen in ungewöhnlichen Situationen, sie sind Ergänzung zum Titel des Buches, sie fangen die Stimmung des Romans mit ihrer Farbgestaltung ein, als buntes stechen sie aus einem Meer von weißen Covern heraus. Man stelle sich ein Backbuch vor, auf dem kein leckerer Kuchen vorn drauf wäre! Sie sind manchmal ein Indiz für die Zielgruppe (zum Beispiel durch verwendete Schriftarten oder Bilder), manchmal ein Hinweis darauf, ein zeitloses Produkt zu sein, das immer aktuell und beliebt sein wird und daher keinen aufwendig gestalteten Umschlag benötigt. Wie oft haben wir schon ein Buch gekauft, weil uns die Frau oder der Mann (oder beide zusammen) auf dem Cover gefallen haben, wie oft fühlten wir uns an etwas erinnert, was wir durch das Buch noch vertiefen zu können hofften?!

Ich mag Buchcover und lese mir in den Verlagsangaben auch durch, wer es entworfen hat oder von wem die Bilder stammen. Die Coverdesigner bleiben zu Unrecht so oft unbeachtet. Man sollte ihre Namen mal bei Facebook eingeben und dort ein Lob hinterlassen. Ja, das sollte man mal machen.

6.

Weil wir auf der Buchmesse
einfach »unter uns« sind

Auf einer Buchmesse zu sein, fühlt sich fast so exklusiv an, wie in einem klassischen Konzert im Opernhaus zu sitzen. Wenn ich auf das Opernhaus zuschreite, langsam mein Ticket aus der Jackettasche ziehe und nach dem Abriss zu meinem Stammplatz gehe, macht sich in mir ein wohliges Gefühl breit, was in etwa dem Nach-Hause-kommen-Gefühl gleicht, nur dass es hier mit deutlich mehr Spannung geladen ist. Gleich wird das Ensemble auf der Bühne Geigenbögen schwingen, Luft in Blasinstrumente pusten und zärtlich an der Harfe zupfen. Das alles passiert im Beisein mehrerer Hundert Menschen, die das Wissen eint, einen der Ihren neben sich zu haben, einen Liebhaber klassischer Musik, der für zwei Stunden den Alltag hinter sich lässt und sich mal nicht über irgendwelche Rabauken in der Straßenbahn oder laut grölende Typen spätabends auf der Straße aufregt.

Buchmessen sind seit jeher ein Ort des Austausches, der vor allem in Zeiten von Eisernen Vorhängen und anderen Grenzen einen wichtigen Treffpunkt darstellte. Leipzig im Osten Deutschlands und Frankfurt am Main im Westen sind die beiden großen Buchmesse-Städte der Republik und ziehen jedes Jahr im Frühling und im Herbst Zehntausende, ja Hunderttausende Besucher aus der ganzen Welt an. Kaum vorstellbar, dass in Frankfurt auf eine mehr als 500-jährige Messetradition zurückgeblickt wird! Denn recht schnell nach der Erfindung des Buchdrucks mit beweglichen Lettern durch Johannes Gutenberg im wenige Kilometer entfernten Mainz wurde Frankfurt zum zentralen Umschlagplatz des sich kontinuierlich entwickelnden Buchhandels. Für ein paar Jahrhunderte verschob sich das Messezentrum für Bücher dann nach Leipzig, bis nach dem Zweiten Weltkrieg Frankfurt wieder aus seinem Messe-Dornröschenschlaf erwachte und seither die Führungsposition innehat.

Ob aber nun in Leipzig oder Frankfurt oder sonst wo auf der Welt: Wo immer Menschen wegen Büchern zusammenkommen, kann man sich wohlfühlen. Der Traditionsbesucher, der noch mit Mann, Musil, Schröder und Wolff aufgewachsen ist, wird sich am heutigen Antlitz der Buchmesse vielleicht ein bisschen stören. Die Moderne hat natürlich auch hier Einzug gehalten. Das Buch als solches (also aus Papier und Pappe und Druckerfarbe) wird natürlich (Gott bewahre!) niemals aus der Mode kommen. Aber dennoch haben sich einige Neuerungen auf dem Markt etabliert, mit denen der Traditionalist leben lernen muss. Das mediale Zeitalter hat seine Fangarme ausgebreitet, und so mancher, der sich beim Stöbern in seiner ihm eigenen Ruhe gestört fühlt, freut sich am Ende doch, wenn im Radio oder im Fernsehen ausführlich von der Messe berichtet wird und zahlreiche Neuerscheinungen vorgestellt werden.

Dass in den letzten Jahren zunehmend extravagante Themengebiete Fuß gefasst haben und – sagen wir mal schwungvoll – gänzlich andere Zielgruppen (Stichworte: Anime, Hörbuch, E-Book) auf die Buchmessen gelockt werden, ist ja reine Gewöhnungssache und gibt dem Ganzen vielleicht sogar den nötigen Pep. Die vielen Begleitveranstaltungen aus Lesungen, literarischen Konzerten und Vorträgen tragen ihr Übriges zum Gelingen einer Messe bei.

Es ist doch herrlich zu sehen, wenn Promis ihre Bücher vorstellen und es einen Massenauflauf von Autogrammjägern gibt! Es ist doch faszinierend, die großen Schriftsteller mal von Angesicht zu Angesicht zu sehen und festzustellen, dass sie auch nur Menschen wie du und ich sind, einziger Unterschied: Ihre Worte haben Hunderttausende auf der Welt in gedruckter Form gelesen, während der eigene Wortradius nur bis zu den Glückwunschkarten reicht, die man zu Weihnachten an Familie und Freunde verschickt.

»Hier bin ich Mensch, hier darf ich's sein«, soll der alte Goethe jedes Jahr beim (freien) Eintritt in die Leipziger Buchmesse gesagt haben. Und auch wenn dieses Zitat natürlich zweckentfremdet ist (ja, es ist in Wahrheit aus dem Faust'schen Osterspaziergang, aber immerhin von Goethe, also schon ganz nah dran an der Wirklichkeit), ist die Vorstellung, dass auch er einer von den Bücherverrückten war, irgendwie schick. Und ich stell mir vor, wie ich auf ihn zugehe und sage: »Herr Goethe, schön, Sie wieder hier zu treffen, die Welt draußen ist gar zu laut, und hier sind wir endlich unter uns!«

7.

Weil man beim Büchereinsortieren
so herrlich kreativ sein kann

Ich glaube, es gibt auf der Welt niemanden, der nicht auch ein bisschen spleenig ist, wenn es um sein Hobby geht. Wie oft sieht man erwachsene Männer, gestandene Kerls, sich in den Armen liegen und hemmungslos weinen, wenn die Lieblingsmannschaft vor den eigenen Augen das Heimspiel verloren hat. Oder umgekehrt: Mit vereinten Kräften überdimensional große Fahnen zum Wallen bringen, Fanschals schwenken, Trikots und am besten noch phantasievolle Hüte tragen, wenn das Glück auf Seiten der eigenen elf Freunde war. Zuhause wird dann noch nachgefeiert, im ehemaligen Kinderzimmer der Tochter, das vor langer Zeit schon zum Fanraum umgewandelt wurde – mitsamt signierten Postern an der Wand (wie damals bei der Tochter, nur mit anderen Motiven, abgesehen auch davon, dass der Papa dieses Anhimmeln von irgendwelchen Hollywoodtypen gar nicht nachvollziehen konnte), getragenen Turnschuhen und ehemals schweißnassen Trikots, die gerahmt unter Glas aufbewahrt werden.

Sammlerinnen von Teddybären, Elefanten, Kühen, Spielzeug und Souvenirlöffeln mit besonderer Prägung, Sammler von Wanderstöcken, Pilzfiguren und Schauspieler-Memorabilien sowie Joghurtbechern (was es nicht alle gibt!) – sie alle eint der für einen Außenstehenden nicht zu begreifende Reiz, solche Dinge anzuhäufen, die ganze Wohnung damit vollzustellen und sich am Ende auch noch wohlzufühlen. »Mich wohlfühlen in einem Haus ohne meine Kuhtapete, ohne meine Couch in Kuhform, ohne meine Porzellan- und Stoffkühe, ohne Hella hinten auf der Wiese und meinem höchsteigenen Ochsen, der in der Werkstatt an einer neuen Lampe in Kuhform bastelt – unmöglich!«, würde ihnen Heide S. entgegnen, wenn man sie auf alternative Wohnformen ansprächte.

So, wie schlägt man nun die Brücke von einer Kuhinteressierten zu einem Büchernarren? Vielleicht so: Früher waren Bucheinbände ja noch aus Leder. Hm, aber das könnte ein bisschen schwierig sein, wegen der Tierschützer. Da gibt es nur eine Lösung: Es muss ohne Überleitung gehen.

Hobby hat auch immer etwas mit Systematik zu tun. Da ist man einem Bibliothekar durchaus ähnlich, der mit drei Ausfallschritten und einem Griff das gesuchte Buch aus einem der vielen Regale zieht. Sammler wissen, wo etwas zu finden ist, sie katalogisieren, sie sortieren, sie kleben ein und nummerieren, sie signieren und meist auch phantasieren sie, wie es wohl wäre, wenn man … Bei Bücherfreunden gibt es verschiedene Spezies, die sich deutlich voneinander unterscheiden. Man respektiert sich zwar gegenseitig und wirft gern einen prüfenden Blick auf die in Regalen und Schränken verstauten Bücher, muss sich aber doch manchmal anstrengen, kritische Kommentare zu unterlassen. Diese Kommentare bezögen sich freilich nicht nur auf die belletristische Güte der Bücher, sondern vor allem auf deren Unterbringung. Schließlich kann ja keiner etwas für seinen schlechten Lesegeschmack. Wohl aber kann man etwas gegen schlechten Sortiergeschmack tun!

Jeder wie er will, sage ich mir immer, wenn ich eine Wohnung verlassen habe, in der die Bücher kreuz und quer auf Regalen lagerten, als wären sie zufällig übereinandergekippte Holzscheite. Grüne, gelbe, beige Taschenbücher neben voluminösen Bildbänden, Thomas Mann neben einer alten Schwulenzeitschrift (oder war das gewollt?), Kochbücher neben den reizenden Gedichten von Mascha Kaléko. Ja, auch in meinem Freundeskreis gibt es solche Leute! Lesen wie die Teufel, aber von Sortierstil keine Ahnung. Einen Vorteil haben sie jedoch auf ihrer Seite, dazu aber später.

Es stehen einem doch alle Möglichkeiten offen. Man kann so richtig kreativ werden. Nach der Farbe eines Covers zu ordnen, hat sich für viele bewährt. Manche lieben einfach den Anblick eines riesigen vielfarbigen Regenbogens. Andere ordnen nach dem Alphabet und bringen ihre Bücher so in eine leicht auffindbare Position. Dabei kann man sich nach dem Buchtitel oder dem Verfassernamen richten. Ganz Ordentliche sortieren nach dem Namen des Autors und als Unterordnung noch nach dem Namen des Buches. Wenn die könnten, würden sie ihre Bücher am liebsten noch lochen und abheften!

Ich bin Verfechter des Wir-ordnen-Bücher-nach-ihrer-Größe-Prinzips. Ganz links oben fangen die großen Bücher an und wie der Körper einer sich endlos langziehenden, sich zum Ende hin verjüngenden Schlange stehen ganz rechts unten die kleinen gelben Reclamhefte. Dieses Prinzip verursacht regelmäßig ein Staunen bei Besuchern, die ihre Verwunderung darüber zum Ausdruck bringen, wie die Bücher scheinbar alle auf einer Höhe enden, obwohl es im Grunde abwärts geht wie auf einer sich gen Tal neigenden Gebirgsstraße.

Was den Wildaufbewahrern zum Vorteil geneigt, wird den Sortierern regelmäßig zum Verhängnis. Denn während die einen ihr eben ausgelesenes Buch einfach auf den bestehenden Haufen legen oder ans offene Ende ihrer Bücherkette stellen, stehen die disziplinierten Sortierer erster und zweiter Ordnung vor einer großen Herausforderung: Sie müssen, um neue Bücher einzusortieren, die ganze Bücherschlange zum Leben erwecken und verschieben, um Lücken für die Neuankömmlinge zu schaffen. Wer schon mal einen Nachmittag damit verbracht hat, 1500 oder mehr Bücher zu bewegen (und nebenbei abzustauben), der weiß, wovon ich rede. Aber das gehört einfach dazu, und irgendwie klappt es immer, dass einem ein Buch in die Hand fällt, das man schon fast vergessen hatte. Nun weiß man wieder, wo's steht. Prima!

8.

Weil Lesezeichen nicht nur Platzhalter sind, sondern auch etwas über den Leser aussagen

Wann immer man an der Kasse einer Buchhandlung steht, wird einem ein kostenloses Lesezeichen in die Tüte gesteckt. Darauf zu sehen ist dann meist Verlagswerbung für Neuerscheinungen oder es ist eine etwas in die Höhe verlängerte Visitenkarte des Ladens (nein, ich meine nicht Strittmatters!). So leid es mir tut: Diese Lesezeichen wandern regelmäßig in den Papiermüll, denn als Bücher-Altmeister hat man natürlich längst sein System perfektioniert, wie man sich die zuletzt gelesene Seite merkt.

Als Jugendlicher malte ich mit einem mehrfarbigen Buntstift kleine Sterne an den ersten zu lesenden Absatz, bis ich das albern fand und auf einen Einleger wechselte. Das war lange Zeit – es liegt irgendwie nah – mein Bibliotheksausweis aus dünner Pappe; als es den jedoch nicht mehr gab, kaufte ich mir ein Lesezeichen mit einem schönen Spruch von Hermann Hesse hinten drauf. Vorn war das Konterfei des Meisters selbst abgebildet, das mich immer so eindringlich anschaute, dass ich meist das Gedicht nach oben legte.

Kann man Rückschlüsse auf Menschen ziehen, wenn man ihr Lesezeichen begutachtet, so wie beispielsweise Schreibutensilien (man denke an den klassischen Federhalter, an einen teuren Kugelschreiber, an einen Werbegeschenk-Kuli, einen Bleistift oder einen bunten Fasermaler) oder Kalender (literarischer Katzenkalender, berühmte Gemälde, Manga-Motive) vermutlich etwas über ihren Besitzer aussagen?

Lesezeichen gibt es ja in allen Formen und Farben: Es gibt überdimensional große Büroklammern, plattgewalzte und bedruckte Metallblättchen, Lesezeichen mit Pferde-, Katzen- und Schriftstellermotiven, manche verwenden eine Haarnadel, wiederum andere machen einfach ein Eselsohr oder knicken gleich die ganze Seite ein und lassen einen Papierzipfel herausgucken. Leute mit gutem Gedächtnis merken sich die Seitenzahl, und die ganz Schnellen brauchen gar kein Lesezeichen, weil sie ein Buch in einem Rutsch durchzulesen pflegen.

Meine Single-Freundin Anita ist eine von denjenigen, die sich ihre Lesezeichen noch selber basteln. Und das geht so: Sie findet im Internet einen süßen Typen (es ist meist ein Model oder ein Schauspieler), kullert zweimal mit den Augen und denkt: Ach, der würde mir auch gefallen. Dann speichert sie das Bild ab, druckt es an ihrem Schreibtisch in besonders hoher Qualität aus und lässt das Ganze trocknen, bis die frische Farbe gut vom Papier aufgenommen wurde und der Typ sie sehnsuchtsvoll oder freundlich lächelnd von dem circa fünf mal acht Zentimeter großen Ausdruck anschaut.

Erst dann schneidet sie das Bild aus und steckt den Typen ins nächste Buch, das sie liest. »Ist er nicht süß?«, fragt sie mich manchmal, und ich sage nur »Ja, ja«, weil die Bilder von Woche zu Woche wechseln und man was anderes ja in dem Moment eh nicht entgegnen kann. Wenn Anita nach einer Leseeinheit ihr Buch zuklappt, dann zeichnet sich auf ihrem Gesicht ein Lächeln ab, als hätte sie eben in ihrem dystopischen Roman eine irre romantische Szene gelesen und würde noch immer darin schwelgen. Dabei hat sie aber gerade verliebte Blicke mit ihrem heimlichen Schatz getauscht, der ihr zuzuflüstern schien: Ich bin immer da, du musst nur das Buch aufklappen. Dann und wann frage ich sie: »Was ist denn mit Jimmy

(oder Johnny oder Justin oder Danny) passiert?« Da zuckt sie dann
mit den Schultern und sagt lapidar: »Verlorengegangen.« Das kann
dann nur eines bedeuten: Sie hat eine echte kleine Liebschaft gefunden (von der ich doch aber wissen würde!) oder einfach – ein
neues Schnuckelchen für ein weiteres Lesezeichen.

9.

Weil man mit Büchern
ungeahnte Rekorde aufstellen kann

Man muss schon schmunzeln, wenn man liest, dass ausgerechnet das *Guinnessbuch der Rekorde* in sich selbst verzeichnet ist.
Das regelmäßig erweiterte Werk sammelt die unterschiedlichsten
Weltrekorde, darunter viele skurrile Ereignisse, Geschichten und
Menschen. Unter anderem finden sich darin Auskünfte über den
ältesten Menschen der Welt, über die größte Autorenlesung oder
die meisten in einer Minute aus der Luft gefangenen Popcorn-
Wölkchen. Das *Guinnessbuch der Rekorde* ist nicht nur eines der
meistverkauften Bücher der Welt, sondern auch noch das am häufigsten aus einer Bibliothek gestohlene! Ein zweifelhafter Rekord
zwar, aber – wenn man es mal positiv betrachten will – immerhin
ein Zeichen dafür, dass es sehr beliebt ist.

Wer selbst nicht über 50 Autos springen, 35 Äpfel in einer Minute essen oder gleichzeitig mit 124 Frauen tanzen kann (dies sind
übrigens Rekorde, die es noch nicht gibt, also ran!), der könnte mit
einem seiner Bücher einen Rekord aufstellen. Dafür braucht man
entweder viel Geld und gute Beziehungen oder Glück und Geduld.
Das größte von Menschenhand geschriebene Buch und damit ein
Unikat ist der *Codex Gigas* aus dem 13. Jahrhundert, der auch
Teufelsbibel genannt wird. Das Mammutwerk ist 92 Zentimeter
hoch, 50 Zentimeter breit und 22 Zentimeter dick. Es wiegt stolze

75 Kilogramm und wurde – nach dem heutigen Stand der Wissenschaft – von nur einer Person, einem Mönch, niedergeschrieben. Dass der Teufel höchstpersönlich bei der Niederschrift geholfen haben soll, ist allerdings nur eine Legende.

Das größte maschinell gefertigte Buch ist momentan ein Bildband des Autoherstellers Mazda. Es misst 3,07 mal 3,42 Meter! Ist es aufgeklappt, könnte sich so mancher Kleinwagen dahinter verstecken. Da Größe aber in allen Bereichen des Lebens nur relativ ist, könnte diese natürlich noch übertroffen werden. Wie wäre es also mit einem begehbaren Aufklapp-Märchen-Bilderbuch, in dem man selbst zur Märchenfigur werden könnte?

Das kleinste Buch der Welt dürfte wohl das japanische Werk *Shiki no Kusabana* (auf Deutsch: *Blumen der Jahreszeiten*) sein, das mit bloßem Auge gar nicht zu lesen ist. Es ist so klein, dass es durch die Öse einer Nähnadel passt. Die Buchstaben und Schriftzeichen haben eine Größe (oder besser: Kleinheit) von gerade mal 0,01 Millimeter. Damit man es doch entziffern kann, wird vom Hersteller die dazu passende Lupe gleich mitgeliefert.

Wer über viel Geld verfügt, könnte sich (wohl aussichtslos) um den Erwerb jener Bücher bemühen, die das Bankkonto stark belasten würden: Darunter zählen beispielsweise John James Audubons *The Birds of America*, der rund tausend Jahre alte und mit Edelsteinen, Gold, Elfenbein und Perlen geschmückte *Codex Aureus* (der heutige Wert des Evangelienbandes liegt wohl bei etwa 80 Millionen Euro) und der *Codex Manesse*, die Heidelberger Liederhandschrift, die in mitteldeutscher Sprache abgefasst wurde.

Kurios ist der Fall des wohl am längsten ausgeliehenen Buches: 1998 fand Eve Lettice aus Victoria in Kanada das Buch *Sunshine Sketches of a Little Town* (1912) von Stephen Leacock, einen der kanadischen Klassiker der Unterhaltungsliteratur, auf ihrem Dachboden. Wie sich herausstellte, hatte ein früherer Mieter sich das Buch im Jahre 1916 in der örtlichen Bibliothek ausgeliehen und nicht zurückgebracht. 82 Jahre später konnte es endlich aus der

Liste der nicht zurückgegebenen Bücher ausgetragen werden. Die Strafgebühr von 7200 Kanadischen Dollar wurde erlassen.

Wen es einmal nach Portland im US-Bundesstaat Oregon verschlägt, der sollte sich einen Besuch der weltgrößten Buchhandlung nicht verwehren. Bei Powell's Books lagern rund eine Million neue und gebrauchte Bücher und warten auf interessierte Leserinnen und Leser. Das Übernachten in Schlafsäcken, Einmannzelten und auf Lesesofas ist vor Ort leider nicht möglich, in nahegelegenen Hotels kann man aber die Zeit bis zu den Öffnungszeiten totschlagen …

10.

Weil es oftmals die Werbung macht

Man kann davon ausgehen, dass in Buchhandlungen und Antiquariaten einige literarische Perlen liegen, von denen kaum ein Mensch je gehört hat. In kleinen Auflagen produziert, fristen sie ihr Dasein und hatten nur die Chance, in wenige Hände und heimische Buchsammlungen zu gelangen, denn Geld für umfassende Werbung war nicht vorhanden.

Heute mehr denn je ist Lesen ja zu einem Massenevent geworden. Was nicht bedeuten soll, dass heute mehr Menschen lesen als früher, sondern dass Menschen heute verstärkt auf das Lesen bestimmter Bücher gelenkt werden. Manche literarischen Erzeugnisse »muss« man heute gelesen haben, um überhaupt noch »up to date« zu sein und mitreden zu können. Wer nicht bei einem, nein, *dem* sozialen Netzwerk mindestens ein Profil hat, der ist schon mal ganz raus – denn woher soll er das bitte wissen, was derzeit »in« ist?

Literatur ist zu einem Hype-Phänomen geworden: Bücher starten ganz klein in einem Independentverlag oder im Internet, durch Hörensagen werden sie weitervermittelt und schließlich durch die alten und neuen Medien aufgegriffen und weltweit verbreitet. Qualität spielt da zunächst eine untergeordnete Rolle, und es ist doch wirklich spannend, erstmal Teil von etwas (diesem Hype) zu sein und mitzumachen. Was das wirklich ist, wird sich später schon herausstellen. Okay, Vampire. Okay, Sadomasosex. Gibt doch Schlimmeres.

Haben Verlage früher in Zeitungen und Zeitschriften Anzeigen geschaltet, wollten sie auf bestimmte lesenswerte Bücher hinweisen. Heute werden Anzeigen geschaltet, damit auch der Letzte noch mitbekommt, dass das bereits millionenfach verkaufte Buch, der Brüller der Saison bitte schön immer noch zu haben ist. Stand früher der Name einer Autorin oder eines Autors für die Qualität eines Werkes, sind es heute die Auflagenzahlen. Je kleiner die Auflage, desto kleiner die Aussicht auf Erfolg. Und welches Buch wird wohl eher verkauft – eines, von dem 100 griffbereit auf dem zentralen Präsentierteller einer Buchhandlung lagern, oder das einzelne Exemplar, das unter dem Buchstaben M im Regal »Romane von A bis Z« versteckt steht? Schlägt man den Katalog eines Buchversands auf, sind darin oft nur die Bücher, die sowieso schon erfolgreich sind. Das Konzept der Werbung – also Neues, Unbekanntes und vielleicht auch Gehaltvolles anzupreisen – folgt hier keiner wirklichen Logik mehr. Da muss man als Verbraucher dann wieder selbst etwas aktiver werden und in Buchhandlungen und Antiquariaten schmökern, was das Zeug hält. Das hat ja auch was für sich.

2. KAPITEL

Bücher sind Menschen und Menschen sind Bücher

Weil ich mit meiner Postfrau
gern mal ein Schwätzchen halte

Ich liebe ja Buchhandlungen und Antiquariate, und ich hätte – das muss ich ehrlich zugeben! – niemals gedacht, dass ich mal ein Interneteinkäufer werde. Ich dachte immer: Der persönliche Kontakt zur Verkäuferin oder zum Verkäufer gehört einfach dazu, man wird beraten, man kann sich umschauen und die Bücher schon mal prüfend in die Hand nehmen.

Dass nicht nur die Bücher selbst mit mir kommunizieren, sondern auch allerhand Kommunikation mit anderen Menschen stiften, die im Grunde mit den Büchern nur indirekt zu tun haben und sie als solche gar nicht zu Gesicht bekommen, verblüfft mich immer wieder. Wenn man wie ich gern Bücher liest, die zwar nicht inhaltlich, dafür aber im wahrsten Sinne des Wortes bereits Staub angesetzt haben, kommt man nicht umhin, entweder in eine Bibliothek zu gehen und sie auszuleihen oder ein Antiquariat aufzusuchen, um sie zu kaufen. Ich bin seit jeher der Käufertyp. Ich mag »mein« Antiquariat, verstehe mich prima mit dessen Besitzerin (sie würde sich jetzt an lange Gespräche über Hermann Hesse und Magdeburger Inkunabeln erinnern) und wandele mit Erstaunen und Begeisterung durch den kleinen Laden, der über und über mit Büchern aller Epochen und Stilrichtungen versehen ist. Aber selbst mein Antiquariat kann nicht alle Bücher vorrätig haben, die ich gern lesen möchte. Das Internet, die Fundgrube für so wahrscheinlich alles, was man sich denken kann, ist natürlich auch in Sachen alte Bücher kaum zu schlagen. Anstatt also an echten Regalen entlangzugehen und die Buchrücken der Bücher abzutasten, macht man das jetzt virtuell. Und hier beginnt das Unheil!

Ein wirkliches Unheil ist es aber auch nicht, wenn ich – mal wieder – ehrlich mit mir selbst bin. Denn man ist nur einen Mausklick von einem Buch entfernt, und des Öfteren scheint mein rechter Zeigefinger ein Eigenleben zu entwickeln und, bevor ich richtig darüber nachgedacht habe, zu bestellen.

Und nun beginnt das freudige Warten, das Warten auf die Ware und das Warten auf eine Begegnung – mit meiner Postfrau. Die kennt mich mittlerweile schon persönlich, weil sie ungefähr jeden zweiten Tag bei mir klingeln muss. »Ich verstehe nicht, warum Sie nur so einen kleinen Briefkasten haben«, sagt sie den einen Morgen, da hat sie mich gerade aus dem Schlaf geklingelt und steht ein bisschen aufgeregt vor mir. Sie überreicht mir drei unheimlich dicke Umschläge, auf denen jeweils in gestempelten Lettern das Wort »Buchsendung« steht. »Ja«, sage ich, »da muss ich wohl mal mit dem Vermieter sprechen.« Wir haben Einheitsbriefkästen, ich fürchte, er wird für mich keine Ausnahme machen.

An einem anderen Tag im zurückliegenden Winter komme ich nach Hause und finde einen Abholschein in meinem Briefkasten. Natürlich wieder Büchersendungen. Den gelben Schein mit dem angekreuzten Vermerk »2 Büchersendung(en)« lege ich gut sichtbar in den Wohnungsflur.

Vormittags um zehn stehe ich dann weiß bepudert vom Schnee und mit kalten Füßen, aber in freudiger Erwartung am Schalter, und auch diese Dame auf der anderen Schalterseite kennt mich mittlerweile – schließlich kann man nicht immer zuhause sein und seine Bücher persönlich in Empfang nehmen. Und nachdem sie mir zum wiederholten Male vorgeschlagen hat, ein neues Tagesgeldkonto zu eröffnen, und wir übers miese Wetter draußen gesprochen haben, macht sie mir einen weiteren, diesmal unerwarteten Vorschlag:

»Ich habe heute ein neues Angebot für Sie«, sagt sie lächelnd, und ich weiß, sie meint es nur gut. »Sie können Ihre Buchsendungen auch bequem an eine Packstation senden lassen, dann müssen Sie nicht immer bei Wind und Wetter herkommen.« Ich müsse nur ein Formular ausfüllen und dann ginge alles seinen Gang.

»Aber ich möchte eigentlich nicht schon wieder irgendwem meine Daten aushändigen«, erwidere ich und versuche, Zeit zu gewinnen. Das scheint sie allerdings nicht zu überzeugen:

»Es wäre ja nur eine einmalige Sache!« Und da schwant mir, dass mich die nette Blonde gleich etwas seltsam finden wird, denn ich sage:

»Wissen Sie, ich komme gern hierher, um meine Bücher abzuholen.« Sie blickt etwas verwirrt und sagt:

»Aber denken Sie an die Zeit, die Sie sparen!« Aber Zeit und Welt haben wir eh nie genug, deshalb antworte ich:

»Ich musste zwar eine Nacht lang warten und mich durch den Schnee draußen kämpfen. Aber jetzt habe ich mein Buch … und wir beide haben dazu auch noch nett geplaudert. Besser kann man doch gar nicht in den Tag starten!« Da lächelt sie vergnügt, wahrscheinlich weil der meistgebrauchte Satz in diesem Raum »10 Marken zu 60« ist. Ein bisschen Abwechslung tut uns ja allen gut. Sie schiebt mir den dicken Umschlag über den Tresen und sagt: »Dann wohl bis morgen!« Und wie Recht sie hatte! Als ich nach Hause kam, lag ein neuer Abholschein in meinem viel zu kleinen Briefkasten.

12.

Weil meine Buchhändlerin
immer eine Empfehlung auf Lager hat

Ich bin ja noch ohne Internet aufgewachsen. Die 2000er Generation kann sich das gar nicht mehr vorstellen. Heute knipst man den Rechner an, wartet eine Minute, bis er hochgefahren ist, und per obligatorischer DSL-Standleitung ist man in null Komma nichts im Internet und verbunden mit Onlinekaufhäusern, Buchhandlungen und Antiquariaten rund um die Welt. Wenn man früher (was quasi erst etwa 15 Jahre zurückliegt) ein Buch kaufen wollte, hatte man genau drei Möglichkeiten: Entweder man bestellte es per ausgefülltem Coupon bei einem Buchversandhaus, man fuhr in die nächste größere Stadt mit Antiquariat oder suchte seine heimische Buchhändlerin auf, die dann – ein Wunderwerk der Technik – in ihrem computergesteuerten Katalog das entsprechende Buch heraussuchte und per Tastendruck bestellte. Wenn man Glück hatte, war es sogar schon am Folgetag zum Abholen da.

Als ich ein Teenager war, wohnte ich in einer kleinen Stadt, in der es nur eine Buchhandlung gab, meinen heißgeliebten »Bücherfreund«. In den Kinderjahren war dies für mich ein Geschäft wie jedes andere, vor allem eines, an dem ich vorbeiging. Das änderte sich später gehörig. Geführt wurde der »Bücherfreund« von einer Chefin und einer Angestellten, die ich in den Lebensjahren von 15 bis 22 mindestens alle zwei Tage besuchte – mal um tatsächlich ein Buch zu bestellen, mal um im Katalog nach bestimmten Büchern zu suchen und deren Verfügbarkeit zu überprüfen, mal um einfach Guten Tag zu sagen und ein Weilchen zu schnattern. Schließlich haben sich Bibliophile immer was zu erzählen und sei es auch nur über das heranrollende spätsommerliche Schulbuchgeschäft, alte Karl-May-Ausgaben, die sich noch zu Dutzenden im Lager stapelten und die leider keiner mehr haben wollte, oder über die neuesten Trends, für deren Präsentation man zehn Schaufenster hätte gebrauchen können, tatsächlich gab es aber nur zwei.

Meine Buchhändlerinnen und ich verstanden uns blind – nicht nur in Bezug auf andere Kunden, die ständig unseren vergnüglichen Gesprächskreis mit dem Kauf einer Zeitschrift unterbrachen, sondern auch in Sachen Passanten, von denen wir sicher waren, dass die uns niemals stören würden, oder von denen wir sicher waren, dass sie gleich die Ladenglocke zum Klingen bringen würden. Stimmt, der Laden hatte eine echte Glocke, sowas gibt es doch heute auch kaum noch!

Die traditionellen Buchhändler haben durch das Internet viel Konkurrenz bekommen, alles scheint jederzeit verfügbar zu sein; dies gilt insbesondere auch für Antiquariate. Aber es ist noch immer möglich, sowas wie eine persönliche Beziehung zur Buchhändlerin oder Antiquarin des Vertrauens aufzubauen: Man muss sich eben nur die Zeit für einen Besuch nehmen und Bücher im Laden aussuchen und bestellen und nicht per Mausklick zu Hause. Dann klappt es am Ende auch wieder mit den persönlichen Empfehlungen und wahrscheinlich sogar mit einem kleinen Klatsch über neue Trends und die Passanten vor dem viel zu kleinen Schaufenster.

13.

Weil man in Bibliotheken
wie in einem Meer abtauchen kann

Ich erinnere mich noch ziemlich gut an meinen ersten Besuch in der städtischen Bibliothek. Ich muss damals in der zweiten Klasse gewesen sein. Zuvor wusste ich schemenhaft von einer kleinen Leihanstalt in unserer Schule, in der ich aber nie war. Zusammen mit unserer Klassenlehrerin und unserer Hortnerin machten wir uns zu Fuß auf den Weg von unserer Schule bis ins Zentrum der Stadt, wo in alten Gemäuern mit schwerer, für ein Kind kaum zu öffnender Tür (die deshalb vermutlich auch immer offenstand) und mit einer Fülle von Büchern bestückt die Bibliothek untergebracht war. Es waren so viele Bücher, dass ich mir kaum vorstellen konnte, wer die alle lesen sollte. Da hatte ich die Abteilung mit den Schallplatten und Musikkassetten noch gar nicht entdeckt.

Es gab auch Zeitungen und Zeitschriften, lange Reihen von Karteikästen, deren Sinn und Zweck ich erst sehr viel später entdeckte, es gab den Leihtisch, hinter dem so gut wie immer eine der beiden freundlichen Bibliothekarinnen saß, die fein säuberlich eine Strichliste führten und ihr Bleistiftsignum setzten, wenn jemand mit Ware das besondere Leihhaus verließ.

Wir Grundschüler bekamen alle einen Bibliotheksausweis mit unserem Namen und unserer Adresse drauf und erhielten, als wir uns an diesem Tag alle für ein Buch entschieden hatten, einen Stempel auf dessen Rückseite aufgedruckt, der, wie man uns erklärte, das Rückgabedatum anzeigte. Vier Wochen (oder waren es zwei?) konnte ich das Buch nun behalten, dann musste ich den Weg in die Bibliothek erneut antreten und den *Was-ist-was*-Band zurückbringen.

Wenn ich damals zu meinen Eltern sagte, dass ich nochmal schnell in die Bibliothek fahren würde, dann war ihnen klar, dass ich in den nächsten zwei Stunden nicht zurückkommen würde. Ich liebte es (wie heute in Buchhandlungen), durch die Regalreihen zu streifen, mir die Buchrücken anzuschauen und hier und da auch ein Buch herauszuziehen und darin zu blättern. Ich fühlte mich wie ein Fisch im Wasser, umgeben von dem Element, das mir lebenswichtig schien, in dem man aber auch ertrinken (das heißt: überfordert werden) konnte, wenn man nicht irgendwo einen Rettungsring fand. Den hatte ich allerdings immer im Blick, denn alle Regalreihen führten unweigerlich auf den Ausgabetisch der Bibliothekarinnen zu. Die beiden brauchten nur ein Stichwort zu hören und schon gingen sie zielstrebig durch die Reihen und liefen quasi schon mit ausgestrecktem Arm auf das Gewünschte zu. Es war, als hätten sie einen inneren Kompass (heute würde man sagen: ein Navigationsgerät), der ihnen den Weg wies, oder als würden sie alle Stellplätze der Bücher über die Jahre hinweg verinnerlicht haben.

Als ich älter wurde, ging ich allein wegen der Romane nicht mehr in die Bibliothek. Zum einen, weil ich einen besonderen Literaturgeschmack entwickelt hatte, durch den ich dort nicht alles fand, was ich brauchte, zum anderen, weil ich, als ich selber Geld zu verdienen begann, Bücher lieber behalten als nur ausgeliehen habe. Das hat sich bis heute nicht geändert. Ein einmal gelesenes Buch gebe ich nie wieder her. Für Leute, die weder Platz noch das nötige Kleingeld haben, um sich jedes Buch zu kaufen, sind Bibliotheken ein wahres kulturelles Geschenk. Deren Erfinder lebe hoch, hoch, hoch! So war es bei mir vor allem während der Studienzeit, als es so viel Primär- und Sekundärliteratur zu lesen galt, dass man sich das alles unmöglich selbst anschaffen konnte. Hier begann die lange Zeit, da der Hochleistungskopierer in der Uni-Bibliothek der beste Freund des Studenten wurde. Aber das ist wieder eine ganz andere Geschichte!

14.

Weil der Satz »Was lesen Sie denn da Schönes?« schon zu so manchem Erlebnis in der Straßenbahn, im Theater oder beim Arzt geführt hat

Leute, die lesen, machen auf mich meist einen sympathischen, geerdeten Eindruck. Da hat man jemanden, der es schafft, den Alltag für eine gewisse Zeit Alltag sein zu lassen und sich ohne Smartphone, iPad oder was es sonst noch so auf dem Markt gibt zu beschäftigen. Leser begegnen einander im öffentlichen Raum auf unterschiedliche Weise: Mal indem man überzeugt ist, das bessere Buch zu lesen als der andere und ihn daher wenig zu beachten vorgibt, mal indem man – weil der andere es so komisch hält – ganz genau hinsehen muss, um zu erkennen, was er da liest. Trifft man in der Bahn auf jemanden, der ein Buch liest, das man selbst schon verschlungen hat, ist das wie das Wiedersehen eines besten Freundes, den man noch gar nicht kennt. Und wenn er oder sie gleich aufschaut, werde ich sagen: »Gutes Buch!« Und schon ist man mittendrin in einem Gespräch mit einem Wildfremden.

Wer oft mit der Straßenbahn, S-Bahn oder dem Zug fährt, kennt bald alle Ecken und Enden der Stadt und des Landstrichs. Es ist also nicht unbedingt notwendig, pausenlos aus dem Fenster zu blicken. Viel lieber vertiefe ich mich dann in ein Buch, weil es mir die Fahrtzeit verkürzt. Als Pausenfüller für Opern- und Ballettaufführungen eignet sich jede Art von Literatur, denn sobald man das Buch aufgeschlagen und seine Sinne geschärft hat, verliert das Rundherum an Kontur, die Gespräche der anderen treten in den Hintergrund und man ist ganz eins mit den Seiten, die man nach und nach umblättert. Wird man nicht nur gestört, weil jemand an seinen Platz durchrücken möchte, sondern weil er Interesse an der Lektüre zeigt, macht man gern mal Pause von der Pause.

»Was lesen Sie denn da Schönes?«, fragte mich neulich erst eine alte Dame neben mir im Opernhaus. Ich drehte das Buchcover zu ihr, es war – etwas komisch für mein Alter – *Das fliegende Klassenzimmer* von Erich Kästner. Ich hatte es in der Kindheit und Jugend nicht gelesen und wollte es endlich nachholen. (*Ede und Unku* von Alex Wedding sollte als Nächstes folgen.) Die Dame in Altrosa lächelte und bekam leuchtende Augen. »Wissen Sie, ich war nämlich mal Deutschlehrerin!«, sagte sie stolz, und schon waren wir mittendrin in einem Gespräch, das mit vielen Lektüretipps endete.

Ich wollte jetzt noch so eine schöne Geschichte anfügen, wie ich mal beim Arzt im Wartezimmer saß und der junge Herr mir gegenüber das gleiche Buch las – es wäre wahrscheinlich ein kitschiges Ding à la *So was wie Liebe* von Anna McPartlin gewesen. Wie wir uns anlächelten und gleich auf einer Wellenlänge waren, wie wir immer ein paar Zeilen lasen und uns übers Buch hinweg anblickten, wie wir schließlich die Bücher wegpackten und uns zu unterhalten begannen. Da fing die Liebe an ... Oder besser: Da hätte sie vielleicht angefangen, wenn ich in diesem Wartezimmer gesessen und dieses Buch gelesen hätte und mir gegenüber auch jemand, wenn das Karma gut und das Chi des Raumes bestens eingestellt gewesen wären, wenn ein Mal nur ein so wilder Zufall eingetreten wäre, den es aber nun mal nur in Filmen gibt. Die Wahrheit sieht nämlich ganz anders aus! Noch nie ist es mir passiert, dass irgendjemand gleichzeitig im gleichen Buch las wie ich und wir uns dabei gegenübersaßen. Komisch eigentlich und schade. Was könnte da alles beginnen …

15.

Weil ich die Protagonisten manchmal einfach besser verstehe als sonst jemanden

Das würden die in Wirklichkeit niemals tun oder sagen, höre ich öfter von Freunden, wenn ich mich mit ihnen über gemeinsam gelesene Bücher unterhalte. Dass dieser Umstand für utopische, dystopische oder mystische Romane gilt, kann ich nachvollziehen und unterschreibe ich blind. Was aber, wenn es um Romane geht, die im Hier und Jetzt, in einer realen Welt mit realen Menschen spielen? Ein früherer Uni-Dozent würde mir vorhalten, dass Romanfiguren niemals echte Menschen sind und dem Autor alle Möglichkeiten offenstehen, mit ihnen zu machen, was ihm beliebt. Auch Figuren, die in der scheinbaren Abbildung der Realität agieren, sind nur Phantasieprodukte, sind höchstens von realen Menschen inspiriert.

Man stelle sich bitte eine schicksalhafte Begegnung zweier Menschen in einem kleinen Café vor: Die Sonne scheint sachte zu einem Fenster herein und lässt die winzigen Blumenvasen auf den runden Tischen Schatten werfen, aus den Lautsprechern tönt leise Kaffeehausmusik, an den Wänden sind alte Fotografien von Straßenszenen, Cafés, Männern mit Zylinder auf dem Kopf und Frauen mit Pfauenfedern am Hut, es duftet nach Kaffee, in einem Kühlschrank drehen sich hinter einer Glasscheibe bunte Torten auf mehreren Etagen. Ein unwahrscheinlich gutaussehender junger

Mann sitzt an einem Tischchen am Fenster, draußen geht eine junge, schöne Frau vorbei, sie trägt ein weißes Spaghettiträgerkleid mit Kirschen darauf, sie hält vor dem Schaufenster inne und blickt auf den Mann. Sie kennen sich nicht, und doch kommt es ihnen so vor, als sähen sie sich in diesem Augenblick nicht zum ersten Mal. Die Momente verstreichen, bis der Mann endlich lächelt, ganz fein, nur die Nuance eines Lächelns, und die Augen der Frau bekommen so ein Glitzern, und im nächsten Moment tritt sie ein, verharrt noch an der Tür mit dem Türknauf, nein, es ist eine Klinke, also mit der Klinke in der Hand, und dann setzt sie sich zu ihm und sagt: »Ich dachte, ich finde dich nie.« Und er erwidert mit seiner wohlklingenden Stimme: »Mir ist, als hätte ich auch bis in alle Ewigkeit auf dich gewartet.« Sie greifen nach der Hand des anderen, und der Kaffeehauschef blickt von seinem Tresen zu ihnen hinüber und lächelt vor sich hin. Er hatte das natürlich alles kommen sehen und kümmert sich im Nu um die beiden Milchkaffees, die die beiden gleich bestellen werden.

Und sowas soll nicht in Wirklichkeit passieren? Ich besänftige meine Freunde und denke still in mich hinein, dass sie echte Romantik wohl nie verstehen werden. Sie können sich nicht in die beiden hineinversetzen, in diese Plötzlichkeit des Gefühls, in die Unbedingtheit des Kennenlernens. Ich weiß doch ganz genau, was die beiden da in diesem beschaulichen Kaffeehaus denken, was sie fühlen, was sie sich wünschen. Wäre ich bei ihnen gewesen, ich hätte der jungen Dame sogar die Tür aufgehalten. Ich möchte in andere Zeiten reisen und an anderen Orten leben, ich möchte andere Kleidung tragen und mich im Alltag von anderen Menschen umgeben wissen. Ich möchte dort sein, wo ich denke, dass die Menschen mich verstehen, ich möchte in den Büchern sein.

Ich finde es nicht kitschig, wenn sich Figuren in Romanen anders verhalten, als echte Menschen es in der Realität tun würden. Ich sehe es vielmehr so, dass die Menschen der Realität einfach noch nicht in eine solch entscheidende Situation geraten sind. Ein bisschen mehr Zuversicht würde ihnen guttun, ein bisschen mehr Vom-Gas-Runtergehen, um sich überhaupt in die Lage einer solchen Möglichkeit versetzen zu können. Wenn man Kaffee nur am Drive-in kauft, anstatt durch die Stadt zu flanieren und vor einem Café innezuhalten, dann kann das natürlich nichts werden.

Meine Freunde nennen mich einen Träumer. Ja, sie schmachten und lachen und weinen bei Liebesfilmen im Kino oder beim Bücherlesen, aber wenn sie den bequemen Kino- oder Lesesessel verlassen haben und wieder draußen vor der Tür stehen, dann weht ihnen der großstädtische Wind einfach diesen Zauber wieder aus dem Gesicht. Sie glauben nicht mehr an die Sonne, das Café, die Magie des Augenblicks. Sie möchten gar nicht so sein wie die Charaktere in den Büchern, die sie lesen. Haben sie Angst vor Veränderung oder davor, sich vom Ideal des zweckorientierten, durchgeplanten, immer aktiven Großstadtlebens zu entfernen? Vielleicht haben sie einfach nur Angst, so zu werden wie ich? Diese Frage muss ich wohl noch einmal stellen.

16.

Weil Bücher offenbar ein eigenes Leben führen

Wenn Bücher reden könnten, was würden sie uns wohl erzählen? Würden sie beschämt, entrüstet oder vollkommen zufrieden an sich hinunterblicken und über ihr äußeres Erscheinungsbild sprechen? Würde Doris Dörries Buch mit dem selbstredenden Titel *Bin ich schön?* nicht etwas herablassend an sich hinunterschauen und sich über das schlichte Dunkelweiß ärgern, in das es gehüllt ist, weil es meint, Knallrot oder Saphirblau würden ihm besser stehen?

Wer Bücher für eine tote Masse aus Papier, Leim und Druckerfarbe hält, hat natürlich Recht. Andererseits, wenn man es mal etwas philosophischer betrachtet, auch wieder nicht. Denn

Bücher sind so eine Art Lebewesen zweiter Ordnung, Wesen, die erst durch die Hand eines anderen zum Leben erweckt werden. Sie sind im Grunde eine im Reagenzglas gezüchtete Spezies, eine Stellvertreternatur. Denn sie nehmen irgendwann den Platz ihres Autors ein und reden dann an seiner Statt. Sie halten ihn und seine Worte lebendig, sie sprechen, wenn man den Buchdeckel öffnet, sie verstummen, wenn man ihn wieder schließt.

Bücher führen, wenn man sie in ein Regal gestellt hat, ein Leben für sich. Als Besitzer bekommt man es meist gar nicht mit, denn es ist ein recht lautloses Leben, das nur dann unterbrochen wird, wenn eines der vorderen Bücher einer Reihe es schafft, einen so starken Impuls auszusenden, dass das am Ende stehende Buch einfach umfällt! Wer hier an Luftzug oder physikalische Gesetze denkt, irrt. Es ertönt ein lautes Peng! und man kann sich nur fragen, welches der seligen Stücke hier seine Aggressionen nicht unter Kontrolle hat.

Wenn ein Buch über Punkrock in der DDR neben dem *Zauberberg* steht, wenn Shashi Tharoors *Aufruhr* auf Tim Parks *Stille* trifft, wenn Grass, Walser *und* Reich-Ranicki nebeneinanderstehen, kann es mitunter schon zu Missstimmungen kommen. Traurigkeit macht sich auch bei den Büchern auf dem Noch-zu-lesen-Stapel breit. Wer genau hinsieht, erkennt den flehentlichen Blick, endlich in die Hand genommen und über Stunden und Tage goutiert zu werden.

Bücher führen ihr Leben durch ihre Besitzer. Denen ist es möglich, ihren Geruch wahrzunehmen, sie zu berühren und zu fühlen, ihre Leichtigkeit oder Schwere abwägend mit den Händen zu prüfen, ihren blendend guten oder miserablen Zustand zu begutachten und im zweiten Fall geeignete Hilfsmaßnahmen einzuleiten. Werden sie verliehen, treffen sie in anderen Wohnungen auf neue Hände und einen anderen Atem, der sich auf jede umgeblätterte Seite niedersenkt, ja auch auf andere Buchgenossen, die sich über den Besuch eines neuen Gefährten freuen.

Bücher mögen es, mit dem Signum oder dem Ex-libris-Stempel des Besitzers gekennzeichnet zu werden, denn so ist es ihnen möglich, für immer mit jemandem verbunden zu sein. Das Signum des Besitzers ist das äußerliche Zeichen, das diese besondere Partnerschaft zwischen Mensch und Buch besiegelt.

Sind Sie bereit für eine lebenslange Partnerschaft oder sind Sie doch eher der Schnell-gelesen-und-gleich-vergessen-Typ? Keine Ahnung? Finden Sie's raus!

17.

Weil man manchmal gar nicht wissen möchte, wie ein Autor aussieht

Ich fange mal mit einem positiven Beispiel an: Die amerikanische Schriftstellerin Anne Tyler, deren Romane *Die Reisen des Mr. Leary*, *Fast ein Heiliger*, *Atemübungen* und *Nur nicht stehen bleiben* auch verfilmt wurden, wird in ihren Hardcoverausgaben regelmäßig mit einem Foto abgebildet. In den früheren Werken lächelt uns eine dunkelhaarige Frau mit ausgeprägten Wangenknochen an, das Haar ist am Hinterkopf hochgesteckt, vorn trägt sie einen Pony, der ihr bis über die Augenbrauen reicht. Ihr Kinn hat sie auf die rechte Hand gestützt, ihr Blick ist ein wenig skeptisch, als wollte sie sagen: »So ist das Leben, finden wir uns damit ab.«

Man kommt eigentlich nicht umhin, ihre Romane zu mögen, denn sie sind sehr einfühlsam, voll genauer Beobachtungen der Geschehnisse und vor allem der Menschen. Zum Teil skurrile Charaktere treffen – meist in Baltimore oder im Umkreis der Stadt – aufeinander und bringen frischen Wind in das oft eintönig verlaufende Leben der Protagonisten. Die ersten Romane, die ich von Anne Tyler las, hatte ich mir als Taschenbuch besorgt, irgendwann mal eines als Hardcover – darin also das Bild der Autorin, die mir nicht nur wegen ihres Stils sympathisch war, sondern die ich jetzt auch noch hinsichtlich ihres Aussehens als liebenswürdig empfand. Der Stil der Schreibkunst hatte sich mit den Gesichtszügen der Autorin unter einen Hut bringen lassen. (Ähnlich ging es mir, als ich damals hörte, dass Renée Zellweger die Bridget Jones spielen würde, das passte einfach.)

Über die Jahre wurde Anne Tylers Bild an ihr Alter angepasst, erst schummelten sich einzelne graue Strähnen ins dunkle Haar, das nun fast gänzlich ergraut ist. Aus der jungen Frau ist eine Grande Dame der Literatur geworden, die allerdings nichts von ihrem sympathischen Erscheinungsbild verloren hat. Sogar das hochgesteckte Haar und der Pony sind geblieben.

Vor dem Internetzeitalter habe ich von vielen Autoren, die nicht sowieso im Rampenlicht standen, nicht gewusst, wie sie aussehen. Heute gibt man den Namen des Schriftstellers in eine Suchmaschine ein, und in Sekundenschnelle findet man die obligatorischen Pressefotos und – oft unfreiwillig – auch Schnappschüsse aus dem Privatleben, die man lieber nicht gesehen hätte.

Es war ein seltsames Erlebnis, den großen Günter Grass, den Literaturnobelpreisträger, auf der Leipziger Buchmesse zu sehen und ein Autogramm in dessen so starke Novelle *Im Krebsgang* zu erhalten. In Wirklichkeit war er viel kleiner als ich, ein alter Mann mit Pfeife in der Jackettasche, er ging gebückt und war von Lesung und Autogrammstunde mitgenommen. Oder man denke an Lew Tolstoi und seine überwältigende *Anna Karenina*, an die Leidenschaft im Buch und an den grimmig blickenden Mann mit Rauschebart, durch dessen Kopf und Hand sie zum Leben erweckt wurde.

Einmal mehr wird deutlich, dass die Schriftstellerei eine Arbeit ist, deren Resultat nicht zwangsläufig mit einer realen Person in Verbindung gebracht werden muss, sondern für sich selbst steht. Der Schaffende und sein Produkt geben im schlimmsten Fall ein Bild ab, das stark an eine Vogelscheuche erinnert, die eine mit

Juwelen besetzte Krone trägt. Aber immer noch besser so als ein schmucker Herzensbrecher als Autor, dessen Roman ungefähr so viel Wert besitzt wie das Papier, auf dem er gedruckt wurde. Vielleicht sollte man, zumindest bei unbekannten Autoren, auf jeden Fall erst das Buch lesen und dann einen Blick aufs Foto werfen. Staunen kann man hinterher immer noch – auf die eine oder die andere Weise.

18.

Weil Günter Grass den schönsten ersten Satz geschrieben hat

Als vor einigen Jahren der Wettbewerb um den schönsten ersten Satz in der Literatur ausgerufen wurde, stand für mich der Gewinner noch vor Ablauf der Einsendefrist fest. »Der schönste erste Satz« wurde von der Initiative Deutsche Sprache und der Stiftung Lesen ausgelobt und versammelte mehr als 17.000 Vorschläge. Für den Wettbewerb waren alle Romane und Erzählungen zugelassen, die in deutscher Sprache abgefasst worden waren. Der Zeitpunkt des Entstehens oder gar der Erfolg eines Buches waren dabei nicht von Bedeutung.

Neben dem ersten Satz an sich spielten bei der Auswahl des Siegersatzes auch die Begründungen der Einsender eine Rolle. Was erwarteten sie vom Buch nach dem Lesen des ersten Satzes, welche Stimmung wurde ausgelöst? Und konnte am Ende der ganze Roman das halten, was der erste Satz versprochen oder an Handlung hatte vermuten lassen? Eine Jury traf dann die entscheidende Auswahl aus dem schönsten ersten Satz in Kombination mit der überzeugendsten Begründung.

Gewonnen hatte in der Rubrik Erwachsenenliteratur Nobelpreisträger Günter Grass mit den drei kleinen, aber offenbar doch großen Worten »Ilsebill salzte nach.«, die seinem Roman *Der Butt* entstammen. Neben diese literarische Größe gesellte sich gleich eine zweite, die mitunter so viel Verwirrung und Mitleid stiftete wie sein Protagonist: Franz Kafka.

Der erste Satz aus *Die Verwandlung* hatte sich auf Platz zwei des Wettbewerbs katapultiert: »Als Gregor Samsa eines Morgens aus unruhigen Träumen erwachte, fand er sich in seinem Bett zu einem ungeheueren Ungeziefer verwandelt.« So mancher wird sich jetzt an seine Schulzeit erinnern – wie er sich vorstellte, selbst als Käfer aufzuwachen, wie er im Deutschunterricht nun ständig Käfer in sein Heft malte oder wie er sich an die Interpretation wagte und schon daran scheiterte, ob es realistisch sei, dass ein Käfer denken könne, wenn es sich denn – verdammt nochmal! – überhaupt um einen echten Käfer handelte.

Den dritten Platz sicherte sich Altmeister Siegfried Lenz. Am Beginn seiner Erzählung *Der Leseteufel* heißt es: »Hamilkar Schaß, mein Großvater, ein Herrchen von, sagen wir mal, einundsiebzig Jahren, hatte sich gerade das Lesen beigebracht, als die Sache losging.«

Und da nicht nur Erwachsene lesen, sondern Literatur auch für Kinder geschrieben wird, gab es auch eine Sektion Kinder- und Jugendliteratur. Der schönste erste Satz wurde hier der Beginn von Janoschs Erzählung *Lari Fari Mogelzahn*, der da heißt: »In der Mottengasse elf, oben unter dem Dach hinter dem siebten Balken in dem Haus, wo der alte Eisenbahnsignalvorsteher Herr Gleisenagel wohnt, steht eine sehr geheimnisvolle Kiste.« Während Grass mit Worten geizte, erzählte Janosch schon in einem einzigen Satz fast eine eigenständige Geschichte!

Platz zwei sicherte sich Bestsellerautorin Cornelia Funke. Deren Roman *Tintenherz* hat nicht nur – da in andere Sprachen übersetzt – die Bücherregale von Kindern auf der ganzen Welt erobert, sondern wurde sogar mit namhaften Hollywoodstars verfilmt. Am Anfang des Buches heißt es: »Es fiel Regen in jener Nacht, ein feiner, wispernder Regen.« Das Besondere an Funkes Buch ist, dass es hier um einen lesesüchtigen Buchbinder geht, der Figuren aus einem Roman herausliest, wodurch seine Frau und zwei Katzen in das Buch hineingelesen werden und für zehn Jahre verschwinden. Da muss man ein wenig an Pedro Almodóvar denken, der des Öfteren einen Film im Film dreht und Schauspielerinnen agieren lässt, die Schauspielerinnen spielen, die eine Rolle spielen.

Der dritte Platz wurde – etwas seltsam, da die *Welt am Sonntag* ihn als »schlauen Frauenroman« bezeichnet hatte! – an Ildikó von Kürthys Roman *Blaue Wunder* vergeben: »Entweder mache ich mir Sorgen oder was zu essen.«

Ein Wettbewerb, in dem nicht auf Quantität, aber vollständig auf Qualität geachtet wird, ist selten, und schon aus diesem Grunde dürfen sich die gewählten Sieger geehrt fühlen. Wäre es übrigens nach der Mehrheit der Einsendungen gegangen, hätten Franz Kafka und Cornelia Funke in ihren jeweiligen Rubriken ganz vorn gelegen. Aber letztlich ist Lesen ja wie Essen: Der Geschmack ist vielfältig und manchmal kaum zu begreifen!

19.

Weil Bibliophilie keine Krankheit ist, sondern diese lediglich belegt, dass Bücher nicht nur gelesen, sondern auch auf unterschiedliche Weise gesammelt und bestaunt werden können

Das Gute an Hobbys ist die Tatsache, dass sie meist unterschiedliche Interessen auf einmal befriedigen. Wer glaubt, dass das Hobby Lesen nur dem Zweck der Wortaufnahme huldigt, der sollte mal bei echten Buchkonsumenten vorstellig werden. Denn es gibt tatsächlich Leute, die Bücher nicht nur lesen, sondern auch *nicht* lesen, dafür aber sammeln.

Bibliophilie nennt man den faszinierenden Zustand, dem die glücklich Betroffenen verfallen sind. Darunter zu verstehen ist eine besondere Sammelleidenschaft, die sich auf Bücher konzentriert. Die Auslöser sind verschiedenartig: Bei denen einen ist es das Interesse für einen bestimmten Autor, ein anderer interessiert sich für die Erzeugnisse eine Verlags, ein Dritter sammelt ganz bestimmte Ausgaben. Wie Briefmarkensammler, die weltweit auf die Suche nach „der" Marke gehen, die in der Sammlung noch fehlt, durchstöbern sie Antiquariate und Trödelmärkte, nehmen an Auktionen teil oder gehen einfach in eine Buchhandlung, um „das" Buch zu kaufen, das wie ein weiteres Mosaiksteinchen in ihre Sammlung eingepasst wird.

Die Bibliophilen kuscheln sich nicht nur einfach in ihre Lesecouch und lesen ein Buch nach dem nächsten, sondern sie zelebrieren Bücher regelrecht. Sie kaufen und bewundern ihre Schmuckstücke nicht nur wegen ihres Inhalts, sondern wegen ihrer formalen Aufmachung. Ein schön gestalteter Schutzumschlag ist da ebenso wichtig wie die Beschaffenheit des Papiers (zum Beispiel bei Sonderdrucken), die Art der Bindung und der Schriftsatz. Gibt es einen seltenen Fehldruck, kann auch der einen besonderen Reiz ausüben. Dass seit Anbeginn der Bücher auch die Bibliophilie ganz gut ausgeprägt war, zeigt sich beispielsweise an den vor der Erfindung des Buchdrucks angefertigten Büchern, die nicht nur per Hand geschrieben, sondern zudem auch noch mit Kostbarkeiten wie Blattgold oder Edelsteinen verziert wurden und also eine echte Investition waren! Die im Übrigen heute für Sammler kaum zu bezahlen sind.

Einige Sammler setzen ganz auf Vollständigkeit. So gibt es in Deutschland nicht wenige, die beispielsweise eine umfangreiche Dieterich'sche Sammlung oder gar eine komplette Insel-Bücherei besitzen, in der alle namhaften Autorinnen und Autoren der Literaturgeschichte Eingang gefunden haben – und die bestückt mit Erstausgaben!

Vor nicht allzu langer Zeit wurde im Magdeburger Antiquariat die viele Tausend Bände umfassende Sammlung eines Hermann-Hesse-Verehrers aufgelöst. In den unzähligen laufenden Regalmetern fand sich ein Exemplar von so gut wie jeder Hermann-Hesse-Veröffentlichung aus aller Welt – darunter kostbare, auch signierte Erstausgaben oder kleine Eigendrucke des weltberühmten Autors. Da gab es den *Steppenwolf* auf Japanisch und *Unterm Rad* auf Englisch, *Das Glasperlenspiel* auf Rumänisch, *Gertrud* auf Türkisch und *Siddhartha* auf Arabisch, das man freilich von hinten nach vorn lesen musste. Eine solche Sammlung, die von einem Autor Hunderte, wenn nicht Tausende Bücher vereint, ist eine Lebensaufgabe und ein Geduldsspiel, für das man bisweilen ordentlich tief in die Tasche greifen muss.

Warum jemand ausgerechnet Bücher sammelt – und dies meist nur für sich und ohne das Hobby mit jemandem zu teilen –, ist in etwa so leicht zu beantworten wie die Frage, warum jemand jedes Jahr wieder eine Dauerkarte für den Lieblingsfußballverein kauft: Es gehört einfach dazu, es setzt Glückshormone frei und ist zugleich eine Würdigung des Autors und seiner Kunst und eine Verbeugung vor dem Handwerk des Bücherbindens.

20.

Weil Lesen nun mal das beste Hobby der Welt ist

Dieser Aussage ist nichts mehr hinzuzufügen.

3. KAPITEL

Es kommt (nicht) auf die Form an

Weil meine Neffen stundenlang dasselbe Bilderbuch anschauen können

Wenn die kleinen Knirpse in ihrer Wiege liegen, seicht vor sich hin sabbern und in regelmäßigen Abständen zu greinen anfangen, ist es nicht mehr weit, bis sie erkennen, dass es noch etwas Besseres zu greifen gibt als ihre Füße und dass diese eher dazu bestimmt sind, erste Schritte zu tun, um die Welt für sich zu entdecken. Kleinkinder, die gerade das Laufen gelernt haben, sind nicht nur ein Schrecken für alle ängstlichen Eltern, die in jedem Baustein eine Stolperfalle und in jeder Zimmerpflanze einen Giftspender vermuten, sondern auch ein Faszinosum für sich. Mit wirklich allem kann man sie in pure Aufregung versetzen – mit einem sich bewegenden Brummkreisel, mit raschelndem Papier oder der Hauskatze Molly, die sich aber höchstens zweimal am Schwanz ziehen lässt, ehe das Geschrei losbricht, bei der Katze und dem Kind.

So wissbegierig und unermüdlich Knirpse in diesem Alter auch sind, so haben sie doch die Fähigkeit, sich still mit sich und einem Spielzeug zu beschäftigen, und darüber hinaus haben sie die verblüffende Ausdauer, in ein und demselben Bilderbuch immer und immer wieder zu blättern und zu staunen. Nicht nur, als wäre es jeden Tag neu, sondern jedes Mal, wenn sie es hinten zuklappen und vorn wieder öffnen.

Das fängt ganz leicht mit einem kleinen achtseitigen, quadratischen Buch aus dicker Pappe an, das zum Beispiel den knuddeligen Namen *Schmetterling flieg* trägt. Darin zu finden sind dann überlebensgroße Schmetterlinge, liebevoll mit allerlei bunten Farben gemalt, mitunter auch mit Flügeln aus unterschiedlichem Stoff, sodass man auch was zum Anfassen hat, mal auf einer Blüte sitzend, mal unter einem wolkenlosen Himmel flatternd. »Schmet – ter – ling! Schmet – ter – ling! Schmet – ter – ling!« Sooft man das auch wiederholt, die Antwort ist – unter hysterischem Gequietsche und Händeklatschen – stets dieselbe: »Da!«

Nicht zu vergleichen ist dieses Stadium allerdings mit der Zeit, in der diese kleinen Menschen zu sprechen lernen und sich endlich auch mal was merken können. Wissen wird aufgesaugt wie ein Schwamm, und es kann durchaus passieren, dass man abends auf der Landstraße unterwegs ist und von der Rückbank das Wort »Hösch!« kommt, als gerade ein ebensolcher Hirsch die Fahrbahn passiert. Glück gehabt, danke für die Warnung!

Eine Autofahrt mit Kindern, die sich weigern, eine Runde zu schlafen, kann ziemlich lang werden, denn dauernd wollen sie unterhalten werden. Unterhalten bedeutet allerdings in diesem Alter nicht gleich unterhalten im Sinne von ein Gespräch führen, sondern dass man den Alleinunterhalter gibt und bereitwillig auf alle Einfälle der Knirpse reagiert, auf wirklich alle. Hat man das Singen von kaum verständlichen Liedern hinter sich gebracht (»O Bammebau« auch gerne mal im Hochsommer), geht es ans obligatorische Buchangucken.

Aus dem einzelnen »Schmet – ter – ling!« sind mittlerweile schöne detailverliebte Wald-, See- und Baumkronenszenen geworden, bei denen selbst der erwachsene Angucker noch etwas lernen kann. Zum Beispiel wie ein Iltis aussieht oder ein Maulwurf. Jetzt fangen die Knirpse an, wirklich Eindruck zu machen: Sie zeigen auf die benannten Tiere, als sei das das Selbstverständlichste von der Welt, später kann man sogar nach der Farbe, noch später nach deren Anzahl auf dem Bild fragen. Und wenn die Kleinen erstmal das klitzekleine Entenküken entdeckt und mitgezählt haben, das sich im Ufergras versteckt hatte, dann ist es Zeit, schon mal an die Schule zu denken, das Bilderbuch wegzulegen und ein Hausaufgabenheft zu kaufen. Alles läuft wie im Zeitraffer, Kinder werden ja so schnell erwachsen!

Weil Jugendbücher Teenagern zeigen, dass auch andere Liebeskummer haben

Schriftsteller sind nicht nur Meister des Wortes, sondern auch recht sportlich. Immerhin müssen sie – wenn man mal davon ausgeht, dass sie erwachsen sind – einen ordentlichen Spagat hinlegen, wenn sie für junge Menschen schreiben. Sie müssen sich in die Gefühlswelt eines Jugendlichen hineinversetzen oder sich an die eigene Jugendzeit erinnern und dies in Worte kleiden, die in der Erfahrungswelt junger Menschen auch nachzuvollziehen sind.

Kinder- und Jugendbücher haben sich in den vergangenen 100 Jahren verändert, sie haben, wie die jungen Leser selbst, eine gewisse Metamorphose durchlaufen. Der erzieherische Ton ist aus den Erzählungen gewichen, und sie haben sich, nicht zuletzt seit Erich Kästners *Emil und die Detektive*, zu einem Genre entwickelt, das dem der Erwachsenenliteratur in nichts nachsteht.

Pferderoman-Reihen wie *Lea und die Pferde*, klassische Freundinnen-Romane wie *Hanni und Nanni* und Detektivgeschichten wie *Die drei ???* bieten Mädchen und Jungen den perfekten Einstieg ins Lesehobby. Sie sind spannend und lustig, aus dem Leben gegriffen und erfinderisch, sie schaffen die Möglichkeit, sich selbst in einer der Figuren wiederzuentdecken. Dabei sind sie erzählerisch nicht überfrachtet, ohne simpel zu sein. Sie schaffen es, junge Menschen ans Buch zu binden, und wecken die Lust auf immer mehr. Und auch auf immer anspruchsvollere Bücher.

Wer sich als Erwachsener für Jugendbücher interessiert, muss sich keineswegs komisch vorkommen. Sie erzählen schließlich auch von einem Teil »unseres« Lebens. Auch wir erkennen uns wieder und staunen über das spannungsgeladene Miteinander junger Leute. Man wird sich bewusst, mit welchen Problemen Jugendliche zu kämpfen haben, wie sie »ticken«, was sie fühlen, kurz: wie man sie besser begreifen und besser auf sie eingehen kann. Mitunter gleichen ihre Probleme denen der Erwachsenen, sie unterscheiden sich bisweilen nicht einmal in ihren Dimensionen.

Heute werden Themen angesprochen, die vor 50 Jahren kaum denkbar gewesen wären. Kinder und Jugendliche werden sensibilisiert, Bücher tragen dazu bei, sie für die Welt zu rüsten. Der gewandelte Familienbegriff kommt dabei ebenso zur Sprache wie Drogen, Gewalt und Ängste aller Art, aber freilich auch Freundschaft und allem voran die Liebe.

Jugendbücher sind nicht nur Unterhaltung für die jüngere Generation, sondern mitunter auch ein Wegweiser, denn sie bieten (positive) Identifikationsfiguren. Sie helfen, Entscheidungen zu treffen, sich mit bestimmten Situationen besser auseinandersetzen zu können und sein Gegenüber (den besten Freund, eine Freundin, die Eltern) besser zu verstehen. Wie die Erwachsenen erfahren auch die Jugendlichen, dass es überall und zu jeder Zeit jemanden gibt, der ähnliche Erlebnisse zu bewältigen hat: eine verzwickte Situation in der Schule, ein böser Streit mit der besten Freundin oder die große Liebe, die sich für eine/n andere/n in der Klasse interessiert. Gleichzeitig wird ihnen aber auch das Tor zur Welt aufgestoßen: Schaut, was es da draußen zu erleben gibt, welche Menschen man treffen, welche Orte man besuchen kann. Heute mehr denn je können Bücher die in ihnen verborgenen Versprechen von Freiheit und Glück halten.

23.

Weil Schulbücher erstmal schwere Kost sind – bis man sie durchschaut hat

Ich erwische mich dann und wann dabei, dass ich darüber nachdenke, wie selbstverständlich mir der Gebrauch von geschriebener und gesprochener Sprache ist. Wer denkt schon im Alltag darüber nach, dass wir in diesen komischen Rundbögen, Strichen und Häkchen Buchstaben erkennen, die – miteinander in Verbindung gebracht – einen Sinn ergeben, und dass gewisse Laute – ob nun mit kindlicher Piepsstimme oder tiefem opatypischen Bass gesprochen – die hörbare Entsprechung dieses Wortes bilden. Und auch wenn vor allem im Kindesalter ein strenger Blick der Mutti manchmal mehr sagt als tausend Worte, so bieten sie doch die schnellste Möglichkeit, miteinander in Kontakt zu treten und die Welt und ihre vielen Eigenheiten zu benennen.

Es ist faszinierend, dass aus Sätzen wie »Moni am Auto« oder »Oma und Mama im Haus« aus der ersten Fibel einmal lange Textpassagen (auch in fremder Sprache), Gedichte und mathematische Aufgaben werden. Hat eigentlich je jemand hinterfragt, wer Moni, Lilo, Anna und all die anderen aus der Fibel sind?

Die großgedruckten kurzen Sätze in den Büchern der ersten Klasse (noch illustriert mit erklärenden Bildern) wurden von Schuljahr zu Schuljahr kleiner und länger, die Schulbücher legten immer mehr Seiten zu, die Texte wurden immer komplizierter. Auch die Anzahl der Schulbücher stieg mit jedem neuen Fach, was es einem immer schwer machte, mal endlich mehr Wissen im Kopf zu haben, als in der Mappe mit sich herumzutragen.

Blickt man in seine alten Schulbücher, kann man den Lernprozess von damals noch einmal miterleben. Vom Kennenlernen und Üben der Buchstaben bis zu dem Zeitpunkt, als diese nicht mehr nur dem Selbstzweck dienten, sondern die Basis für komplexere Aufgaben bildeten.

Aus der Frage, wie man ein Wort schreibt, wurde so die Frage, wie man diverse Worte einsetzt, um bestimmte Aufgabenstellungen lösen zu können. Als die Fremdsprachen über uns Schüler kamen, kannten wir zumindest (außer die Russischlerner, die Ärmsten!) schon das Alphabet, aber die Suche nach dem Sinn des Wortes begann von Neuem.

Dasselbe gilt übrigens für Mathe-, Physik- und Chemiebücher, deren Problemfelder doch erst angegangen werden konnten, als man Sprache in Schrift und Ton artikulieren konnte. Was wäre eine schöne mathematische Textaufgabe ohne Text? Wahrscheinlich nur eine Folge von obskuren Gleichungen, Parabeln und Vektoren, mit denen höchstens die Mathestreber was anfangen könnten. Apropos Mathestreber, da fällt mir mein geliebtes Tafelwerk ein, oh du große heilige Sammlung sämtlicher Formeln und Lösungsansätze. Wie sehr haben wir dich in den Naturwissenschaften gebraucht und wie selten haben wir dich nach dem Schulabschluss angesehen? Nie wieder?! Tja, auch treue Gefährten bleiben irgendwann mal auf der Strecke und enden in einem großen Pappkarton, der auf dem Dachboden sein stummes Dasein fristet.

24.

Weil man immer ein passendes Gedicht parat hat

Fragte man Eltern nach den Berufswünschen für ihre Kinder, dürfte Lyriker wahrscheinlich weit abgeschlagen hinter Anwalt, Arzt und Lehrer zu finden sein. Und dennoch haben sich seit der Antike immer wieder Mutige gefunden, die genau diesen Weg eingeschlagen haben. Okay, vielleicht nicht hauptberuflich, aber doch ihr schriftstellerisches Werk prägend.

Denkt man an Gedichte, werden einem wahrscheinlich nicht gleich Poetry-Slam und Hip-Hop einfallen. Eher erinnert man sich erst einmal an Stichworte wie Walther von der Vogelweide, Andreas Gryphius, *Erlkönig* und *Zauberlehrling*. Und schon ist man mittendrin in dieser konzentrierten, relativ kurzen Gestalt schöngeistiger Literatur, die nicht nur sämtliche Themenbereiche des Lebens abdeckt, sondern in der es auch noch von Metaphern, Anaphern, Epiphern, Ellipsen, Allegorien und Synonymen nur so wimmelt. Ein wahres Fest für Deutungskünstler! Und ein Schrecken für so manchen Leser, wenn aus dem harmlosen *Heidenröslein* von Goethe ein schreckliches Vergewaltigungsszenario erwächst: »Und der wilde Knabe brach / 's Röslein auf der Heiden / Röslein wehrte sich und stach / Half ihm doch kein Weh und Ach / Musst es eben leiden.« Dass Kinder das Gedicht bereits in der Grundschule auswendig lernen und dann auch noch singen, mutet da sogar ein wenig unheimlich an.

Apropos singen: Dass lyrische Texte in Verbindung mit Musik vorgetragen werden, kommt nicht von ungefähr. Schon in der griechischen Antike wurden die Verse mit dem Spiel einer Leier (Lyra oder Kithara) begleitet. Die rhythmischen und sich oft reimenden Verse haben viele Komponisten angeregt, Gedichte zu vertonen. Berühmte Beispiele sind neben der Vertonung des *Heidenrösleins* durch Heinrich Werner die *Wesendonck-Lieder* von Richard Wagner nach Gedichten von Mathilde Wesendonck und die *Vier letzten Lieder* von Richard Strauss nach Gedichten von Joseph von Eichendorff und Hermann Hesse.

Neben der inhaltsschweren und zu allerlei Deutung einladenden Lyrik gibt es aber freilich auch die, die uns im Alltag begleitet, ich will sie mal Glückwunschkartenlyrik nennen. Wer selbst nicht zum Reimen geboren ist, greift gern auf eine Vorlage zurück – zum Geburtstag, zur Silberhochzeit oder zur ersten Wohnung. Für alle Ereignisse des Lebens (selbst für das »allerletzte Ereignis«) gibt es ein paar passende Verse, die nicht nur die Karte zu füllen helfen, sondern unsere Gedanken und Gefühle transportieren – kurz, prägnant und ganz treffend. Lediglich mangelndes Talent hat uns davon abgehalten, sie selbst zu verfassen.

Heute gibt es Gedicht-Anthologien für ebendiese Ereignisse: Verse aus vergangenen Tagen stehen da Seite an Seite mit den Worten moderner Autoren, von überschwänglich-blumig-romantisch bis sachlich-konkret findet jeder das zutreffende Gedicht. Auch als Geschenk machen sich die hübsch aufgemachten Gedichtbände sehr gut. Und einen Band Hesse, Whitman, Goethe und Heine, Rilke oder Hofmannsthal im Hause zu haben, ist immer eine Bereicherung.

25.

Weil man durch sein Tagebuch der beste ungelesene Autor aller Zeiten sein kann

Ich gebe es zu, ich habe es auch getan. Da war ich in meinen Jugendjahren, was in etwa die Hälfte meiner jetzigen Lebenszeit her ist, und wusste es nicht besser. Ich griff eines Abends einfach zu einem schmalen linierten DIN-A5-Schulheft, auf dem vorn auf dem Etikett das Wort »Deutsch« und darunter das Wort »Hausaufgaben« stand, es war noch gänzlich unbenutzt, sogar das Löschblatt lag noch hinter der Umschlagseite. Auf dem Cover waren wild dahindüsende Jets und Flugzeuge abgebildet, alles in hellen Blautönen gehalten, und ich werde wohl gedacht haben: Das passt! Die Düsenjets waren so etwas wie eine Metapher für eine erfolgreiche Zukunft, die sich in Windeseile einstellen würde. Und es wäre ja auch ein fataler Fehler gewesen, seine Gedanken aus dieser Zeit des Wachsens und Gedeihens nicht für die Nachwelt aufzuzeichnen.

Als ich anfing, Tagebuch zu schreiben, war das – obwohl ich natürlich für die Nachwelt Zeugnis ablegen und unter Beweis stellen wollte, dass ich schon als Jugendlicher meiner Zeit weit voraus und unheimlich tiefgründig war – eher ein Akt des Sich-selbst-nicht-Vergessens. Ich wollte gern, dass ich später die Möglichkeit hatte, nachzuschlagen, was ich eben an einem ganz speziellen Tag getan hatte: War ich glücklich? Hatte ich Kummer? Hatten sich an diesem Tag die Weichen für mein späteres Leben gestellt? Und dann sollten natürlich (eingedenk der Tatsache, dass ich berühmt geworden war und nun alle Leute auf der ganzen Welt wissen wollten, was ich früher gedacht und getan hatte) die Menschen, die nach mir kämen, die Chance erhalten, in mein früheres Leben einzutauchen. Millionenumsätze zugunsten meiner Nachfahren inklusive.

Ich habe dieses Heft heute nicht mehr, es ist beim Aussortieren irgendwie (oder bewusst, wie man manche Dinge ja vorgibt, unbewusst zu tun, und sie doch ganz gezielt tut und dieses Mischgefühl von Man-muss-sich-auch-trennen-können und Was-wenn-es-mir-später-doch-fehlt überwinden muss) in den Papiermüll gewandert. Vielleicht wollte ich mich nicht mehr an den peinlichen Versuch des Tagebuchschreibens erinnern lassen (als könnte man *das* je vergessen!), im Grunde aber war mir klar, dass nichts Weltbewegendes darin stand und ich nicht einmal mehr durchzublättern brauchte, um zu wissen, dass ich acht Tage lang Tagebuch schrieb und ich die wenigen Seiten mit Beschreibungen über den Schulalltag und meine Lieblingsserien im Fernsehen vollkritzelte. Das würde mich nicht einmal von einer wirklichen Berühmtheit interessieren, dachte ich beim Aussortieren, und überhaupt: Wer hätte diese Kinderschrift denn bitte später entziffern sollen?

Es ist, so begriff ich, gar nicht so einfach, über sich selbst zu schreiben. Wer in seinem Tagebuch einen unsichtbaren Gesprächspartner sieht, hat das Glück, jemanden gefunden zu haben, dem er sich offen und (meist auch) ehrlich anvertrauen kann. Da schreibt man über Liebeskummer und Misserfolge im Beruf, man verteufelt den Biologielehrer und wünscht seinen besten Freund auf den Mond, man regt sich über steigende Kaffeepreise auf und beschließt nach diesem *Vorfall* letzten Samstag, nie wieder ein Glas Wein anzurühren. Und dann schreibt man über die große Liebe des Lebens (im Leben – wenn's schlecht läuft – wahrscheinlich mehrfach) und den Durchbruch im Beruf, man dankt dem Biologielehrer für seine Nachsicht und meint, dass er doch nicht so ein Aas sei, man ist froh, den besten Freund stets an der Seite zu haben, und ist nun mit sich im Reinen darüber, dass der steigende

Kaffeepreis irgendwas mit dem Klimawandel zu tun hat und die Kaffeebauern ja schließlich auch irgendwie leben müssen, wenn sie ohnehin nur soundso viel Prozent des Umsatzes erhalten, und natürlich, ach, ein Gläschen in Ehren … Und wenn man dann noch anfängt, sich selbst tatsächlich ins Weltgeschehen einzuordnen oder jenseits der eigenen Befindlichkeiten den Lauf der Welt zu reflektieren, dann hebt man sich selbst auf eine andere Ebene des Tagebuchschreibens. Dann ist man Erinnerer nicht nur zu eigenen Diensten.

Nach acht Tagen war bei mir Schluss. Ich hatte zwar einiges zu erzählen (fiese Matheklausur; Mirko, der Affenarsch, der mir im Sportunterricht *aus Versehen* einen Basketball ins Gesicht geworfen hat; Taschengeldkürzung wegen Rauchgeruch an der Jacke – »Ich habe doch nur *dabeigestanden*!«), aber nichts zu *sagen*.

Heute lese ich lieber in fremder Leute Tagebücher (in rechtmäßig veröffentlichten natürlich!), als selbst eines zu schreiben. Vom vielen Tastaturschreiben bei der Arbeit würde meine Schreibhand wahrscheinlich eh nach einer halben Seite schlappmachen. Und Tagebuch am Rechner zu schreiben, vor einem überdimensional großen Bildschirm Wort um Wort in ein Textverarbeitungsdokument zu hacken, kann doch nicht Sinn der Sache sein.

Schreibt man Tagebuch, geschieht das meist abends am Schreibtisch oder im Bett unter dem Licht einer kleinen Leselampe, in der Pause in einer abgeschlossenen Kabine der Schultoilette, weil man jetzt, gerade jetzt etwas loswerden muss und es niemandem erzählen kann, oder unterwegs im Zug, wenn man das Abteil wie durch ein Wunder ganz für sich allein hat und diesen Moment der Behaglichkeit und des an einem vorbeiziehenden Landschaftsbildes festhalten will. Jemand, der einmal im wörtlichen Sinne ein Buch schreiben möchte, kann nichts Besseres tun, als sich mit einem Tagebuch zu versuchen. Es ist das einzige Buch, das bereits gebunden ist, noch bevor man es mit Worten und Leben füllt. Ganz traditionell: mit einem Stift.

Weil Dramen wie Drehbücher das Arbeiten auf der Bühne vereinfachen

Man hört es immer mal wieder, dass sich Filmregisseure ganz visionär und avantgardistisch geben und einen Film ohne Drehbuch inszenieren. Da steht die Rahmenhandlung und die Szenen sind in Sachen Aussage und Handlungsort grob umrissen, aber alles andere muss dann von den Darstellern allein kommen. Der Kameramann muss sich mit dem begnügen, was er einfängt, auf den Beleuchter wird verzichtet und der Tonmann kann sein puschelumschürztes Mikrofon an der Angel auch nur nach Gutdünken über den Köpfen der Protagonisten schweben lassen, denn man weiß ja nie so recht, was passieren wird.

Sitzt man dann als Zuschauer im Programmkino (wo sonst bei solchen Filmen?), wird einem mitunter schwindlig, und als man Zeuge wird, wie der Kameramann ganze zweieinhalb Minuten auf den schweigenden und flehentlich blickenden Hauptdarsteller hält, der sichtlich nicht weiß, was er wie und wann machen soll, ist einem klar, dass spätestens hier der Regisseur besser ein Drehbuch in der Hand gehabt und besser auch mal reingeschaut hätte. Na ja, künstlerische Freiheit! Solange Regisseur und Drehbuchautor (hier besser: Nichtdrehbuchautor) ein und dieselbe Person sind, ist das ja alles kein Problem. Da muss sich zumindest der Autor nicht nachträglich über die Verhunzung seiner Arbeit aufregen. Schlimm wird's doch erst, wenn es ein Drehbuch gibt und der Regisseur trotzdem macht, was er will.

Früher war das ja alles ganz anders, behaupte ich jetzt einfach mal, schließlich gab es vor drei-, vier-, fünfhundert Jahren noch keine Filmkameras. Und auch der Autor hatte bei der Inszenierung noch ein gehöriges Wörtchen mitzureden oder hat sogar selbst inszeniert. Und weil man sich nicht auf die Professionalität der inszenierenden Kollegen verlassen konnte, hat man gleich mal notiert, wie man sich die Bühne, die Auf- und Abgänge der Mimen und die Motivation derselben vorzustellen habe. »Sie stirbt, und er legt sie sanft auf den Boden« ist eine der letzten Regieanweisungen von Lessing in seiner *Emilia Galotti*. Gut zu wissen für Vater Odoardo, dass er das Töchterlein nicht einfach auf den kalten Boden des Vorsaales im Lustschloss des Prinzen von Guastalla fallen lässt.

Die Regieanweisungen, die Lessing, Shakespeare, Schiller und Co. gegeben haben, sind mitunter recht simpel, aber sie helfen doch beim Verständnis des Textes. Sie machen nicht nur deutlich, wie eine Figur ihr Sprechen durch kleine Handlungen untermauert, sondern helfen auch, die Szenen stimmungstechnisch und örtlich festzulegen. »Eine Heide; Donner und Blitz« heißt es im ersten Aufzug, erste Szene von *Macbeth* und gleich darauf erscheinen drei Hexen. Und das, was auf einer kleinen Theaterbühne oft nicht möglich ist – beispielsweise große Menschenmassen und viele Requisiten für ein naturalistisches Bühnenbild für einen relativ kurzen Zeitraum aufzufahren –, wird mit klaren Zeichen angedeutet: »Kriegsgeschrei; ein blutender Krieger kommt ihnen entgegen«, heißt die Anweisung für die zweite Szene; man weiß sofort, hier muss es im Hintergrund eine schreckliche Schlacht geben.

Regisseure, die sich historisch überlieferter Stoffe annehmen und auf das Urmaterial zurückgreifen, haben also summa summarum einen ganz einfachen Job. Die Kostüme kommen aus dem Fundus (irgendwas passt immer, und wenn nicht, wird auf modern gemacht), der Beleuchter fährt die Scheinwerfer hoch und runter, Mikros gibt es nicht. Die Schauspieler lernen ihren kilometerlangen Text auswendig, und wenn es ans Inszenieren geht, nimmt der Regisseur einfach beispielsweise das Hamburger Leseheft Nummer 177 aus der rechten Gesäßtasche seiner zerrissenen Jeans und gibt seine Anweisungen: »Los geht's! Katharina, Sibylle und Katja sind die Hexen, eine Heide, Donner und Blitz! Und bitte!« Alles klar?!

27

Weil Hörbücher ideal sind,
wenn man gerade keine Hand freihat

Bücher zu konsumieren, ohne sie selbst zu lesen, funktioniert überall: In der Küche beim Abwaschen, in der Werkstatt, wenn an des Deutschen liebstem Stück, dem Kfz, herumhantiert wird, oder – diesmal mit beiden Händen fest am Lenkrad – unterwegs im Auto von Berlin nach Avignon. Das geht entweder, wenn sich der Partner in diesen doch so unterschiedlichen Lebenslagen bereiterklärt, laut vorzulesen (aber wann hat er schon die Zeit dafür?!), oder indem man einfach eine CD beziehungsweise MP3 abspielt und der Stimme eines bekannten oder weniger bekannten Sprechers lauscht.

Gerade heute, da die Stunden und Tage sehr viel schneller zu vergehen scheinen und man kaum Zeit findet, Arbeit, Familie und Hobby unter einen Hut zu bringen, bieten Hörbücher die Möglichkeit, mindestens zwei Dinge gleichzeitig zu tun. Hörbücher haben in den vergangenen Jahren eine wahre Renaissance erlebt, bisweilen könnte man glauben, sie wären erst nach der Jahrtausendwende entstanden! Tatsächlich können sie aber auf eine beachtliche Historie zurückblicken.

Durch die Erfindung der Tonaufnahme rückte die Welt wieder ein Stückchen näher zusammen. Von der Tonwalze und dem Phonographen über die Schallplatte und die Kassette bis hin zur CD und der MP3-Datei wurden und werden Geräusche, Musik und Stimmen aufgenommen und für eine spätere Nutzung an einem ganz entfernten Ort gespeichert.

So kommen blinde und sehbehinderte Menschen unabhängig von einem leibhaftigen Vorleser in den Genuss von Literarischem, und auch alle anderen, die gerade keine Hand freihaben, um ein Buch zu halten.

Mit dem Aufkommen der Schallplatte wurde recht schnell klar, dass die Menschen im Land nicht nur an Musik interessiert waren, sondern durchaus auch an den Stimmen und Werken berühmter Autoren. Nun musste man nicht mehr zwangsläufig zu einer der wenigen Lesungen fahren und hoffen, eine Eintrittskarte zu erhaschen, sondern konnte sich die Veranstaltung per Schallplatte nach Hause holen und ihr nach Lust und Laune lauschen.

Die erste Berührung mit dem Hörbuch erfolgt meist im Kindesalter, wenn im Hörspiel Märchen und Abenteuergeschichten erzählt oder gespielt werden, immer untersetzt mit phantasievoller Musik und noch umwerfenderer Geräuschkulisse. Gleiches gibt es dann natürlich auch für Erwachsene. Nach dem Zweiten Weltkrieg startete die Erfolgsgeschichte des Hörspiels, in der auch klassische Theaterstücke Berücksichtigung fanden. Bis heute werden sie produziert und auch regelmäßig im Radio gespielt beziehungsweise auf CD herausgegeben.

Das Hörbuch deckt aber bei Weitem nicht nur schöngeistige Literatur ab, sondern ist auch ein Informations- und Bildungsmedium. Wer erinnert sich nicht an frühere Fremdsprachen-Lernkassetten oder denkt an die Audioguides von heute, die uns fremde Städte erklären und zu den Sehenswürdigkeiten lotsen?

Das Angebot an »Romanen auf CD« hat sich in den zurückliegenden Jahren deutlich erhöht. Das Geschäft neben den gedruckten Büchern ist so wichtig, dass es dafür sogar eigene Charts und Auszeichnungen (unter anderem den Deutschen Hörbuchpreis in verschiedenen Kategorien) gibt. Mal werden sie vom Autor selbst gelesen, mal von einem ausgebildeten Sprecher. Mittlerweile gibt es schon echte Stimm-Stars, die bereits ein kleiner Erfolgsgarant für ein Hörbuch sind. Wir spitzen also weiterhin die Ohren!

Weil Bildbände und Enzyklopädien unsere eigentlich nicht zeitgemäßen Wegbegleiter sind

Als im Jahr 2013 bekannt wurde, dass der Bertelsmann-Konzern die Brockhaus-Enzyklopädie nur noch online, nicht aber in altbewährter Buchform herausgeben wird, ging ein schweres Raunen durch die Medienwelt. Das berühmte Lexikon – jahrzehntelang in vielen deutschen Haushalten ein Beweis für Bürgertum und angereichertes Wissen (sofern denn darin auch gelesen und die vielen Bände nicht nur des Flairs oder des Protzens wegen aufgestellt wurden) und mit einer Geschichte, die bis an den Anfang des 18. Jahrhunderts zurückdatiert werden kann – hatte plötzlich ausgedient.

Von der Zeit der Aufklärung bis zum Allwissen des Internets hatten Enzyklopädien den Menschen geholfen, die Welt kennenzulernen und besser zu verstehen: Sie machten den Geist verstorbener Geschichtsgrößen lebendig, erklärten schwierige technische Prozesse auf leicht verständliche Weise, berichteten über die Lebensbedingungen in Afrika und über menschliche Zivilisationen jenseits unserer Tage. Eine Enzyklopädie oder ein Lexikon standen für Erfahrung, Wissen und Verlässlichkeit. Sie sind heute zu Relikten einer vergangenen Zeit geworden: Noch immer schön und beeindruckend anzusehen, aber man muss zugeben, dass sie im Wohnzimmer oder in der Bibliothek deutlich mehr Staub ansetzen als andere Bücher. Sie zu besitzen, ist dennoch ein gutes Gefühl.

Die moderne Medienlandschaft ist zu einem Mitmach-Event geworden. Die weltweite Vernetzung ermöglicht einen nie geahnten Datenaustausch, auf dessen Basis zwar auch allerlei Unsinn erzeugt wird, aber doch unschätzbar viel zur Verbreitung und Teilhabe von Wissen geleistet wird. Menschen aller Kontinente bringen ihre Erkenntnisse zusammen und verarbeiten sie beispielsweise in Internet-Enzyklopädien. Täglich werden die Einträge bearbeitet, verschlimmbessert oder wirklich weiterentwickelt, neue Informationen werden eingetragen, kaum dass sie das Licht der Öffentlichkeit erblickt haben. Wissen ist unendlich geworden. Mit diesem rasanten Tempo kann ein Buch nicht konkurrieren, das noch vor der Drucklegung schon veraltet zu sein droht. Nichtsdestoweniger sind das Lexikon beziehungsweise die Enzyklopädie noch immer richtungsweisend und werden heute von mehr Menschen denn je genutzt – nur ihr Medium hat sich verändert.

Doch es gibt auch große Sammelwerke, die trotz der Informations- und Bilderflut im Internet Bestand haben sollten: Großformatige Bildbände mit hochaufgelösten Fotos beispielsweise, deren Genuss mit einem Klick am Rechner nicht zu vergleichen ist. Ähnlich wie Urlaubsfotos, die man ausdruckt und mit Kommentaren in ein Album klebt, sind es diese Bilder, die man aus der Fülle des Materials heraus immer wieder anschaut. Die dekorativen Bildbände bieten ihrem Betrachter einen Moment der Ruhe, das Erlebnis des Blätterns und Verweilens. In ihnen steckt eine Tradition, die nicht nur das Bild mit dem Papier verbindet, sondern die dem Eigentümer auch einen greifbaren Besitz vermittelt. Sie haben auch einen nicht zu unterschätzenden repräsentativen Charakter.

Kritiker würden jetzt sagen: Auf einem hochauflösenden Computerbildschirm kann man sich die Bilder genauso gut anschauen, besser sogar, denn man kann noch die Lupenfunktion dazuschalten und auch noch die kleinste Kleinigkeit entdecken. Ja, das stimmt, es wäre sinnlos, das zu leugnen. Und es wäre irgendwie auch nicht zeitgemäß zu antworten, man könnte das auch mit einer herkömmlichen Lupe über der Buchseite tun. Aber wir Bücherliebhaber sind ja hier unter uns und deswegen klammern wir das einfach aus. Es ist bisweilen ja auch schön, eine Sachlage mal nicht totzudiskutieren, sondern sich nur auf deren Vorzüge zu besinnen. Wir lieben Bücher, Enzyklopädien und Bildbände – sie sind ver-

lässliche, greifbare und dauerhafte Partner, auch bei Strom-, Akku-
und – Gott bewahre! – Internet-Ausfall.

29.

Weil es wichtig ist, dass man Verbote auch hinterfragt

Nicht nur in der Jugendzeit sind Verbote da, um sie zu umgehen.
Das trifft auf die erste heimlich gerauchte Zigarette ebenso zu wie
auf das Treffen mit dem Mädchen vom Ende der Straße, das die
eigenen Eltern für schlechten Umgang halten. Hüter von Sitte und
Moral haben seit Menschengedenken Regeln und Verbote für das
gesellschaftliche Miteinander aufgestellt, die sich im Laufe der
Jahrhunderte zwar den aktuellen Gegebenheiten angepasst, ihren
Grundtenor aber beibehalten haben: Menschen, vor allem die jungen, sollen durch die Werke von anderen nicht negativ beeinflusst
und vor ihnen geschützt werden.

Auch Bücher und Schriften haben in den zurückliegenden Jahrhunderten eine wechselvolle Geschichte von Indizierung, Verbot
und Wiederfreigabe durchlaufen müssen. Heute sind viele Bücher
wieder frei zugänglich, die jahrzehntelang in verschiedenen Ländern der Welt verboten waren oder deren Autoren gar in Sitten-
prozessen belangt oder mit Todesdrohungen belegt wurden (man
denke an Salman Rushdie und seine *Satanischen Verse*), darunter
die Romane *Lolita* von Vladimir Nabokov, *American Psycho* von
Bret Easton Ellis oder *Madame Bovary* von Gustave Flaubert. Die
gesellschaftlichen Voraussetzungen haben sich verändert, die
Freiheit des Darstellbaren hat sich – zumindest in Deutschland –
vergrößert. Werner Fuld gibt in *Das Buch der verbotenen Bücher*
detailliert dazu Auskunft.

Wie sehr Diktaturen die Macht des geschriebenen oder gespro-
chenen Wortes fürchten, haben nicht nur die Deutschen, sondern

Menschen vieler Länder der Erde am eigenen Leib erfahren müssen. Als im Mai 1933 vielerorts in Deutschland Scheiterhaufen aus Büchern entzündet wurden, landeten die Werke bedeutender Literaten in den Flammen. Ihre Schriften und Romane standen für ein anderes Deutschland, für eine andere Weltanschauung, für Freiheit, Antimilitarismus, für die Moderne. Sie passten nicht ins Staatskonzept der Nazis und wurden verfemt wie ihre Autoren. »Dort wo man Bücher verbrennt, verbrennt man auch am Ende Menschen«, hatte Heinrich Heine 1821 einst geschrieben und 120 Jahre später Recht behalten. Georg Hermann, Jakob van Hoddis, Gertrud Kolmar, Erich Mühsam und Carl von Ossietzky – fünf große Namen von den vielen Opfern der Nazis. *Das Buch der verbrannten Bücher* von Volker Weidermann sei an dieser Stelle ans Herz gelegt, denn es erinnert an die der Vernichtung preisgegebenen Bücher, die doch Schätze der Literatur waren und sind.

Auch das SED-Regime versuchte in der DDR, die Menschen nach einem neuen Bilde zu formen. Der sozialistische Mensch und seine Gesellschaft sollten sich deutlich von den Kapitalisten im Westen unterscheiden. Dass auch hier einiges an Literatur nicht erwünscht war, kann man sich leicht denken. Neue Werke, die den agitatorischen Ansprüchen nicht gerecht wurden, erhielten keine Druckerlaubnis. Mit Tricks und Kniffen »schmuggelten« die Autoren kritische Inhalte in ihre Werke, die aufgrund der Fülle nicht alle von den Zensoren gefunden wurden. Man lernte, zwischen den Zeilen zu lesen.

Wurde eine Druckgenehmigung nicht erteilt, durften DDR-Autoren (bis auf wenige Ausnahmen) ihre Werke aber auch nicht stattdessen im Ausland publizieren. Illegale Drucke wurden durchgeführt, die Werke wanderten im wahrsten Sinne des Wortes von Hand zu Hand. In ihrem Roman *Stadt der Engel* berichtet Christa Wolf gar von der Veröffentlichung ihrer Werke im Ausland, indem andere Autoren sie unter ihrem Namen publizierten. Weiteren Einblick zum Thema geben Siegfried Lokatis und Ingrid Sonntag in ihrem Buch *Heimliche Leser in der DDR. Kontrolle und Verbreitung unerlaubter Literatur.*

Wenn es nicht nur darum geht, Leser als solche vor gefährlichen Inhalten von Büchern zu schützen, sondern in Werken nachdrücklich zu Gewalt oder Volksverhetzung aufgerufen wird, wenn also die Rechte und das Ansehen Dritter geschädigt werden, werden auch in der heutigen Bundesrepublik Bücher auf den Index gesetzt, deren Herstellung und Vertrieb verboten ist. Die Verherrlichung des Holocausts oder die Anleitung zu terroristischen Angriffen gehören zu Recht auf keinen deutschen Büchertisch.

30.

Weil man durch E-Books
mit leichtem Gepäck reisen kann

Wenn's ums Lesen geht, steht mir mein bester Freund Tobias in nichts nach. Seit er zehn Jahre alt war, hat er ein Buch nach dem anderen verschlungen. Er hat es geschafft, sein Abi mit einer besseren Note abzuschließen als ich und ein Studium zu meistern, das ungleich schwerer war als meines. Zumindest dachte ich das damals. Wenn man aber alle Schwierigkeiten im Leben mit einer gewissen Leichtigkeit bewältigen kann, die mir fehlt, sind selbst schwere Situationen leicht zu meistern. Das Studium im technischen Bereich, für das mir sowohl das Interesse als auch das Know-how gefehlt hätte, durchlief Tobias wie eine gelungene Tigerdressur – überall lauerten Gefahren, aber er hatte alles im Griff. Und darüber hinaus noch Zeit, mir, dem Literaturstudenten, auch noch in Sachen Bücherliste den Rang abzulaufen.

Einen entscheidenderen Unterschied zwischen Tobias und mir gibt es aber noch: Während ich in meiner Dreiraumwohnung viel Platz brauche, begnügt er sich mit einer Einzimmerwohnung, in der nicht nur Bett und Schreibtisch, sondern auch monströse (sicherlich giftige) Pflanzen, ein E-Piano und eine kleine Küchenzeile beheimatet sind. In unserer Freizeit spielen wir zusammen Badminton oder gehen abends in die Kneipe, und wenn wir nicht zusammen unterwegs sind (für diverse Angelegenheiten muss man eben mal alleine zu zweit sein), lesen wir meist. Manchmal das gleiche Buch, meist ganz unterschiedliche.

Wir beide würden einander wohl niemals Bücher ausleihen – erstens weil es, glaube ich, schon im Grundgesetz steht, dass man eigene Bücher besser nicht ausleiht (wenn es nicht drinsteht, sollte es nachgetragen werden), zweitens weil das gar nicht geht. Denn während ich Traditionalist und ein (wie jetzt ein gescheiter Verhaltenswissenschaftlicher einfügen würde) haptisch veranlagter Typ bin, ist Tobias einer von den ganz Modernen, sprich einer von denen, die ganz dem neuen Gott E-Book verfallen sind. Die Bücher aus Kindheit und Jugendzeit lagern bei seinen Eltern, also befinden sich in Tobias' Wohnung nur noch die spärlichen Restbestände aus der Übergangszeit, bevor er zum Techniker wurde. Nun läuft er ständig mit einem Buch (ha!) herum, das aus einem kleinen Bildschirm besteht.

Ich muss zugeben: Ich verstehe das nicht! Ist das noch dasselbe Lesen? Braucht man nicht die Seiten zum Umblättern, das Rascheln, den Geruch, die Schwere des Buches in der Hand oder beim liegenden Lesen auf dem Bauch? »Nein. Wichtig ist doch, was man liest und nicht wie man es liest. Wenn du früher den Fortsetzungsroman in der Zeitung gelesen hast, hat's dich doch auch nicht gestört«, sagt Tobias so ein bisschen von oben herab, weil er merkt, dass ich ihn und sein E-Book nicht so recht ernst nehmen kann. Wenn irgendwas mit »E-« anfängt, muss man immer weniger selbst machen, wie beim E-Bike, bei dem man kaum noch zu treten braucht und trotzdem den Berg hochkommt. Demnächst lesen wir nicht mehr selbst, sondern lassen uns vorlesen, oder was? Ach Mensch, das gibt es ja auch schon …

Als wir letztens in Urlaub fuhren, spielte Tobias einen wirklichen Trumpf aus, er reiste mit leichtem Gepäck. Und das nicht etwa, weil er viel weniger Sachen in seine Reisetasche stopfte, sondern weil er nicht auch noch die dicken Urlaubsleseschinken einpacken musste wie ich. Anstatt ein paar dünne Bände mitzunehmen, hatte ich wahllos in den Stapel noch zu lesender Bücher gegriffen – *Krieg und Frieden* im Sommerurlaub, ach was soll's! Tobias holte mich ab und warf einen Blick auf meine ausladenden Bücherwände und neckte: »Na, wie viele von deinen Exoten hast du mitgenommen? Drei? Vier?« – »Damit du's weißt, es sind sogar fünf«, gab ich zurück und griff nach meiner schweren Tasche. Aus der Innentasche seiner Jacke holte Tobias demonstrativ sein schmales E-Book hervor und tippte mit dem Zeigefinger auf dessen lederne Ummantelung: »Ich habe etwa 200 dabei! Herrlich, oder?«

Und wie viele Bücher hatten wir am Ende des Urlaubs gelesen? Ich: 0. Tobias: 0. Irgendwas ist uns wohl dazwischengekommen.

4. KAPITEL

Lachkrämpfe und Taschentuchalarm

Weil diese elf Bücher so ziemlich jeden zum Lachen bringen:

- Emil Waas: *Es fängt damit an, dass am Ende der Punkt fehlt: Stilblüten aus amtlichen und privaten Schreiben*
- Loriot: *Das große Loriot-Buch: Gesammelte Geschichten in Wort und Bild*
- Dieter Moor: *Lieber einmal mehr als mehrmals weniger: Frisches aus der arschlochfreien Zone*
- Ephraim Kishon: *Eintagsfliegen leben länger: Satirische Geständnisse*
- Boris Wittich: *Zeugen liegen bei: Stilblüten aus Polizeiberichten und Gerichtsverhandlungen*
- Florian Illies: *Ortsgespräch*
- Walt Disney: *Lustiges Taschenbuch*
- Heinz Erhardt: *Der große Heinz Erhardt*
- Walter Moers: *Die 13½ Leben des Käpt'n Blaubär*
- Jan Weiler: *Maria, ihm schmeckt's nicht! Geschichten von meiner italienischen Sippe*
- René Goscinny: *Der kleine Nick: Achtzehn prima Geschichten vom kleinen Nick und seinen Freunden*

Weil Inge Lohmark uns die Geschichte vom Hals der Giraffe schuldig bleibt

Junge Menschen, die in die Pubertät kommen, sind für Erwachsene, die ja selbst mal in diesem Alter waren, unerklärliche Wesen. Da gibt es 15-jährige Mädchen mit lackierten Fingernägeln und blondierten Haarsträhnen, mit Röcken so kurz, dass man sie für einen zu tief gerutschten Gürtel halten könnte, und mit sich überschlagenden Stimmen, wenn es um Filmstars oder den hübschesten Jungen der oberen Klassenstufen geht. Und die Jungs? Hormonell überbeanspruchte Möchtegernhalbstarke, die auf dicke Hose machen, sich die Haare lang wachsen lassen, mitunter noch mit dem Stimmbruch kämpfen, mit null Bock, um weder für die Schule noch fürs Leben zu lernen, und immer darauf bedacht, sich vor oder von den »Girls« nicht die Butter vom Brot nehmen zu lassen. Kurzum also Menschen, die sich in einer Zwischenentwicklungsstufe befinden und die man im Grunde gar nicht ernst nehmen kann.

Dass diese besondere Spezies aus der neunten Klasse des fiktiven Charles-Darwin-Gymnasiums im vorpommerschen Hinterland ausgerechnet auf die Biologielehrerin Inge Lohmark trifft, ist der Ausgangspunkt für Judith Schalanskys Roman *Der Hals der Giraffe*.

Inge Lohmark ist »alte Schule« und also eine Verfechterin des klassischen Tafelbildes (das bitte eins zu eins in die Hefte zu übernehmen und auswendig zu lernen ist!) und des stringenten Frontalunterrichts sowie einer angemessenen Strenge, außerdem ist sie mit ihren 55 Lebens- und mehr als 30 Berufsjahren eine Gläubige alter Gesetzmäßigkeiten, die da in etwa heißen: Das war schon immer so und so sollte es auch bleiben.

Inge Lohmarks Gymnasium wird noch vier Jahre bestehen, bevor es endgültig geschlossen wird. Der demographische Wandel macht sich auch in Vorpommern bemerkbar: Es gibt immer weniger Kinder, und die, die es noch gibt, entsprechen leider nicht den Erfordernissen einer gymnasialen Bildung. Mit Mitte 50 steht die Lehrerin an einem Scheideweg, schiebt das Nachdenken über die berufliche Zukunft aber vor sich her.

Was macht eine Biologielehrerin, wenn sich alle der Biologie verweigern? Wenn die natürlichen Entwicklungen gehemmt werden? Wenn althergebrachte Prinzipien gestört oder gar zerstört werden und man nicht mehr hinterherkommt oder hinterherkommen will? Inge Lohmark begegnet all dem mit der ihr eigenen Kühle und Abgeklärtheit. Schülerin Ellen findet sie »schon jetzt überflüssig wie eine alte Jungfer«, Kevin ist »unsauber und aufschneiderisch«, bei Tom hat sie »wenig Hoffnung, dass die verunglückten Proportionen noch durch fortgeschrittenes Wachstum korrigiert werden« können, und Laura ist »unauffällig wie Unkraut«.

Judith Schalanskys Lehrerin ist zynisch und gemein, dabei aber dünnhäutig und verzweifelt. Inge Lohmark wäre die perfekte Antwort auf all den neumodernen Unterrichtsmurks von iPad, elektronischer Tafel und computerbasierten Hausaufgaben, wenn sie nicht so anachronistisch, ein mit Kreidestaub bedecktes Relikt aus einer vergangenen Zeit wäre, als es zum jährlichen Lehrertag noch Blumen von den behalstuchten Kindern gab. Der Autorin ist ein feiner Roman über eine Frau gelungen, die an ihrem Welt- und Menschenbild festhält und für die Veränderungen ein Graus sind. Verpackt ist das in eine mitunter kühle Sprache, die die Lehrerin vorm inneren Auge zum Leben erweckt. Ihre Schülerbeobachtungen sind spitzfindig und treffen gleichzeitig Lachmuskeln und Magengrube, das ist bitterböse, pointiert und bildungsreich.

33.

Weil nicht jeder so eine Großmutter haben kann wie Meir Shalev, man aber wenigstens von ihr lesen kann

Jede Familie hat ihre eigenen Geschichten. Die sind manchmal wahr und manchmal erfunden, manche sind total verdreht und mit vielen Details ausgeschmückt, andere werden – was die Familienhistorie betrifft – gänzlich unterbewertet. In fast jeder Familie gibt es eine entfernte Cousine, die zwar keiner mag, aber trotzdem immer zu allen Geburtstagen und sonstigen Feiern eingeladen wird (werden muss). Oder auch einen Onkel Edgar, von dem es fortdauernd in der Familienchronik heißt, dass er 1973 mit seiner Assistentin nach Wyoming durchgebrannt sei, obwohl er es nur bis Wuppertal geschafft hat – und das mit seinem Assistenten. Das Cover des Wirtschaftsmagazins, das die beiden 20 Jahre später als glückliches schwules Unternehmerpaar in Wuppertal zeigt, besitzt zwar jede kleine Familienabzweigung, aber es liegt natürlich – mit dem wehmütig-neidischen Gefühl, dass *gerade der* es geschafft hat – unter Verschluss.

Schlagen Familienmitglieder unterschiedliche Lebenswege ein, ist Verdruss oft vorprogrammiert. Man tut zwar so, als würde man die Beweggründe des anderen verstehen, aber eigentlich denkt man doch: Der rennt in sein Verderben. So geschehen beim Großvater des israelischen Schriftstellers Meir Shalev. Dieser hatte sich frühzeitig für die Übersiedlung nach Palästina und den Aufbau eines eigenen jüdischen Staates entschieden, sein Bruder jedoch legte sich einen westlichen Namen zu und emigrierte nach Amerika. Während der eine Sümpfe trockenlegte und dabei half, Siedlungsland zu schaffen, entdeckte der andere den Kapitalismus und wurde erfolgreicher Geschäftsmann. Aber um die beiden geht es in Meir Shalevs Roman *Meine russische Großmutter und ihr amerikanischer Staubsauger* gar nicht, sondern, man kann es sich denken, um die Oma.

Oma Tonia ist in einer späteren Siedlungswelle nach Palästina gekommen und hatte wahrscheinlich ein bisschen mehr erwartet als einen Bauernhof, unbefestigte Straßen, Staub, Staub und nochmals Staub. Oma Tonia, so einfach sie von Gemüt auch war, so energisch war sie, wenn es um Schmutz ging. Die gute Stube durfte man nicht betreten, in der Dusche durfte nicht geduscht werden und die Böden in Küche und Wohnzimmer mussten stets so blankgescheuert sein, dass man sich drin hätte spiegeln oder davon essen können, wenn es denn erlaubt gewesen wäre, im Wohnzimmer zu essen.

Als der ausgewanderte Schwager eines Tages einen ultramodernen Staubsauger nach Israel schickt, um den Bruder zu ärgern und seinen eigenen erfolgreichen Lebensstandard zu verdeutlichen, staunt die ganze Ortschaft. Und für einen Tag hat Großmutter Tonia auch wirklich Gefallen an dem luxuriösen Gerät, das wahrlich hält, was es verspricht: Es entfernt sämtlichen Staub aus der Wohnung, und das auf Knopfdruck!

Die etwas einfältige Seniorin ahnt freilich, dass der Staub nicht verschwunden ist, sondern in dem Staubsauger gefangen ist, in ihren Augen jederzeit dazu bereit, auszubrechen und eine Katastrophe zu verursachen. Ein Trojanisches Staubpferd duldet sie nicht in ihrem Haus, also wird das Gerät wieder eingepackt und verbannt. Über Jahrzehnte ruht es ungenutzt in dem Badezimmer, das aus hygienischen Gründen (es könnte schmutzig werden!) niemand benutzen darf.

Meir Shalevs Familiengeschichte ist eine wunderbar pointierte Familienchronik. Er kennt seine Verwandten ganz genau und versteht es, sie auf die Schippe zu nehmen. Die Geschichte vom unermüdlichen Einsatz der Großmutter für eine staubfreie Wohnung in einer Umgebung, in der es von diesem ihrem Hauptfeind nur so wimmelt, ist umstrickt mit unzähligen Anekdoten, Wahrheiten, Halbwahrheiten und erfundenen Wahrheiten (um nicht zu sagen: Lügen). Diese eigenwillige Doña Quijote ist ein echtes Original und Ausgangspunkt für eine komödiantische Rückschau des Autors auf seine Kindheitserlebnisse und die Geschichten, die ihm Familienmitglieder angetragen haben. Das alles ist unbedingt lesenswert!

Weil »On se left you see se Siegessäule« ein ganz besonderer Berlin-Reiseführer ist

Im letzten Juli unternahm ich mit meinen vier Kollegen unseren jährlichen Sommerausflug. Nach dem Leipziger Zoo und einer heimeligen Schiffspassage mit Kaffee und Kuchen auf dem Arendsee, der Perle der Altmark, ging es diesmal in die Bundeshauptstadt Berlin – um auf dem Ausflugsdampfer auf der Spree zu schippern und die Stadt aus einer ungewohnten Perspektive kennenzulernen. Für Provinzler ist das mit der Perspektive schon fast ein geflügeltes Wort, denn in Berlin wird ja so viel gebaut, dass es bei jedem Besuch ganz anders auszusehen scheint. Nur der Fernsehturm, das Rote Rathaus, der Reichstag und das Brandenburger Tor bleiben offenbar unverändert an ihrem Platze.

Etwa ein Jahr später (also erst vor Kurzem, da ich diese Zeilen schreibe) drückte mir eine Kollegin augenzwinkernd das Buch *On se left you see se Siegessäule* von Tilman Birr in die Hand und meinte: »Erinnerst du dich noch?« Das amüsante Buch schildert die Erlebnisse eines sogenannten Stadtbilderklärers, den man gemeinhin als den Typen am Mikro bezeichnen würde, der jeden Tag dreimal dieselben Sätze für Touristen herunterspult (und das in verschiedenen Sprachen) und dazu armschwingende Bewegungen macht, als würde er Frühsport betreiben.

Nun war bei unserer Tour, wie ich zugeben muss, kein leibhaftiger Stadtbilderklärer an Bord, denn bei uns kam die Wortbeschallung aus dem Lautsprecher, aber wie gut konnte ich mir dieses Szenario aufgrund Birrs aberwitzigen Berichts im Nachhinein vorstellen! Jeden Tag dieselben Späße – die Brücke ist tief, also hinsetzen, sonst sind Sie einen Kopf kürzer –, jeden Tag dieselben Leute – aggressive Herrentagsgruppen, sektlaunige Frauenensembles, für nichts zu begeisternde Schulklassen, Deutschausländer (alles, was nicht aus Berlin ist, wird ja nicht verstanden) – also fei Franken, Altr Gnaudln aus Schwaben, Plattspräker aus Schleswig-Holstein, än ausgegnaubldes Gärrschguuchngesichde und än langer Luhlaadsch aus Sachsen und wir korrektes Hochdeutsch sprechende Machdeburjer.

Es ist herrlich komisch, wie Tilman Birr sich als schippernder Reiseführer in allerhand Missverständnisse hineinmanövriert, versucht, sich die Geschichte der Stadt einzuprägen und auch noch fremdsprachliche Wörter für Ausdrücke zu finden, die sich fast gar nicht übersetzen lassen. Da gibt es neben erfreulichen Berlinfreunden die ganz schlauen Touristen, die alles besser wissen und die Führung gern selbst gestaltet hätten (à la »vor '45 sah das aber noch ganz anders aus, aber das können Sie ja nicht wissen«), da gibt es Neuntklässler, die Horst Tappert für den deutschen Kanzler halten und so ziemlich alles beweisen, außer dass sie clever sind, und für die Briten sind sowieso alle Deutschen nur Nazis, na ja, war vielleicht auch kein Glücksgriff, »Stadtbilderklärer« mit »Führer« zu übersetzen.

Tilman Birr verzerrt und überzeichnet, er ist ironisch und manchmal ein bisschen gehässig, er lacht mit den Leuten und danach über sie, er erklärt ganz nebenbei Berlin und wirft einen besonderen Blick auf das touristische Angebot der Ausflugsdampfer. Das muss man mal mitgemacht haben! Als Vor- oder Nachbereitungslektüre eignet sich *On se left you see se Siegessäule* ganz ausgezeichnet!

Weil »My Girl« auch als Buch zum Film
zu Tränen rühren kann

Es gibt ja zweierlei Bücher, die mit Filmen in Zusammenhang stehen. Da sind zum einen die Bücher, auf deren Basis ein Drehbuch
verfasst wird, also eine klassische Literaturverfilmung. Aus Werbezwecken wird ja sogar auf *Anna Karenina* und *Stolz und Vorurteil*
das Klebeetikett »Buch zum Film« draufgeklebt. Obwohl es sich
ja eigentlich um einen Film zum Buch handelt. Zum anderen gibt
es Romane zum Film – also Bücher, die auf Basis eines Drehbuchs
verfasst werden, die in einem erfolgreichen Film mündeten. Letz-
tere, ich gebe es mal ehrlich zu, mag ich nicht sonderlich. Sie sind
meist in einfacher Sprache verfasst, kommen gänzlich ohne eigene
Ideen und Metaphern aus und erzählen einen Film nach, als würde
ein Bild beschrieben werden.

Einziger Vorteil: Die Dialoge sind oft identisch und die Perso-
nenbeschreibungen passen eins zu eins zu den Darstellern im Film.
Wer einen literarischen Hochgenuss erwartet, ist meist fehl am
Platz, die Emotionen muss man beim Lesen einfach aus dem Film
im Hinterkopf haben. Aber Fans, die ungern von einem Film ablassen, freuen sich über das zusätzliche Schmankerl (neben Poster,
Soundtrack und DVD).

Ich mag solche Bücher eigentlich nicht, aber gelesen habe ich
sie trotzdem oder zumindest gekauft. Ich war jung und literarisch
noch nicht so versiert, ich mochte die Geschichten, ich wollte noch
ein bisschen am Geschehen dranbleiben. Bei *Sister Act* habe ich es
getan, bei *Der Club der toten Dichter* und auch bei *Wie verrückt
und aus tiefstem Herzen*. Und auch bei *My Girl – Meine erste Liebe*,
den ich eines Tages mit meiner Schwester in der Videothek aus-
lieh (ja, noch als richtige Videokassette, was die jungen Leute von
heute ja kaum mehr kennen). Ich war elf und habe geheult wie ein

Schlosshund. Hauptdarsteller Macaulay Culkin (»Kevin«) wurde am selben Tag geboren wie ich, und wenn er stirbt, dachte ich, wird es okay sein, wenn ich ihn und seine traurige Freundin Vada (alias Anna Chlumsky) beweine, die ja nicht nur ihren besten Freund, sondern auch schon ihre Mutter verloren hatte.

Das Buch (von Patricia Hermes) zum Film habe ich einige Zeit später in der örtlichen Bibliothek ausgeliehen. Da ich die Geschichte nun kannte, dachte ich, ich sei immun gegen die Traurigkeit, aber da hatte ich mich getäuscht. Das wurde eine prägende Leseerfahrung! Abends im Bett las ich es, unter dem Licht einer Taschenlampe, weil es eigentlich schon viel zu spät und am nächsten Tag Schule war. Aber ich war schon so weit gekommen und wollte es nun unbedingt zu Ende lesen. Thomas J. starb wieder und Vada war wieder so traurig – und alles nur wegen dieses blöden Stimmungsrings, den Vada am See verliert, und dann kamen die Bienen und Thomas J. war allergisch und dann die Beerdigung und Jamie Lee Curtis und Dan Aykroyd sind dabei und Vadas Erkenntnis, dass nun ihre tote Mutter im Himmel auf den kleinen Freund aufpassen werde – die Gefühle überschlagen sich, schon wieder.

My Girl ist ein kleines Buch für eine ruhige Stunde an einem Sonntagnachmittag, wenn es draußen regnet, man keine Freunde erwartet, wenn man die Füße hochlegen kann und bestenfalls ein Päckchen Taschentücher neben sich liegen hat. Es muss ja nicht immer Dostojewski sein.

36.

Weil diese 11 Bücher garantierte Herzöffner sind

- Nicholas Sparks: *Wie ein einziger Tag*
- Fannie Flagg: *Grüne Tomaten*
- Cecelia Ahern: *P.S. Ich liebe Dich*

- Erich Segal: *Love Story*
- Mitch Albom: *Dienstags bei Morrie: Die Lehre eines Lebens*
- Jeannie A. Brewer: *Ein Riss im Himmel: Nur die Liebe ist stärker als der Tod*
- John Irving: *Gottes Werk und Teufels Beitrag*
- John Steinbeck: *Von Mäusen und Menschen*
- Michael Cunningham: *Ein Zuhause am Ende der Welt*
- Henri-Pierre Roché: *Jules und Jim*
- Jojo Moyes: *Ein ganzes halbes Jahr*

37.

Weil Bridget Jones so leckere blaue Suppe kocht

Mittendrin und voll dabei ist Bridget Jones, als sie am Silvester-abend beschließt, endlich ihr chaotisches Leben in den Griff zu kriegen und binnen eines Jahres nicht nur das Rauchen und den umfänglichen Alkoholgenuss aufzugeben, sondern auch sichtbar abzuspecken, mehr Hülsenfrüchte zu essen, zu lernen, den Com-puter zu programmieren, einen Teil des Einkommens für wohl-tätige Zwecke zu spenden, dreimal in der Woche ins Fitnessstudio zu gehen – und das nicht nur, um dort ein leckeres Sandwich zu essen –, und eine funktionierende Beziehung mit einem verant-wortungsbewussten erwachsenen Mann zu führen. Bridgets Liste der guten Vorsätze ist unheimlich lang, und wer selbst schon mal eine Gute-Vorsätze-Liste im Halbdudel des silvestrischen Alkohol-komas aufgestellt hat, weiß, dass man sie niemals wird erfüllen können. Die meisten erinnern sich, ehrlich gesagt, am nächsten (bei harten Fällen auch am übernächsten) Morgen gar nicht mehr daran, überhaupt so eine beknackte Liste aufgestellt zu haben. Gut, dass Miss Jones das alles in ihr Tagebuch schreibt!

Unsere liebe Bridget ist Anfang 30 und will nun auch karriere-technisch richtig durchstarten (endlich auch zum lokalen Fern-sehen!), viel lieber aber will sie sich ihren Chef im Verlagshaus, Daniel Cleaver, angeln. Ihre Mutter hatte zwar den langweiligen Anwalt Mark Darcy für sie ausgesucht, aber mal ehrlich: Wenn die eigene Mutter deinen zukünftigen Mann aussucht, kannst du dir doch eigentlich gleich 'ne Kugel geben und mit dem nächsten Leben weitermachen.

Doch Daniel Cleaver – laut Bridgets bester Freundin Shazzer ein emotionaler Flachwichser – hält zunächst nicht viel von enger Partnerschaft, lässt sich aber einen Flirt dann und wann mit Brid-get nicht entgehen. Unterdessen scheint Mark Darcy gar nicht so ein übler Kerl zu sein wie zunächst angenommen – und am Ende kommt es zum Showdown der beiden früheren Freunde, die in der Vergangenheit bereits einen Hahnenkampf bestritten hatten.

Helen Fieldings Tagebuchroman ist so luftig und locker wie Milchschaum in einem Glas Latte macchiato. Die Tagebuchein-träge strotzen nur so von ulkigen Kommentaren, da sind das Auf-zählen von Gewicht, Alkoholeinheiten, Zigaretten und geschätzten konsumierten Kalorien nur der tägliche Auftakt zu einer Suada an peinlichen Erlebnissen und den heiteren Gedanken einer jungen Frau am Rande des Nervenzusammenbruchs.

Dass Bridget nicht nur in Sachen Liebe eine Niete ist (in Gegen-wart von Paaren fühlt sie sich sofort wie eine blasse alte Jungfer), sondern auch beruflich einige Schwächen aufweist, macht sie ebenso sympathisch wie ihre Fehlauftritte in der Küche. Als sie für ihre Freunde eine Dinnerparty plant, kauft sie sich sogar extra ein Kochbuch. Als sie in ihre Hühnersuppe auf Anraten eines Freundes zusammengebundenen Lauch und Sellerie gibt und das Ganze viele Stunden lang köcheln lässt, ist das Resultat ziemlich blau. Ja, man hätte der jungen Dame sagen sollen, dass man nicht unbedingt blaues Kunststoffband zum Zusammenbinden nehmen sollte. Blaue Suppe! Die Freunde haben sie trotzdem gegessen und

Mark Darcy hat sie trotzdem in sein Herz geschlossen. Und sie ihn in ihres. Happy End und Abblende. Bis zur Fortsetzung.

38.

Weil drei Worte genügen, um sich unsterblich zu verlieben

Ein wirklicher Liebesroman ist André Acimans *Acht helle Nächte* genaugenommen gar nicht, und doch steckt er voller Sehnsüchte, Begehren, Sex und auch Enttäuschung, die in dem ganzen Gefühlsreigen wahrscheinlich irgendwie mit dazugehört. Aciman hatte sich weltweit einen Namen mit seinem Roman *Ruf mich bei deinem Namen* gemacht und wagte sich nun auch bei den *hellen Nächten* auf die Spur der Liebe, die sein will, aber nicht sein kann. Oder die vielmehr ganz viele Worte braucht, um endlich doch noch in die richtige Bahn gelenkt zu werden.

»Viele Worte« ist dabei tatsächlich wörtlich zu nehmen, denn Aciman ist ein großartiger Erzähler, der sich mit schmalen Bänden nicht begnügt. Verwiesen sei auf seine autobiographischen Erinnerungen *Damals in Alexandria*, in denen er umfänglich von der Geschichte seiner Familie in Ägypten, Italien und den USA erzählt – ganz nah an der historischen Entwicklung der verschiedenen Länder und noch näher am familiären Personenkarussell.

Ebenso nah ist er seinen beiden Protagonisten in *Acht helle Nächte*. Minutiös legt er auf dem über 500 Seiten starken Lesevergnügen die Schwierigkeiten dar, die zwei Menschen zu bewältigen haben, die sich zum ersten Mal begegnen und sofort ineinander verlieben. So geht es dem Ich-Erzähler, der am Heiligen Abend bei einer Weihnachtsparty von Freunden auf eine junge attraktive Dame trifft, die mit »Ich bin Clara« einen Gesprächsreigen eröffnet, der die beiden nicht nur an diesem Abend gefangen nimmt, sondern auch in den kommenden Tagen und Nächten beschäftigt. In diesen drei Worten offenbart sich für den Ich-Erzähler eine ganze Welt. Drei Worte nur, gesprochen aber auf eine Weise, die schüchtern ist und gleichzeitig Besitz beansprucht, die eine zärtliche Einladung und zugleich eine harsche Abweisung ist. Ein Willkommen, das einen Abschied nach sich zieht, der sich nach einem neuen Willkommen sehnt. »Weil auch Liebe und Verlust allemal verlässliche Partner sind«, wie Aciman schreibt.

Hat diese Liebe auf den ersten Blick überhaupt eine Zukunft? Kann sie den Zauber des ersten Abends konservieren und auch für die nächsten Treffen bewahren? André Aciman ist so nah an und in seinen beiden Protagonisten, dass man verzweifelt an ihren Lippen hängt und jede ihrer Bewegungen nachzuvollziehen versucht. Man erkennt die Fallstricke von Gesagtem und Ungesagtem, noch ehe sie aus dem Munde der beiden kommen; man möchte sie am liebsten bei der Hand nehmen und durch dieses tosende Meer nächtlicher verschneiter Straßen und alles Zaudern und Zagen lenken.

Wie oft hat man sich selbst schon von einer traumwandlerischen Begegnung täuschen lassen, die sich beim nächsten Treffen als einmalige Angelegenheit herausgestellt hat? Wie viele Hoffnungen, wie viele Sehnsüchte, wie viele eigentlich längst vergangene Schmerzen stecken doch in einer solchen ersten Begegnung, die unfreiwillig aufgeladen wird durch Erinnerungen an eine abgehakte Vergangenheit und Vorstellungen von einer Zukunft, die sich vielleicht nie einstellen wird? Lässt man eine Liebe gehen und Vergangenheit werden, so bleibt auch immer ein Stückchen von uns selbst zurück und schafft eine Lücke, die mit jedem Fehlversuch nicht nur größer, sondern auch schmerzlich tiefer wird. Es muss also gut gewählt werden, und es gilt, Entscheider über die Liebe zu werden, bevor die Liebe über uns entscheidet und entweder unermessliches Glück oder schmerzlichen Verlust bringt. *Acht helle Nächte* lassen sich der Ich-Erzähler und Clara Zeit für diese Entscheidung. Acht kurze, für die beiden manchmal viel zu lange Nächte.

Weil die Liebe manchmal
zur falschen Zeit gefunden wird

So sehr man alle Spuren eines Lebens wegzuwischen versucht, ein winziges Detail bleibt bestimmt bestehen und schickt den Suchenden auf eine unvorhersehbare Reise. Eine lange Zeit des Schweigens und Verdrängens wird dann beendet, alte Wunden wieder aufgerissen, längst gestellte Fragen noch einmal wiederholt. In Alain Claude Sulzers Roman *Zur falschen Zeit* ist es ausgerechnet eine Armbanduhr, die das Tor zur Vergangenheit aufstößt. Sie befindet sich auf einer Fotografie am Handgelenk des Vaters des 17-jährigen Ich-Erzählers. Das ist zunächst nichts Ungewöhnliches. Das Foto ist eine professionelle Aufnahme, geschossen offenbar in einem Studio, das einfallende Licht ist kunstvoll auf das Gesicht des jungen Mannes gerichtet, die Augen wirken durchdringend, befremdlich, das Bild offenbart die Persönlichkeit des Fotografierten. Die Aufnahme ist schwarzweiß, sie entstand in den 1950er Jahren. Der junge Mann hat nicht mehr lange nach dieser Momentaufnahme gelebt.

Seit Jahren stand das Bild des toten Vaters im Bücherregal, es war so sehr Teil der Zimmereinrichtung geworden, dass der Ich-Erzähler Tausende Male an ihm vorbeigegangen war, ohne ihm besondere Aufmerksamkeit zu schenken. Der Vater war wenige Wochen nach der Geburt des Sohnes gestorben, die Mutter spricht nicht von ihm. Dieses Portrait ist die einzige Erinnerung, die geblieben ist. Es ist, als hätte der Vater ohne dieses Bild niemals existiert.

Warum wird das Nahe, das Offensichtliche für das Auge oft unsichtbar? Wann hat der Mensch diese erstaunliche Fähigkeit entwickelt, Erlebtes zu verdrängen, ja ungeschehen zu machen? Die Armbanduhr des Vaters zeigt 7.15 Uhr an – es könnte am Morgen und am Abend sein. Doch welcher professionelle Fotograf hätte zu dieser Zeit gearbeitet?

Einer Eingebung folgend nimmt der Junge das Foto aus dem Rahmen, auf der Rückseite des Papiers steht eine Pariser Adresse. Es ist die seines Patenonkels André, von dem seit der Geburt des Kindes nichts mehr zu hören gewesen war. Heimlich hebt der Junge all sein Geld vom Sparbuch ab und begibt sich auf eine Reise aus der Schweiz in die französische Hauptstadt. Noch immer ist André unter der alten Adresse zu finden, noch immer hat er den Vater seines Patenkindes nicht vergessen können. Die Jugendfreunde hatten gemeinsam ihre Gefühle füreinander entdeckt, waren dann aber getrennte Wege gegangen. Aus der Ferne verfolgte er, wie der frühere Freund sich für Frau und Kind entschied, doch am Ende auf die Liebe zu einem Kollegen nicht mehr verzichten wollte. Aber ihre Liebe war zur falschen Zeit gewachsen und verblühte, als die jungen Männer 21 und 24 Jahre alt waren – plötzlich und unerwartet.

Alain Claude Sulzers *Zur falschen Zeit* ist kein trauriger schwuler Unterhaltungsroman, sondern eine universelle Geschichte über Freundschaft, Liebe, Vertrauen und Verzicht. Es ist die Geschichte eines Mannes, der den Normen der Zeit entsprechen möchte, in diesem engangelegten Korsett aber erstickt. Er begreift, dass Liebe keine Sache der Entscheidung ist und dass er im Grunde keine Wahl hat zwischen Frau und Familie, also einem öffentlichen Leben, und einem verschämten Dasein im Verborgenen. Die Entscheidung war längst getroffen. Sulzer verpackt das mit einer eleganten, einfühlsamen Sprache, die die Ungeduld des Jungen ebenso einfängt wie die Trauer und die Scham der Erwachsenen. Welches Leben dürfen wir leben? Welche Erinnerungen dürfen wir bewahren? Wann ist die Zeit zu sprechen?

Auch Sulzers Romane *Ein perfekter Kellner* und *Urmein* sind unbedingt zu empfehlen. Parallel dazu sollte man sich *Zeit der Abwesenheit* und *Venice Beach* von Philippe Besson nicht entgehen lassen.

40

Weil Audrey Niffenegger mit uns
auf romantische Zeitreise geht

Dass ein attraktiver Mann durch die Zeit reisen kann und bei jedem Zeitsprung nackt am Zielort ankommt, dürfte für so manche Leserin schon der erste Grund gewesen sein, Audrey Niffeneggers Roman *Die Frau des Zeitreisenden* auf direktem Weg zur Kasse der Buchhandlung zu tragen. Und dann kommt auch noch eine Liebesgeschichte hinzu, die so unglaublich ist, dass man sich wünschte, sie wäre wahr.

Henrys Leben ist bestimmt durch einen Gendefekt, der ihn durch die Zeit zu reisen zwingt. Der Stress, der bei normalen Menschen Migräne oder schlechte Laune auslöst, lässt ihn verschwinden und mal in der Vergangenheit, mal in der Zukunft wieder zu sich kommen – nackt, hungrig, aber mit guten Selbstverteidigungskräften ausgestattet. Denn man kann sich denken, dass so ein nudistischer Auftritt nicht überall und allzeit willkommen ist.

Auf einem seiner Zeitsprünge trifft Henry das Mädchen Clare, sie hilft ihm, sie freunden sich an. Noch weiß das Mädchen nicht, dass der Mann vor ihr eigentlich nur acht Jahre älter als sie und längst mit ihr verheiratet ist. Doch das wird ja erst in der Zukunft stattfinden, deren Verlauf unabänderlich festgelegt ist. Anhand einer Liste, die er dem Mädchen gibt, weiß sie, wann er sie wieder einmal besuchen kommt. Fixpunkt ist die Jetztzeit von Clare, zu der Henry immer wieder zurückkehrt. Sie verlieben sich ineinander, heiraten, sehnen den Augenblick herbei, dass ein Kind der Liebe die Welt erblickt. Aber so einfach ist das nicht, denn auch das Kleine im Bauch geht auf Zeitreise und findet den Weg nicht unbeschadet zurück in den Bauch der Mutter.

Niffeneggers Roman ist eine Liebesgeschichte der etwas anderen Art. Ein bisschen Science Fiction, sehr viel Romantik und eine herzzerreißende Sehnsucht vereinen sich zu einer multitemporalen Liebesgeschichte. Die Zeitsprünge, die unterschiedlichen Alter der Protagonisten und die verschiedenen Orte der Handlung sind mitunter nicht ganz so leicht auseinanderzuklamüsern, aber wer das Prinzip erstmal durchschaut hat, wird sich bestens unterhalten wissen. Neben *Die Frau des Zeitreisenden* seien auch Robert James Wallers *Die Brücken am Fluss* und Marguerite Duras' *Der Matrose von Gibraltar* empfohlen – Bücher für ewige Romantiker. Im Grunde sind wir das doch alle.

5. KAPITEL

Wer schreibt, bleibt: Tagebücher und Historisches

Weil sich bei Mario Vargas Llosa
Geschichte liest wie ein moderner Thriller

Der Tyrannenmord als letzter Ausweg, um Staat und Gesellschaft vor dem Untergang zu bewahren, ist ein Akt, der schon seit der Antike von den Gelehrten diskutiert wird. Im Verlauf der Jahrhunderte hat es auf der ganzen Welt Despoten gegeben, die die Macht über Land und Volk an sich gerissen und mit Blut und Schwert verteidigt haben. Dutzende Diktaturen in Europa, Asien, Afrika und Südamerika zählt allein das 20. Jahrhundert, sie alle sind gekennzeichnet durch eine charismatische Führerfigur, einen den ganzen Staat überspannenden Terrorapparat und zum Teil millionenfache Opfer.

Literaturnobelpreisträger Mario Vargas Llosa hat sich in seinem Roman *Das Fest des Ziegenbocks* des Diktators Rafael Leónidas Trujillo Molina angenommen, der die Dominikanische Republik von 1930 an mehr als drei Jahrzehnte führte und 1961 bei einem Attentat aus den eigenen Reihen umgekommen war. Wie ein Thriller liest sich sein Buch, das von den perfiden Machenschaften des Diktators erzählt, von seiner perversen Selbstverherrlichung (er ließ sich unter anderem mit »Wohltäter des Vaterlandes« und »Vater des Neuen Vaterlandes« anreden), seinem politischen Kalkül, seiner Kaltblütigkeit gegenüber Untergebenen. Oft griff Trujillo direkt in deren Privatleben ein, befriedigte seine sexuelle Lust an den Töchtern von Offizieren, Ministern und Angestellten. Gegner der politischen Führung wurden verhaftet, verschleppt, gefoltert und ermordet – ein Bild, das sich in sämtlichen anderen Militärdiktaturen Südamerikas wiederholt.

Llosa beschreibt die Angst und Ohnmacht der Zivilbevölkerung, den blinden Gehorsam der Untergebenen, die nie Fragen zu stellen wagen, bis sie selbst ohne Schuld in Ungnade fallen und ihr

Leben und das ihrer Familie nun ebenfalls bedroht ist. Wie weit gehen die Speichellecker aus den politischen und militärischen Bereichen, bis sie den todbringenden Diktator zu stürzen wagen?

Zwei Umsturzversuche misslangen, bevor 31 Jahre nach seiner Machtergreifung (auch er hatte sich wählen lassen), im Mai 1961, unter anderem Militärs ihn in einem Hinterhalt erwarteten und erschossen. Doch die geplante Revolte, die sich der Ermordung hatte anschließen sollen, misslang erneut.

Die Wunden, die die Diktaturen in Südamerika hinterlassen haben, sind noch heute sichtbar und spürbar, diese Jahrzehnte sind mitunter noch nicht aufgearbeitet. In Argentinien beispielsweise wissen viele Familien noch heute nicht, ob Kinder und Ehegatten zu den 30.000 »Verschwundenen« gehören, den politischen Gefangenen, die erst entführt, dann gefoltert und dann oft ins offene Meer geworfen wurden.

Südamerika ist weit weg und das Thema nicht interessant? Weit gefehlt! Denn allein die Sprachgewalt Llosas und anderer Kollegen macht das Lesen der Bücher zu einem Gewinn. Unbedingt zu erwähnen sind Lawrence Thorntons Roman *Die Visionen des Carlos Rueda*, Colm Tóibíns *Die Geschichte der Nacht*, Eduardo Sacheris *In ihren Augen* sowie Isabel Allendes *Das Geisterhaus* und Elsa Osorios *Mein Name ist Luz*.

Mario Vargas Llosa hat die chimärenhafte Persönlichkeit Trujillos meisterhaft eingefangen und fordert von seinem Leser einiges ein: Missbrauch, Folter und Mord sind wahrhaft mitzuerleiden, die Schüsse auf Trujillo sind wie eine Erlösung, ein Zu-Atem-Kommen ohne Mitleid und falsches Pathos. *Das Fest des Ziegenbocks* ist ein großartiger Roman und zugleich das Dokument einer Schreckensherrschaft und eine Hymne auf den Mut Einzelner.

Weil Thomas Mann in seinen Tagebüchern
ein offenes Geheimnis lüftet

Irgendwie haben wir es ja alle gewusst: Thomas Mann hatte Frau und Kinder, doch heimlich frönte er der Leidenschaft fürs eigene Geschlecht. Generationen von Literaturwissenschaftlern haben aus seinen berühmten Werken Anzeichen homoerotischen Gedankenguts zu extrahieren versucht. Doch erst 1975, da war Mann bereits 20 Jahre tot, wurden die Siegel von mehreren Paketen erbrochen, die der Autor vor seinem Ableben mit der Notiz »Daily notes from 1933–1951. Without any literary value, but not to be opened by anybody before 20 years after my death« versehen hatte. Die Pakete enthielten 32 Hefte mit insgesamt 5118 Seiten – sie waren jedoch alles andere als »ohne literarischen Wert«.

Zum Vorschein kamen die Tagebücher des Nobelpreisträgers aus den Jahren 1933 bis zu seinem Tod, aber auch diejenigen von September 1918 bis Dezember 1921. In seinen Tagebüchern zeigt sich Thomas Mann nicht nur als wichtiger Chronist der deutschen Geschichte (sowohl im Land selbst als auch im amerikanischen Exil), sondern ermöglicht auch einen zusätzlichen Blick auf die Entstehungsgeschichte und die Bedeutung seiner Werke. Seine Leser kannten den Autor, aber wer kannte den Menschen Thomas Mann?

Thomas Manns homoerotisches oder doch homosexuelles Coming-out kam spät, erst nach seinem Tod. Da hatte er 50 Jahre als Ehemann seiner Frau Katia gelebt und sich für ein – wie es damals wohl bezeichnet wurde – ehrbares Leben mit sechs Kindern entschieden. Die homoerotischen Schwärmereien seiner langen Jugendzeit, die unter anderem in Briefen an seinen Bruder Heinrich dokumentiert sind, sollten der Vergangenheit angehören. »Ich komme nie aus der Pubertät heraus«, schrieb er 1901 als

26-Jähriger an seinen Bruder über den Maler Paul Ehrenberg, mit dem ihn für fünf Jahre eine tiefe Freundschaft verband. Freundschaft? Oder mehr? Thomas Mann bezeichnete Ehrenberg einst als »zentrale Herzenserfahrung meiner 25 Jahre«. Drei Jahre später lernte Mann Katia Pringsheim kennen, warb um sie und heiratete sie. Doch die Sehnsucht nach dem eigenen Geschlecht blieb. Wie sehr dieses Korsett des ehrbaren Lebens ihn einschnürte, kann den Tagebüchern entnommen werden. Sie zeigen oft einen verhärteten, gefühllosen Autor, der für viele Stunden des Tages nur für sein Werk lebt und in dieser Zeit Frau und Kinder vergisst, sein herkömmliches Leben zu existieren aufhört.

Hätte es Thomas Mann die Karriere gekostet, wenn er sich schon frühzeitig zu seiner Homosexualität bekannt hätte? Möglicherweise. Das deutsche Kaiserreich der Jahrhundertwende zeigte sich gesellschaftlich nicht gerade liberal. Und dennoch gab es Künstler, die sich über gesellschaftliche Beschneidungen hinwegsetzten und trotzdem erfolgreich waren. Man denke nur an den Lyriker Stefan George, der gleich einen ganzen Kreis von Anhängern um sich scharte. In den wilden 1920er Jahren hätte es aber auch für Thomas Mann anders aussehen können. Sein Sohn Klaus, 1906 geboren, schien für diese Zeit geboren und lebte seine Homosexualität sowohl in seinen Büchern (*Der fromme Tanz*, *Der Vulkan*) als auch exzessiv im echten Leben aus.

Auch bei Thomas Mann traf der Grundsatz, dass etwas Unterdrücktes sich doch Bahn schlägt und an die Oberfläche drängt, zu. Sein ganzes Leben lang wurde er von seinen Gefühlen für Jünglinge und junge Männer verfolgt. Was er sich aber selbst nicht zu erleben zugestand, transportierte er in seine literarischen Werke. Die Faszination für Jünglinge findet sich beispielsweise in *Buddenbrooks* (1901; bei den Figuren Hanno/Kai Graf Mölln), in *Tonio Kröger* (1903; Tonio Kröger/Hans Hansen), in *Der Tod in Venedig* (1912; Tadzio/Gustav von Aschenbach) und in *Der Zauberberg* (1924; Hans Castorp/Přibislav Hippe).

Mit dem Verbrennen seiner Tagebücher aus der Zeit seiner Jugend und des frühen Erwachsenenlebens tilgte Thomas Mann viele Spuren seiner Vergangenheit. So sind auch die vermutlich zahlreichen Aufzeichnungen über Paul Ehrenberg vernichtet worden. Mann fürchtete wie viele andere Schriftsteller und Künstler eine Stigmatisierung durch seine Homosexualität. In seinen verbliebenen Tagebüchern legt er Zeugnis von der Verdrängung seiner Gefühle ab. Die homoerotische Veranlagung offenbart sich aber als Triebfeder seines literarischen Schaffens und seines weltweiten Ruhms. Die schöpferische Kraft des Autors generierte sich aus dem Spannungsfeld seines zweigeteilten Lebens – dem offiziellen mit Frau und Kindern und jenem hinter den geschlossenen Türen seines Arbeitszimmers verborgenen. Welchen Preis er dafür bezahlt hat, möchte man nicht einmal nur erahnen.

43.

Weil Brigitte Reimann ein hinreißendes Lebensportrait geschaffen hat

Geschrieben hat Brigitte Reimann schon in früher Jugendzeit. Alles Quatsch, sagte sie sich eines Tages und vernichtete ihre Aufzeichnungen aus der Jugend. Geblieben sind ihre Tagebücher aus den Jahren 1955 bis 1970, die ein Vierteljahrhundert nach ihrem Tod erstmals erschienen sind. Ihre Veröffentlichungen datieren zurück in die 1960er Jahre, unbedachte Kritiker würden sie als schlichte DDR-Literatur abhaken und dem Vergessen anheimgeben. Denn man weiß doch, dass die Autorin ihr Heimatland liebte, die Sowjetunion verehrte, den Sozialismus vergötterte und in dem Glauben lebte, eine Welt schaffen zu können, die nach dem Krieg und der Gründung der DDR einstmals gesetzten Idealen entsprach.

Doch Brigitte Reimann war weit mehr als eine ostdeutsche Schriftstellerin zwischen Ankunftsliteratur (ihre Erzählung *Ankunft im Alltag* war quasi der Wegbereiter für die Namensgebung dieser DDR-Literaturepoche) und Bitterfelder Weg, zwischen Zirkeln schreibender Arbeiter und der ungewollten Anerkennung durch die Staatsführung. In ihren Tagebüchern lernen wir eine vor Lebenslust strotzende Frau kennen, die sich der Liebe und der Leidenschaft ebenso hingibt wie dem kreativen Schaffensprozess in der Literatur. Sie schreibt und liest, erarbeitet Hörspiele und verfasst ein Reisetagebuch, das von ihrem Abenteuer in den Steppen Sibiriens erzählt.

Hier spricht eine Frau, die gutheißt und zweifelt, die hinterfragt und Antworten fordert, die manchmal alles hinwerfen will und doch nie aufgibt. Sie ist nicht angepasst und lässt sich auch nicht gängeln, nur die Liebe zwingt sie manchmal in Grenzen, die sie einhält und aus denen sie doch früher oder später wieder ausbricht. Die Menschen und Situationen, über die sie schreibt, werden noch einmal lebendig. Sinnlich und aufrichtig, vorwitzig und freundschaftlich schreibt diese Brigitte Reimann. Sie ist ruhelos und kreativ, steckt voller Ideen und Verrücktheiten, sie verdient viel Geld und gibt es wieder aus. Als sie 1968 an Krebs erkrankt, wird sie mehr denn je zur Kämpferin.

Brigitte Reimann ringt bis zu ihrem viel zu frühen Lebensende, sie stirbt 1973 mit nicht einmal 40 Jahren, um jedes Wort. Es gibt Autographe aus dieser Zeit, die zeigen, wie mühsam ihr das Schreiben mit der Hand fiel, die Schrift wurde krakelig, unleserlich, blieb aber doch kraftvoll und bezwingend im Inhalt. Briefe und Postkarten – unter anderem an Christa Wolf, mit der sie sich angefreundet hatte – schrieb die mit dem Tod Ringende am Ende mit der Schreibmaschine, noch immer war sie voller Gedanken und Gefühle, voller Worte, die mit ihr verlorengegangen sind und um die wir trauern.

Die Tagebücher und Briefwechsel von Brigitte Reimann sind mehr als nur die Aufzeichnungen einer Frau aus der verschwun-

denen DDR. Sie sind ein lebendiges Abbild der damaligen Lebensumstände, der Irrungen und Wirrungen, der vielen schönen Momente in den Nischen des Lebens, der Auseinandersetzung mit
einer Politik, die am Wohle der Bevölkerung vorbei wirkte, der
Kameradschaft mit Literaten und anderen Künstlern. Ihre Tagebucheinträge sind Momente des Glücks und der Trauer, der Aus-
gelassenheit und der Bestürzung, sie sind das Portrait einer außergewöhnlichen Frau in einer außergewöhnlichen Zeit.

44.

Weil Bücher dem Autor und dem Leser Mut machen

Jean-Dominique Bauby war ein französischer Lebemann. Der 1952
geborene erfolgreiche Journalist war Vater zweier Kinder und zuletzt Chefredakteur des Magazins *Elle*. Bauby war zwar von Berufs
wegen ein Mann des Wortes, aber Schriftsteller zu werden und ein
Buch wie *Schmetterling und Taucherglocke* zu schreiben, mag nicht
in seinem Lebensplan gestanden haben. Das änderte sich an einem
Wintertag im Jahr 1995.

Es ist ein Freitag, der Tag ist angefüllt mit Arbeit, dem Pro-
befahren eines neuen BMW-Modells und einem reichhaltigen
Mittagessen. Das Theaterstück, in das er am Abend seinen Sohn
Théophile mitnehmen will, wird er nicht mehr besuchen können.
Wie ein LSD-Trip breitet sich am späten Nachmittag ein schwerer
Schlaganfall in seinem Gehirn aus, sein Sehen wird undeutlich, der
Geist gerät durcheinander. Seine letzten Gedanken: Ich muss das
Theater absagen und wo ist eigentlich Théophile?

Der schwere Schlaganfall schädigte den Hirnstamm. Zwei
Wochen lag Jean-Dominique Bauby in einem Krankenhaus im
Koma. Als er erwachte, war er völlig gelähmt und stumm, nur den
Kopf konnte er ein kleines bisschen bewegen und mit dem linken

Augenlid blinzeln. Die Diagnose war niederschmetternd: Locked-in-Syndrom. Sein gesunder Geist war in einem nutzlos gewordenen Körper gefangen, wie ein Schmetterling in einer Taucherglocke.

Man mag sich nicht ausmalen, was mit einem Menschen wie Bauby geschehen wäre, hätte man nicht bereits festgestellt, dass die Betroffenen geistig völlig gesund sind und andere Wege nutzen können, als sich durch Sprechen zu verständigen. Doch wie sich verständlich machen? Bauby, der Krankenschwestern und Ärzte, Familienangehörige und Freunde kommen und gehen sah, der Tests über sich ergehen lassen musste und sich in jeder Minute des Tages in der Obhut wechselnden Personals wusste, wollte Zeugnis von diesem Zustand ablegen, wollte aufzeigen, wie es ist, lebendig in einem unfühlbaren Körper zu sein.

Bauby konnte nicht zu einer Schreibmaschine oder einer Computertastatur greifen, er konnte nicht in ein Aufnahmegerät sprechen oder seine Sätze einer Schreibkraft diktieren. Zumindest nicht in herkömmlicher Weise. Eine Logopädin vermittelte ihm sein Rüstzeug für die Kommunikation mit der Außenwelt: Das Alphabet wurde umgestellt und nach den am häufigsten benutzten Buchstaben sortiert. Der Gesprächspartner buchstabierte dieses neue Alphabet durch, und wann immer Bauby mit dem linken Auge blinzelte, war der richtige Buchstabe getroffen. (Alexandre Dumas *Der Graf von Monte Christo* aus dem Jahr 1844 weist einen ähnlichen Fall auf.) Dies wurde so lange fortgesetzt, bis das Wort vollständig war oder von allein vervollständigt werden konnte. Aus dem anfänglichen Wirrwarr erwuchs ein gut funktionierendes System.

Auf diese Weise diktierte Bauby sein ganzes Buch, vom ersten bis zum letzten Wort. Die Sätze, die er seiner Assistentin Claude Mendibil diktierte, hatte er in den frühen Morgenstunden erdacht und sich eingeprägt. Entstanden ist das anrührende Zeugnis eines Menschen, der trotz dieses schweren Schicksalsschlages nie ans Aufgeben dachte. Er erinnert sich an seine Zeit als geschäftiger

Redakteur, an seine Familie und Freunde, er reflektiert seinen Klinikalltag und die Hoffnung, dem Locked-in-Syndrom eines Tages doch zu entfliehen und wieder Herr über seinen Körper zu werden.

Jean-Dominique Bauby ist wenige Tage nach der Veröffentlichung von *Schmetterling und Taucherglocke* 1997 gestorben, aber sein besonderes Tage- und Gedankenbuch bleibt.

45.

*Weil bei Christa Wolf
ein Tag im Jahr besonders zählt*

Bücher sind nicht nur ein Akt der Arbeit, sondern bisweilen auch des Zufalls und der Geduld. Als Christa Wolf 2003 ihren Band *Ein Tag im Jahr* vorlegte, waren über 40 Jahre seit der Niederschrift des ersten Wortes vergangen. Die russische Zeitung *Istwestija* hatte im Jahr 1960 die Schriftsteller der Welt aufgerufen, den 27. September desselben Jahres bestmöglich in Wort und Schrift festzuhalten. »Der Tag wird wieder anders verlaufen als geplant«, schreibt die junge Ostdeutsche an diesem Tag, da wohnt sie noch im Amselweg in Halle an der Saale, ist verheiratet und Mutter zweier Töchter. Sie hat literarisch noch nicht debütiert, denn das passiert erst im Folgejahr mit der *Moskauer Novelle. Der geteilte Himmel* ist schon am Entstehen, lässt aber noch auf sich warten. Erste Sätze schreibt sie nieder und weiß doch, dass in diesem schwierigen und langwierigen Prozess des Schreibens viele Worte und Sätze nicht bleiben werden.

Christa Wolf beschreibt einen gewöhnlichen Tag in einem bis dahin recht beschaulichen Leben: Bauarbeiten im neuen Wohngebiet in Halle, Arztbesuch mit der Tochter, Essen kochen, Brigadesitzung im Waggonwerk. Vom Aufwachen bis zum Ein-

106

schlafen. Ein Jahr und einen Tag später sitzt Christa Wolf wieder am Schreibtisch und hält ihren 27. September fest. Den ganzen Tag hatte sie nicht daran gedacht, erst am folgenden Morgen. Sie hat sich vorgenommen, diesen Tag auf besondere Weise in ihrem Tagebuch festzuhalten, eine Tradition des Erinnerns zu beginnen. Denn das ist die Triebfeder dieses September-Buches: Die große Angst, die kleinen Alltäglichkeiten des Lebens zu vergessen, diese Details, die manchmal unbemerkt bleiben, in der Summe aber zum Leben beitragen, das Leben ausmachen.

Als Christa Wolf über ihren Tag im September zu schreiben beginnt, sind Mauer und Stacheldraht zwischen den beiden deutschen Staaten noch nicht errichtet, das 11. Plenum des Zentralkomitees der SED ist noch nicht abgehalten, Wolf Biermann noch nicht ausgebürgert, der Reaktor von Tschernobyl noch nicht explodiert und die Mauer noch nicht gefallen. All diese Ereignisse fallen freilich nicht auf einen 27. September, aber Christa Wolf ist eine umfassende Chronistin – nicht nur ihres Lebens, sondern auch der gesellschaftlichen und politischen Umstände, in denen ihr Leben und ihre berufliche Karriere verlaufen.

Bis zu ihrem Tod hält Christa Wolf den Ablauf eines jeden 27. Septembers fest, sie nimmt uns Leser mit auf eine spannende Reise in die deutsch-deutsche Geschichte, gewährt Einblicke in ihr Leben, macht uns mit Menschen bekannt, die ebenfalls Spuren hinterlassen haben oder heute vergessen sind. Ihr Kampf gegen das Vergessen (das Vergessen wird später noch ein wichtiger Aspekt in ihrem Roman *Stadt der Engel* sein) scheint gewonnen. Nach *Ein Tag im Jahr* wurde 2013 aus Christa Wolfs Nachlass der Folgeband *Ein Tag im Jahr im neuen Jahrhundert* veröffentlicht, der ihre Beschreibungen aus den Jahren 2001 bis 2011 enthält. Insgesamt nur 52 Tage, die sich lesen wie ein ganzes Leben.

46

Weil Anna Politkovskaja die Suche nach der Wahrheit niemals aufgab und dafür mit ihrem Leben bezahlen musste

Anna Politkovskaja war eine Patriotin. Die 1958 geborene investigative Journalistin liebte ihr Heimatland Russland, ehrfürchtig blickte sie auf jene, die sich für Freiheit, Gleichberechtigung und vor allem für die Wahrheit einsetzten. In einem Land, das von Korruption so durchdrungen und zermürbt ist wie ein alter Stamm von Holzwürmern, war sie eine wichtige Stimme. Sie schrieb von den ungeheuerlichen Zuständen im Kriegsgebiet Tschetschenien, das von unserem so freigeistigen und fortschrittlichen Europa gar nicht weit entfernt ist. Sie schrieb von Bestechung in der öffentlichen Verwaltung, von Willkür in der eigentlich doch unabhängigen Justiz, sie schrieb von Armut, Geiselnahmen, Selbstmordattentaten, von geschundenen jungen Soldaten, gefolterten Zivilisten, getöteten Kindern.

Immer wieder schrieb sie von den Hoffnungen, die die Menschen in Russland nach den kommunistischen Sowjetzeiten hatten, die sich jedoch spätestens nach der Jelzin-Ära, vor allem aber mit dem Beginn der Putin-Ära in Luft auflösten. Ihre Bücher *Tschetschenien – Die Wahrheit über den Krieg*, *In Putins Russland* und *Russisches Tagebuch* beschwören kein Schreckensszenario herauf, im Gegenteil: Sie sind schreiende Zeugen, die von Rassismus, Angst, Repressionen, »Säuberungsaktionen« und Morden berichten, wie man sie nur aus den Geschichtsbüchern kennen wollte – Verbrechen der Nazis in Osteuropa, Verbrechen der Sowjetdiktatoren Lenin, Stalin, Breschnew und wie sie alle heißen.

Anna Politkovskaja schrieb von all dem, was die offizielle russische Politik des Kremls und seiner Helfershelfer in den Republiken negativ belastete. Sie entschied sich ganz bewusst, vom Krieg in

Tschetschenien zu berichten, und wurde dafür von den eigenen Kollegen als »Nestbeschmutzerin« beschimpft und von russischen Nationalisten (deren Slogan »Russland den Russen« ganz genau den politischen Weg vorgibt) als »Feindin des russischen Volkes« ausgerufen. Wegen ihres Engagements für die Demokratie und die »einfachen Leute«, die der staatlichen (und also auch juristischen und militärischen) Willkür schutzlos ausgeliefert waren und sind, wurde sie wiederholt mit dem Tod bedroht, lebte eine Zeitlang sogar im österreichischen Exil. Doch sie kehrte zurück.

Anna Politkovskaja war keine Revolutionärin, das hat sie immer wieder betont. Sie war Frau, Mutter zweier Kinder, Journalistin. Es war ihr Beruf und ihre Berufung, der Wahrheit auf den Grund zu gehen, indem sie Schmiergeldaffären und Kriegsverbrechen aufdeckte. Sie war sich ihrer Verantwortung ihrem Volk gegenüber bewusst, das sie in Stagnation und Depression abrutschen sah. Sie hatte sich den Russinnen und Russen, Menschen wie sie, verpflichtet.

In ihrem *Russischen Tagebuch*, das mit einem Eintrag am letzten Augusttag 2005 endet, schrieb sie: »Habe ich Angst?« Zu oft bekomme sie zu hören, sie sei eine Pessimistin, sie glaube nicht mehr an die Kraft des Volkes, sie sei lediglich eine Putin-Gegnerin, die nichts anderes mehr sehe. Anna Politkovskaja aber wusste es besser: »Ich sehe alles. Das ist gerade das Problem. Das Gute wie das Schlechte. Dass die Leute das Leben zum Guten verändern wollen – und dass sie dazu nicht imstande sind …« Oft hat sie vom Bemühen Einzelner berichtet, die von den Mühlen der Verwaltung, der Justiz und der Gesellschaft einfach zermalmt wurden.

Russlands Oberhaupt, der neue Zar, wie Politkovskaja Wladimir Putin ob seines autokratischen Gebarens ironisch bezeichnete, wurde von der Journalistin wieder und wieder mit Worten unter Beschuss genommen. Sie machte Putin persönlich für den Krieg in Tschetschenien, für alle sich daraus ergebenden Konflikte und die politisch-wirtschaftliche Lage des großen Landes verantwortlich.

»Unsere Staatsmacht heutzutage«, schreibt sie im *Russischen Tagebuch*, »das ist einfach die Möglichkeit, gutes Geld zu verdienen. Mehr nicht. Alles Übrige interessiert sie nicht.«

Kontinuierlich hat sie in ihren Berichten für die Moskauer Zeitung *Nowaja Gaseta* von Greueltaten im ersten Tschetschenienkrieg, dem zu erwartenden zweiten Krieg im Kaukasus und den Problemen in anderen russischen Republiken berichtet. Beispielsweise von sogenannten Filtrationspunkten, die einzig und allein dazu dienten, Unliebsame, das heißt: Oppositionelle oder, um es noch schlimmer zu machen: willkürlich Ausgewählte zu foltern, zu ermorden und ihre Leichen verschwinden zu lassen. Im Namen von Staat und Gesetz, im Namen der sogenannten Antiterrorbekämpfung, die sich aber lediglich als staatlicher Terror entblößte.

Anna Politkovskajas Gegner haben es am Ende gar nicht mehr für nötig erachtet, die unbequeme, für ihre Arbeiten mehrfach international ausgezeichnete Journalistin in einen Filtrationspunkt oder in sonst eine militärische oder terroristische Untersuchungsstätte zu entführen. Man hat sie ganz einfach am 7. Oktober 2006 im Treppenhaus ihres Wohnhauses in Moskau erledigt. Kaltblütig niedergestreckt mit Pistolenschüssen in Kopf und Brust. Vor einer laufenden Überwachungskamera. Am Geburtstag von Wladimir Putin. Wer wollte dem Autokraten wohl ein Geschenk zum Ehrentag machen? Die Wahrheit wird – wie so oft in Putins Russland – niemals ans Tageslicht kommen.

47.

Weil Anne Frank durch ihr Tagebuch
im Herzen aller Menschen ist

Anne Frank hatte das kleine rot-weiß karierte Büchlein in einem Schaufenster gesehen und ihrem Vater gezeigt, ein paar Tage später lag es auf dem Gabentisch – es war ihr 13. Geburtstag. Das Mädchen war 1929 in Frankfurt am Main geboren worden, fünf Jahre später war die Familie in die Niederlande ausgewandert, um vor den Repressionen der Nationalsozialisten in Deutschland zu fliehen. Hier fühlten sich die Franks sicher, bauten sich ein neues Leben auf, ehe die Deutschen die Niederlande im Mai 1940 besetzten. Die immer harscher werdenden Gesetze entzogen den Juden die Rechte, wie auch in Deutschland wurden sie vom gesellschaftlichen und kulturellen Leben ausgeschlossen und mit peinigenden Restriktionen belegt.

Am 12. Juni 1942 öffnete Anne Frank zum ersten Mal das kleine Schloss auf der Vorderseite des fast quadratischen Büchleins und schrieb: »Ich werde, hoffe ich, Dir alles anvertrauen können, wie ich es bei noch niemandem gekonnt habe, und ich hoffe, du wirst mir eine große Stütze sein.« Das Tagebuch ist nicht nur ein Sammelplatz ihrer Erlebnisse und Gefühle, sondern soll zu einer – wenn auch imaginären – Freundin werden. Anne wird ihr den Namen Kitty geben und ihre Tagebucheinträge mit »Liebe Kitty!« beginnen. Diese Freundin gewinnt mehr und mehr an Bedeutung, als die Eltern beschließen, sich im Hinterhaus des Geschäftshauses von Otto Frank zu verstecken. Eingeschworene Helfer leisten ihnen Hilfe.

Durch das Leben in der Isolation hatte Anne Frank keinen Kontakt mehr zu ihren alten Freundinnen und Freunden. Ihre jugendlichen Erfahrungen in der Freiheit, die so abrupt endeten, werden nun zu genauen Beobachtungen der neuen Lebensumstände. Im April 1944 hört sie den Aufruf des exilierten niederländischen Bildungsministers, Aufzeichnungen aller Art zu machen, die nach dem Ende des Krieges Zeugnis von den Geschehnissen im Land ablegen sollten. Anne Frank beschließt, ihr bis dahin geheimes Tagebuch umzuarbeiten, und bereitet es für eine spätere Veröffentlichung vor. Sowieso möchte die junge Dame eines Tages Schriftstellerin werden.

Neben Anne Franks sind auch die Tagebücher anderer Jugendlicher veröffentlicht worden, die die Zeit des Krieges und der Deportationen und des Todes unmittelbar beschreiben, unter ihnen die von Věra Kohnová, Otto Wolf, Mascha Rolnikaite und Éva Heyman. Anne Franks *Tagebuch* wurde in 55 Sprachen übersetzt und im Jahr 2009 in das Weltdokumentenerbe der UNESCO aufgenommen. Es ist ein Zeugnis des Lebens und der Hoffnung. An seiner Echtheit und an der Existenz von Anne und ihrer Familie gibt es keinerlei Zweifel.

Als am 1. August 1944 die Gestapo das Versteck räumt, fliegen Annes *Tagebuch* und viele lose Blätter zunächst wild umher. Miep Gies, eine Helferin der Versteckten, nimmt die Aufzeichnungen an sich und übergibt sie nach Kriegsende Annes Vater, der den Holocaust überlebt hat. Er erkennt den Wert und die Botschaft dieser Aufzeichnungen und erfüllt den letzten Wunsch seiner Tochter: Er veröffentlicht ihr *Tagebuch* und macht sie zu einer weltbekannten Schriftstellerin.

48.

Weil die Knef ihrem geschenkten Gaul nicht ins Maul schaut

Im Jahr 1951 sitzt eine von Hollywoods bekanntesten Klatschkolumnistinnen, Louella Parsons, auf einer geblümten Couch und hat die junge deutsche Schauspielerin Hildegard Knef vor sich. Diese wird einmal zum großen deutschen Exportschlager auf dem amerikanischen Kontinent werden – sowohl was Bühne, Film als auch Musik anbetrifft.

Hildegard Knef gehört zwar noch zum filmischen Nachwuchs, ist aber für Louella Parsons insofern schon mal interessant, als dass es den Bundesdeutschen gerade am liebsten wäre, sie würde kein einziges Mal mehr in der Öffentlichkeit auftreten. Nachdem die Deutschen den Holocaust und den Zweiten Weltkrieg zugelassen hatten, konnten sie es nun in den ersten Wirtschaftswunderjahren, in denen doch nun endlich sowas wie eine »neue Normalität« eingetreten war, gar nicht dulden, dass man die junge Dame für Sekundenbruchteile nackt auf der Filmleinwand gesehen hatte. *Die Sünderin* war abgedreht und gleich mal mit dem Prädikat »Skandal« versehen worden.

In ihrem *Bericht aus einem Leben*, wie *Der geschenkte Gaul* untertitelt ist, hat Hildegard Knef diese Szene noch einmal zum Nacherleben aufgeschrieben. 1970 hat sie das Buch veröffentlicht und nach ihren Erfolgen im Kino, auf der Bühne und als Sängerin auch als Schriftstellerin einen Meilenstein deutscher Unterhaltungskunst (auch im Ausland) gesetzt. Die Biographie landete auf Platz eins der *Spiegel*-Bestsellerliste und wurde in 17 Sprachen übersetzt.

Die Knef war, als sie im Jahr 2002 starb, die letzte deutsche Diva gewesen, die internationale Erfolge hatte feiern können und die das alte Hollywood samt Liebe und Leid kennengelernt und gelebt hatte. Gedreht hat sie mit Gregory Peck, Susan Hayward, Ava Gardner und Klaus Kinski, gekannt hat sie die anderen »Großen« von der Monroe über die Dietrich bis hin zu Meisterregisseur Anatole Litvak und Produzentenikone Darryl F. Zanuck, gesungen hat sie *Für mich soll's rote Rosen regnen* und *Eins und eins*, allein auf der Broadway-Bühne stand sie mit *Silk Stockings* 478 Mal. Geschrieben hat sie nach *Der geschenkte Gaul* noch *Das Urteil oder Der Gegenmensch* (1975), das einmal mehr zu Protesten in Deutschland führte, weil sie so offen und ungeschönt über ihre Krebserkrankung berichtete.

Die Knef war und bleibt ein Unikum. Das Wort balanciert sie nicht erst lange auf der Zunge, sondern sagt, was gesagt werden muss. *Der geschenkte Gaul* ist keine simple Biographie, sondern liest sich so unterhaltsam wie ein Tatsachen- und Erlebnisbericht

– überbordend an Details, amüsant, schockierend, lebhaft. Kindheit und Jugend lässt sie ebenso Revue passieren wie ihre steile Karriere und ihre Flucht vor der russischen Armee am Ende des Zweiten Weltkriegs.

Das Leben betrachtete die bodenständige Diva als Geschenk – was nützten da Palaver und Beschwerden? Das Beste muss man draus machen, schließlich hat man ja nur das eine, sagte sie sich. Dass die Knef, die sich im Ausland übrigens Hildegarde Neff nannte, unvergessen bleibt, liegt nicht zuletzt auch an ihrem Buch *Der geschenkte Gaul*. Der blickt oft still und melancholisch, bläht dann und wann die Nüstern, wiehert aber an den richtigen Stellen so richtig drauflos!

49.

Weil das Schreiben zu einem Quell der Erinnerung wird

Worte sind nicht nur eine beliebige Kombination von Buchstaben, sie können bisweilen eine solche Kraft entwickeln, dass ganze Regierungen – vor allem Diktaturen – unter ihnen erzittern. Zeitzeugenberichte und Autobiographien halten diesen historischen Umstand, der sich in unzähligen Ländern der Erde wiederholt hat, lebendig.

Im Zweiten Weltkrieg waren es die Studenten der Weißen Rose, die die Menschen über die Verbrechen der eigenen Regierung und des eigenen Volkes aufklären wollten – dafür haben sie mit ihrem Leben bezahlt. Ein paar Jahrzehnte später verlor der Liedermacher Wolf Biermann einen Teil seiner Identität, als er Mitte der 1960er Jahre von der SED-Führung zunächst mit einem totalen Auftritts- und Publikationsverbot belegt und ein Jahrzehnt später aus der DDR ausgebürgert wurde, weil seine Texte als zu systemkritisch erachtet wurden. In Argentinien und anderen südamerikanischen Militärdiktaturen wurden in den 1970er und 1980er Jahren Tausende Menschen, die sich für demokratische Verhältnisse einsetzten, als sogenannte »Subversive« verschleppt, gefoltert und ermordet. Deren Schicksal und Verbleib ist in vielen Fällen bis heute nicht geklärt.

Noch mitten im Kalten Krieg wurde die russische Lyrikerin Irina Ratuschinskaja am Morgen des 17. September 1982 in dem Dorf Lyschnja bei Kiew verhaftet. Sie half gerade bei der Apfelernte, als der russische Geheimdienst (KGB) sie in Gewahrsam nahm und mit Handschellen in ein Untersuchungsgefängnis abtransportierte. Noch am selben Abend wurde ihr Vergehen benannt: das Schreiben von Gedichten.

Ihre lyrischen Werke bedrohten nach Ansicht des kommunistischen Regimes die Sicherheit der Sowjetunion. Ein Jahr zuvor hatte man sie bereits ins Hauptquartier des KGB bestellt, dennoch kursierten ihre Gedichte im Untergrund und wurden im Ausland veröffentlicht. Irina Ratuschinskaja wurde zu sieben Jahren Arbeitslager verurteilt, hinzu kamen fünf Jahre Ausreiseverbot, die sich an die eigentliche Strafe anschließen sollten.

1986 wurde sie aufgrund internationaler Proteste frühzeitig aus der Haft entlassen. Sie durfte in die USA ausreisen, 1987 siedelte sie nach Großbritannien über, wo sie ein Jahr später ein beeindruckendes persönliches Zeitdokument über ihre Gefangenschaft im Arbeitslager in Buchform veröffentlichte: *Grau ist die Farbe der Hoffnung.*

Im sicheren Exil geht Irina Ratuschinskaja auf eine schmerzvolle Reise in die nur kurze Zeit zurückliegende eigene Vergangenheit. Sie schildert den Lageraufenthalt mit täglichem Appell und Durchzählen, mit Isolierung, Stacheldraht, Drangsalierung, Mangelversorgung, Krankheit und mühseliger Arbeit. Dabei klagt sie an und verteidigt, sie erzählt mit leichter Ironie, viel Zartgefühl und immer auch einer Prise Humor, wie das Leben im Lager zu bewältigen war.

Vor allem aber erzählt sie von den mutigen Frauen, die ihr in diesen widrigen Lebensumständen begegnen, die sich gegenseitig Mut zum Weiterleben machen. »Daß ein Mensch selbständig denken kann und selbständig zu bestimmten Erkenntnissen und Schlüssen kommt«, schreibt die Autorin, sei für die Leute vom KGB ein unhaltbarer Zustand gewesen. Und so teilt sie ihre Zelle mit jungen und älteren Frauen der unterschiedlichen Gesellschaftsschichten aus verschiedenen Sowjetrepubliken. Oft hängen sie an den Lippen der Lyrikerin, die das Schreiben im Arbeitslager nicht aufgegeben hat. Hatte sie früher hauptsächlich über die Liebe geschrieben, konzentriert sie sich nun auf die Themen Freiheit, Demokratie und das Leben als solches. Ihre Gedichte finden zum Teil auf abenteuerlichen Pfaden den Weg in die Freiheit. Vor allem aber im Kopf der Lyrikerin, die ihre Lager-Gedichte auswendig lernte und später niederschrieb.

»Hunderte politische Gefangene sitzen noch in anderen Lagern, in Gefängnissen, in der Verbannung und in psychiatrischen Anstalten. Und das Heer der Sklaven, die wegen krimineller Vergehen eingesperrt sind, obwohl sie nicht alle wirkliche Verbrechen begangen haben, zählt Millionen.« – So schließt Irina Ratuschinskaja ihren beeindruckenden Bericht *Grau ist die Farbe der Hoffnung* im Jahr 1987. Es ist ein Weckruf an die Menschen, der bis heute nicht verklungen ist.

50.

Weil Florian Illies uns den Sommer des Jahrhunderts beschert

Florian Illies' Buch *1913* ist nichts Geringeres als die famose Chronik des titelgebenden Jahres. Es ist ein besonderes Jahr, dem Illies den Sommer des Jahrhunderts bescheinigt und das mit skurrilen

Begegnungen, Entwicklungen und Wirrungen bestückt ist, wie es sich für ein Jahr am Vorabend des Ersten Weltkriegs gehört. Es ist das letzte Friedensjahr und »nach diesem Sommer ist nichts mehr, wie es war«, heißt es im Klappentext.

Im Juni, so berichtet Illies, erscheint die vierte Auflage von Norman Angells Buch *Die falsche Rechnung*, in dem der britische Autor mit dem Brustton seiner Überzeugung vermittelt, dass es aufgrund der Globalisierung unmöglich zu einem Weltkrieg kommen könne. Auch der Präsident der Stanford University zeigt sich nach der Lektüre des Buches beruhigt: Wie sollten denn, bitte schön, Staat und Wirtschaft das viele Geld für so einen großen Krieg auftreiben? Gut zu wissen für alle Intellektuellen, die es aber irgendwie nicht lassen können, zweifelnd in Richtung Balkan zu schauen, wo das Vielvölkergemisch der k.u.k. Monarchie reichlich zu brodeln beginnt! Und außerdem: Im Juni wird doch vom Reichstag extra eine Wehrvorlage verabschiedet, die die Erhöhung der Friedenspräsenzstärke (was für ein Euphemismus!) um 117.267 Mann auf 661.478 Soldaten vorsieht. Da kann man sich doch vor einem Krieg nur sicher fühlen! Ein bisschen über ein Jahr mögen sie alle noch Recht behalten.

Bis dahin wird gelebt, geliebt, gearbeitet und werden alle anderen Tätigkeiten ausgeführt, die nicht unbedingt alle mit einem »ge« beginnen. Große Liebende vereinen sich oder gehen sich aus dem Weg, zukünftige Diktatoren begegnen sich oder hätten sich begegnen können, eine Dame begründet mit einem einfachen Laden ein späteres Milliardenunternehmen (es ist tatsächlich Mutter Albrecht!), Rainer Maria Rilke hat Schnupfen, Oskar Kokoschka macht sich verrückt wegen Alma Mahler, Franz Kafka ist Franz Kafka (was soll man da mehr sagen?!) und Marcel Proust bringt seine *Suche nach der verlorenen Zeit* mit dem ersten Band auf den Weg.

Dieses Jahr *1913* ist eine Wucht! 100 Jahre später hat Florian Illies so viele Anekdoten und Zitate notiert, dass es ein amüsantes Vergnügen ist, dieses besondere »Tagebuch« zu lesen. Ohne voyeuristisch zu sein, hat er in zeitgenössische und zeitgeschichtliche Aufzeichnungen geblickt und ein Sammelsurium heiterer, anrührender und überraschender Details zusammengetragen, die den Lebensweg großer Künstler/innen, Schriftsteller/innen, Staatsmänner und sogar Gemälde (die *Mona Lisa* befindet sich 1913 auf Abwegen) über die Dauer eines Jahres nachzeichnen und so ein feines Bild der damaligen Gesellschaft rekonstruieren.

Am Ende sind die Stars aus Kultur und Gesellschaft – so vielleicht ein erstes Fazit – auch nur Menschen, die sich mit Liebeskummer, Arbeitsdruck und anderen Wehwehchen auseinandersetzen müssen. Das macht ihr Werk umso beeindruckender und sie selbst sympathischer. Florian Illies hat das erkannt und teilt es sogleich mit seiner Leserschaft. Übrigens, Herr Illies, wir warten auf *1914 – Der Sommer, der alles veränderte.*

Sollten Sie, liebe Leserin und lieber Leser, auch zu den Wartenden gehören, dann unterschreiben Sie bitte hier:

_____

6. KAPITEL

Unvergleichliche Heldinnen

Weil Kleist den wohl wichtigsten Gedankenstrich der Literaturgeschichte gesetzt hat

So kurz der klassische Gedankenstrich auch sein mag (hier mal zur Veranschaulichung seine graphische Darstellung: –), so ist er doch Inhaltsträger von mitunter nicht zu überschauenden oder sich kaum vorzustellenden Handlungen. Zumeist wird er eingesetzt, um einen Geistesblitz oder ein überlegtes Innehalten des Erzählers herauszustellen, manchmal jedoch ist ein einziger dieser Striche Träger einer ganzen Geschichte. In Heinrich von Kleists Novelle *Die Marquise von O...* sogar Träger einer ganzen Tragödie, die sich erst im Verlaufe der Geschichte offenbart.

Ausgangspunkt ist der Überfall auf das Gut der Eltern der Marquise von O... durch einen Trupp Soldaten. Sie brandschatzen das Anwesen und fallen auch über die junge Frau her. Als die Wüstlinge sich schon an ihr zu schaffen machen, tritt engelsgleich der Graf F..., der militärische Vorgesetzte der Soldaten, zu ihnen und verjagt die Bösewichte. Sie werden später für den Vergewaltigungsversuch zum Tode verurteilt und hingerichtet. Und dann, als sich der Graf gerade schützend über die in Ohnmacht sinkende Marquise beugt, kommt der berühmteste Gedankenstrich der Literaturgeschichte. Dieser Strich ist kurz von Statur, aber intensiv und spannungsgeladen. Kleist stellt dem Leser frei, zu denken, was ihm beliebt. Dem einen oder anderen wird die Tragweite des Gedankenstrichs erst später bewusst. Dann nämlich, wenn der Vater der Marquise seine Tochter zwingt, das elterliche Haus zu verlassen, da sie in Schande ein Kind erwartet.

Die Marquise, eine junge, tadellos und keusch lebende Witwe mit zwei Kindern, soll schwanger sein? Die Soldaten waren vor ihrer gewollten Tat fortgejagt worden und an einen früheren Liebhaber würde sie sich doch erinnern?! Es sei denn, sie wäre während der Ohnmacht ... und der Graf ... doch das ist unvorstellbar!

Die Marquise nimmt also ihre Kinder und zieht in ein abgelegenes Haus. Sie wird das Baby bekommen, kennt sie auch den Vater nicht. Sie gibt in den örtlichen Zeitungen eine Annonce auf, in der sie bekanntgibt, ohne ihr Wissen in andere Umstände gekommen zu sein, und den Kindesvater bittet, sich bei ihr zu melden, denn sie sei aus Familienrücksichten entschlossen, ihn zu heiraten. Tatsächlich wird sich der Vater des Kindes bei ihr melden. Die Tatsache jedoch, wer am Ende vor ihr steht, zwingt die Marquise ein weiteres Mal in die Knie. Jeden hatte sie erwartet, nur nicht den, der beim Überfall der Marodeure ihr Retter gewesen war, den Grafen F..., der ihr nun wie der Teufel höchstpersönlich erscheint. Sein Kind trägt sie unterm Herzen, sein Eheweib will sie werden.

Kleists meisterhafte Novelle mit dem bedeutungsschwangeren Gedankenstrich, die im Jahr 1808 erstmals erschien, verwundert damals wie heute und lässt einige Fragen offen. Es ist die Geschichte einer Emanzipation und eines erzwungenen selbstständigen Lebens einer Frau in einer Zeit, da Frauen im Grunde zum Inventar eines Hauses und so erst zum Vater, dann zum Ehemann und zuletzt nur noch zu Gott gehörten. Kleist zeigt die Vielfältigkeit des menschlichen Wesens – die Liebe einer Frau, die dunkle Seite des Mannes, Verzweiflung, Reue und die wunderbare Fähigkeit der Vergebung. Mag man die glückliche Wendung ihres Lebensweges glauben und verstehen? Sollte sie dem Grafen nicht lieber in den Allerwertesten treten und ihn zum Teufel jagen? Oder siegt am Ende die Liebe doch über den Schmerz? Beantworten wir diese Fragen doch einfach mit einem –

Weil Virginia Woolf ihre Mrs Dalloway
im letzten Moment neuen Lebensmut fassen lässt

Über die Schönheit und Wichtigkeit erster Sätze habe ich bereits in einem vorangegangenen Kapitel berichtet. Auch Virginia Woolfs Roman *Mrs Dalloway* reiht sich mit einem legendären Erstsatz in diese Riege ein. Wie sie diesen gefunden hat, hat der amerikanische Schriftsteller Michael Cunningham in seinem mit dem Pulitzerpreis ausgezeichneten Roman *The Hours* nachempfunden: Die Handlung spielt 1923 im Heim der Woolfs – Hogarth House genannt, Virginia wacht gerade auf und sinniert über den Beginn ihres neuen Buches. Es ist ihr mittlerweile vierter Roman – an dem sie bereits arbeitete, als dessen Vorgänger *Jacob's Room* gerade erst die Druckerei verlassen hatte. Cunninghams Romantitel bezieht sich auf den Arbeitstitel von Woolfs Buch. Bevor sie sich für *Mrs Dalloway* entschieden hatte, hätte es auch *The Hours* werden können.

Lieber mit Soldaten beginnen, die zu einer Kranzniederlegung marschieren, oder doch der Society-Lady Clarissa Dalloway folgen, die an einem Abend des Jahres 1923 eine Dinnerparty zu geben vorhat und dafür einige Besorgungen machen will? »Aber ist das der richtige Anfang? Ist das nicht ein bisschen gewöhnlich?«, fragt sich Virginia Woolf in Cunninghams Roman. Sie erwacht, macht Morgentoilette und gönnt sich einen Kaffee, plaudert kurz mit ihrem Mann, obwohl sie mit den Gedanken längst woanders ist. Denn heute hat sie Mut und Kraft zu schreiben; Mut, nicht nur eine gewöhnliche Frau in einem Morgenmantel zu sein, die eine Feder kratzend über das Schreibpapier führt, sondern eine Schriftstellerin, die das Wesen der Welt mit all ihren Gedanken, Gefühlen und Ereignissen zu durchdringen versteht. Ihre Protagonistin, so sieht sie es vor sich, wird noch am selben Tag sterben. Durch Selbstmord vielleicht? Oder wird sich doch ein anderer statt ihrer das Leben nehmen? Zumindest eines ist für Woolf sicher, dies ist der erste Satz, also schreibt sie ihn nieder: »Mrs Dalloway sagte, sie wolle die Blumen selber kaufen.«

Blumen zu kaufen, scheint eine aufregende Abwechslung im Leben von Mrs Dalloway zu sein. Der belebende Schwung dieses Morgens erinnert sie an ihre glückliche Jugend, die über 30 Jahre zurückliegt. Damals heiratete sie den Parlamentsabgeordneten Richard Dalloway – eine schlechte Entscheidung, hat sie ihr doch nur Langeweile beschert. Nun, nach dem ersten Eifer des bevorstehenden Blumenkaufs, grübelt sie im Verlaufe des Tages und der Partyvorbereitungen über ihr Leben in der englischen Gesellschaft fünf Jahre nach dem Ende des Ersten Weltkriegs – über Reichtum und Armut, Glück und Unglück, den Tod, die Vergangenheit.

Hatte sie die richtige Entscheidung getroffen, als sie Richard Dalloway heiratete und nicht Peter Walsh, der in ihren Jugendjahren verrückt nach ihr war und nach dem ausgeschlagenen Heiratsantrag nach Indien und aus ihrem Leben flüchtete? Und was ist aus Sally Seton geworden, die ebenfalls in jungen Jahren das Herz von Clarissa gewonnen hatte, die einen Kuss der beiden jungen Frauen noch immer als einen der schönsten Augenblicke ihres Lebens betrachtete?

Sich vom eigenen Geschlecht angezogen zu fühlen, spielt auch in der Parallelhandlung zu Clarissa Dalloways Erzählstrang eine wichtige Rolle. Virginia Woolf taucht in ihre Protagonistin regelrecht ein, lässt sie Gedankengänge durchspielen und innere Monologe führen. Ebenso gestaltet sie die Figur des Kriegsheimkehrers Septimus Warren Smith. Er ist schwer traumatisiert, da er neben all den Schrecken des Krieges mit ansehen musste, wie sein Kamerad und (womöglich intimer) Freund Evans von einer Granate zerfetzt wurde. Diese beiden Handlungsstränge werden – obwohl keiner der beiden Kenntnis von der Existenz des jeweils anderen hat – am

Ende des Romans zusammenlaufen und über ihr weiteres Schicksal entscheiden.

Michael Cunningham lässt seine Version von Virginia Woolf recht früh die Entscheidung fällen, dass Clarissa Dalloway noch am selben Tag sterben wird – müde von dem Leben, das sie sich anders ausgemalt hatte. Sie fühlte sich bisweilen unfähig, dieses Leben zu Ende zu führen, schreibt Woolf. Clarissa spürt den Tod nahen wie einen heranbrausenden Zug, unaufhaltsam, fast schon von ihr Besitz ergreifend. Doch da hört sie von einem der Gäste auf ihrer Party, dass sich ein junger Kriegsheimkehrer umgebracht habe – und fühlt sich noch einmal davongekommen, als hätte dieser Septimus Warren Smith das Los des Todes für sie beide auf sich genommen. Virginia Woolf lässt ihre Mrs Dalloway aus ihrer Depression ausbrechen und neuen Lebensmut schöpfen. Etwas, was der Autorin am Ende ihres Lebens nicht mehr gelang. 1941 ertränkte sie sich, gequält von Depressionen und Selbstzweifeln, im kleinen Fluss Ouse unweit ihres Wohnsitzes.

53.

Weil sich Celie in »Die Farbe Lila« tapfer durch ein Leben voller Entbehrungen schlägt

Es ist einer der magischsten und berührendsten Kinomomente, wenn Whoopi Goldberg alias Celie am Ende von *Die Farbe Lila* auf ihre viele Jahre totgeglaubte Schwester Nettie trifft. Diese hat unter Missionaren in Afrika gelebt und kehrt nun nach Hause zurück. Als Jugendliche war sie vor dem gewalttätigen Vater geflüchtet, nun, ein halbes Leben später, wirbelt ihr Fahrzeug eine Menge Staub auf, ehe es anhält und seine Insassen freigibt.

Es ist Ende Juni, früher Abend und die Sonne steht schon tief am Himmel. Wer mag das sein?, fragen sich alle Anwesenden auf der kleinen Farm. Doch Celie fühlt, wer da gleich vor ihr stehen wird: ihre Schwester Nettie, und mit ihr deren Mann Samuel und Celies mittlerweile erwachsene Kinder Adam und Olivia. Die hatte ihr der brutale Vater einst weggenommen.

Statt ihre eigenen Kinder versorgen zu dürfen, war sie an einen wildfremden Mann zur Heirat weitergegeben worden, den Celie nur »Mr.« nennt. In dessen Haus ist sie nicht mehr als eine Arbeitssklavin, die sich um den Haushalt und die bereits vorhandenen Kinder kümmern muss, von ihrem Mann geschlagen und missbraucht wird und bar jeder Zuneigung lebt. Eine einzige Freundin hat sie, eine Geliebte ihres Mann: Shug Avery. Die Sängerin nimmt sich der verstörten Celie an und weckt in ihr neue Lebens- und vor allem Liebesgeister und den Mut, im richtigen Moment gegen den »Mr.« aufzubegehren und ein selbstbestimmtes Leben zu führen.

Alice Walker veröffentlichte ihren Briefroman *Die Farbe Lila* im Jahr 1982 und erhielt im Jahr darauf den American Book Award und als erste schwarze Frau den Pulitzerpreis. Sie gehört neben Toni Morrison (*Menschenkind*, 1987) und Maya Angelou (*Ich weiß, warum der gefangene Vogel singt*, 1970) zu den wichtigsten afroamerikanischen Schriftstellerinnen der Gegenwart.

In ihrem Roman lenkt Walker den Blick auf das Leben der schwarzen Bevölkerung in den US-Südstaaten in der ersten Hälfte des 20. Jahrhunderts und behandelt die Themen Inzest, patriarchale Gewalt und lesbische Liebe. Nach den beiden Auszeichnungen wurde das Buch ein Bestseller, für eine noch größere Verkaufsunterstützung sorgte allerdings die Verfilmung des Stoffes durch Steven Spielberg.

Celie, die am Anfang des Buches ein 14-jähriges verschüchtertes Mädchen ist, durchlebt ein wahres Martyrium, ehe sie zu einer selbstbewussten Frau herangereift ist: Neben dem Tod der Mutter, dem brutalen Vater und dem Verlust der geliebten Schwester muss sie ein Leben als ein »Nichts« beim »Mr.« hinnehmen. Walker lässt ihre junge Heldin leiden, ehe diese sich aus ihrer Kraftlosigkeit,

Angst und Demut erhebt. Nicht die körperliche und seelische Gewalt haben sie starkgemacht, sondern die Liebe zu Shug Avery und die Hoffnung, eines Tages doch wieder mit ihrer Schwester Nettie vereint zu sein. Dass hier am Ende kein Auge trocken bleibt, ist Alice Walkers unbedarfter Romanheldin ebenso zu verdanken wie Steven Spielbergs kongenialer Umsetzung des Stoffes.

54.

Weil Franziska Linkerhand den Kampf aufnimmt, obwohl sie ihn längst verloren hat

Eine Frau schreibt gegen das Vergessen. Nicht gegen ihr eigenes, sondern gegen das der Menschen, der zukünftigen Leser. Als Brigitte Reimann 1973 starb, hatte sie – so schien es auf den ersten Blick – nicht viel mehr hinterlassen als ein paar erfolgreiche Erzählungen, ein Tagebuch über eine Reise in die sibirische Steppe und den nicht vollendeten Roman *Franziska Linkerhand*. Der wurde posthum knapp ein Jahr nach ihrem Tod veröffentlicht, die allzu kritischen Passagen (Selbstmorde, Vergewaltigungen, Äußerungen zur innerdeutschen Grenze) hatte die staatliche Zensur der DDR entfernt.

Und 1997/98 war Brigitte Reimann plötzlich wieder da, die einst so beliebte und zwischenzeitlich praktisch fast vergessene Schriftstellerin und Christa-Wolf-Freundin: Nach der erstmals umfänglichen Veröffentlichung ihrer Tagebücher gewannen die alten und neuen Leser einen so nicht da gewesenen Einblick in das Leben und das Schaffen der Autorin, die unermüdlich an ihrer Schreibmaschine saß und oft schrieb, um leben zu können, und manches Mal mehr noch zu leben schien, um schreiben zu können.

Die DDR-Autorin, die so einige Literaturstreiter der Nachwendejahre wohl am liebsten mit einem Federwisch von der Liste wertvoller Literatur gefegt hätten, war plötzlich »in«! Es kam zu Neuauflagen ihrer Erzählungen, Briefwechsel mit Freunden und der Familie wurden veröffentlicht, Filme und Dokumentationen gedreht. Und natürlich sollte auch *Franziska Linkerhand* endlich der Stellenwert eingeräumt werden, den der Roman verdiente. Zehn Jahre hatte Brigitte Reimann an ihrer »Franziska«, wie sie das Buch liebevoll in ihren Tagebüchern nennt, geschrieben.

Nach der zensierten Ausgabe von 1974 (Brigitte Reimann war zu Lebzeiten schon überzeugt davon gewesen, dass der Roman aufgrund seiner kritischen Aussagen in der DDR gar nicht erst würde publiziert werden können) folgte 1998 eine Ausgabe des kompletten Buches, inklusive der letzten Worte, die Brigitte Reimann, bereits schwer vom Krebs gezeichnet, geschrieben hatte. »Fr. hatte den Zweikampf verloren, noch ehe sie ihn antrat.« Aber wie sie kämpfte, diese Franziska Linkerhand! Gegen die Vereinsamung in den künstlich geschaffenen Städten, gegen bürokratische Entscheidungen, gegen unzeitgemäße Prinzipien des Staates.

Kritiker bezeichnen Brigitte Reimanns Roman als ein in hohem Maße menschliches Buch, das wesentliche Motive des Schaffens der Autorin in sich vereint. Würde man ihn einordnen wollen, so wäre *Franziska Linkerhand* wahrscheinlich ein Liebes-, Architekten- und Städtebauroman mit vielen verschiedenartigen Gestalten, die einen gebrochen, die anderen nicht, welche, die kurz davor stehen und die immer wieder dagegen ankämpfen und sich nicht brechen lassen. Er ist gleichsam ein historischer Roman, schließlich umfasst er einen Zeitraum von 25 Jahren DDR-Geschichte, und seinerzeit war er auch ein Gegenwartsroman, machte er doch die Lebensumstände in der DDR zu jener Zeit deutlich.

Der Roman ist zum Teil überschauend erzählt, jedoch wird der auktoriale Erzähler ständig von einer Ich-Erzählerin ausgeschaltet. Sie mischt sich gar mitten im Satz in das Geschehen ein, wird subjektiv, kontert, stellt in Frage, bestätigt, gibt Empfindungen wieder. Das Buch selbst beginnt auch mit der Ich-Erzählerin,

Franziska meldet sich zu Wort und wendet sich mit ihrer Rede an den Geliebten Ben. Und schon während der ersten Zeilen bemerkt man, dass es sich vor allem auch um eine Liebesgeschichte handelt und um die Frage, wie diese Liebe, die ständig unter schlechte Bedingungen gestellt ist, existieren kann. »Ach Ben, Ben, wo bist du vor einem Jahr gewesen, wo vor drei Jahren? … Ich möchte mein Leben verdreifachen, um nachzuholen, die lange lange Zeit, als es dich nicht gab.« Ein gefühlvoller Auftakt nach Maß! Franziska fühlt eine nicht zu brechende Leidenschaft für den Mann und für das eine gegebene Leben. Nicht umsonst sagt sie: »Lieber dreißig wilde Jahre … statt siebzig brave und geruhsame.« Recht hat sie!?

55.

Weil Elizabeth Bennet am Ende doch Stolz und Vorurteil ablegt und ihren Mr. Darcy heiratet

»Es ist eine allgemein anerkannte Wahrheit, dass ein Junggeselle im Besitz eines schönen Vermögens nichts dringender braucht als eine Frau.« Ist man Mutter von fünf Töchtern im ausgehenden 18. Jahrhundert und lebt auf einem kleinen ländlichen Besitz außerhalb Londons, gibt es keine wichtigere Aufgabe, als sich um die Vermählung der heranwachsenden Töchter zu kümmern. Und mit verheiraten ist – sofern die Tochter nicht abgrundtief hässlich und schon an die 30 Jahre heranreicht, also quasi unvermittelbar ist – freilich keine Ehe um jeden Preis gemeint, sondern eine gute Partie.

Für überzeugte Feministinnen dürfte Jane Austens 1813 erstmals erschienener Roman *Stolz und Vorurteil* heute eines der besten Musterexemplare für die gesellschaftliche Unterdrückung der Frau sein. Denn was schildert Jane Austen denn: Die wichtigsten Ziele einer Frau sind Heirat und Ehe und nichts geht über Stil und gute Sitten. Mit Arbeit können und wollen die jungen (zum Teil adligen) Damen auf dem Lande nichts anfangen, und gesellschaftliche Konventionen müssen um jeden Preis eingehalten werden. Auch Jane Austens eigene Lieblingsfigur Elizabeth Bennet unterwirft sich diesen gesellschaftlichen Bedingungen, schließlich ist auch sie nur die Tochter ihrer Mutter und wie ihre vier Schwestern darauf bedacht, der Familie keinen Kummer zu bereiten.

Als auf dem Nachbargrundstück der Familie Bennet ein leutseliger junger Herr einzieht und all die notwendigen Vorzüglichkeiten aufweist, ist Mutter Bennet ganz aus dem Häuschen. Die älteste Tochter Jane und ebenjener Mr. Bingley entwickeln doch tatsächlich eine plötzliche Zuneigung füreinander. Als Nächstältere wäre dann also Elizabeth an der Reihe, die sich recht bald mit einem Heiratsantrag von ihrem Cousin Mr. Collins konfrontiert sieht. Das wäre nicht unbedingt schlecht, denn so würde der Besitz doch in der Kernfamilie verbleiben. Denn Frauen allein sind ja unfähig zu erben!

Da sollte sich doch aber noch etwas Besseres finden, denkt sich die 20-jährige Elizabeth, die zwar ihren Eltern gehorcht, aber dennoch einen unbezwingbaren Sinn für Liebe und Romantik hegt. Elizabeth lehnt also den Heiratsantrag ab und macht den Weg für ihre beste Freundin Charlotte frei. Die ist ja auch schon 27 und muss dringender unter die Haube kommen!

Und dann wäre da noch Mr. Darcy. Diesen vermeintlichen Schnösel lernt Elizabeth auf einem Ball kennen. Er hält Elizabeth zu Beginn für wenig begehrenswert, warum sollte er sich auch mit jungen Damen begnügen, die zwar »ganz passabel, aber nicht hübsch genug« für einen Mann wie ihn sind, und die darüber hinaus »andere Männer haben sitzenlassen«. Aber Hochmut kommt ja bekanntlich vor dem Fall.

Der geneigte Leser weiß heute natürlich, dass sich die beiden am Ende kriegen werden. (Allen, die es bis hierhin noch nicht wussten: Sorry!) Wie herrlich aber ist zu lesen, wie Jane Austen mit Witz und Ironie die beiden unterschiedlichen Charaktere auf langen Bahnen zueinanderführt. Da müssen zwischenzeitlich eine Ehe gerettet, eine erzwungen und eine anempfohlen werden, und ein Heiratsantrag von Mr. Darcy muss selbstredend abgelehnt werden, bis er beim zweiten Mal zur vollsten Zufriedenheit des Gentlemans beantwortet wird. Am Ende erkennen nämlich alle, dass der eigene Stolz und die seit langer Zeit gehegten Vorurteile den echten Gefühlen und den wirklich Liebenden im Weg gestanden haben.

Jane Austen hat in relativ schneller Abfolge ihre berühmten Romane veröffentlicht: *Verstand und Gefühl* (1811), *Stolz und Vorurteil* (1813), *Mansfield Park* (1814), *Emma* (1816) und *Northanger Abbey* (1817, posthum). Anders als die drei Brontë-Schwestern, die kurz vor und nach dem Tod der Schriftstellerin geboren wurden, veröffentlichte Austen ihre Romane übrigens immer unter ihrem richtigen Namen. Die Brontë-Schwestern Charlotte (*Jane Eyre*), Emily (*Wuthering Heights*) und Anne (*Agnes Grey*) hatten ihre Werke zeit ihres Lebens unter männlichen Pseudonymen publiziert. Die genannten Hauptwerke erschienen alle im selben Jahr – 1847.

Bis 1939, also mehr als 125 Jahre, mussten sich Leserinnen und Leser in Deutschland gedulden, bis Jane Austens vielzitierter Roman *Pride and Prejudice* auch in deutscher Übersetzung vorlag – zunächst als *Elisabeth und Darcy*, später dann in anderen Übersetzungen als *Stolz und Vorurteil*. Aber auch Jane Austen selbst musste sich eine ganze Zeitlang gedulden. Bereits 1797 bot Janes Vater den Roman seiner Tochter einem Verleger an, der aber dankend ablehnte. Zweimal nahm Jane daraufhin die Arbeit am Roman wieder auf, 1809 und 1812. Im Januar 1813 gelang schließlich die Veröffentlichung mit einer Startauflage von 1500 Exemplaren. Die waren innerhalb eines halben Jahres verkauft. Eine zweite Auflage folgte – eine von unzähligen weiteren weltweit, womit es *Stolz und Vorurteil* seit seinem Erscheinen auf etwa 20 Millionen Exemplare gebracht hat.

Weil man bei Agatha Christies Miss Marple immer irgendwie auch an Margaret Rutherford denken muss

Die Queen of Crime war »not amused«, als sie Margaret Rutherford in der Rolle der *Miss Marple* zu sehen bekam. Schließlich hatte die britische Schriftstellerin Agatha Christie ihre Romanfigur als zerbrechlich wirkende, schlanke, blässliche und kultivierte Dame beschrieben. Also genau das Gegenteil von Margaret Rutherford, die eine ziemlich kleine korpulente Dame war – weit entfernt von blass und kultiviert. Sie war neugierig, schnippisch und komödiantisch – und machte gerade durch diese Eigenschaften die Figur der Miss Jane Marple weit über die Grenzen der Agatha-Christie-Krimifreunde bekannt.

Für viele, die zuvor nie einen Roman der Autorin gelesen hatten, wurde Rutherford mit ihren vier Filmauftritten zum Inbegriff der Miss Marple, obwohl weder ihr Äußeres noch zuletzt der Inhalt der Filme etwas mit den Ideen aus der Feder Agatha Christies zu tun hatten. Lediglich Film Nummer eins aus dem Jahr 1961 basierte auf dem Roman *16 Uhr 50 ab Paddington*, die beiden folgenden, *Der Wachsblumenstrauß* und *Vier Frauen und ein Mord*, waren ursprünglich Geschichten mit dem belgischen Detektiv Hercule Poirot, der neben Miss Marple die berühmteste Schöpfung der Autorin ist. *Mörder ahoi!* aus dem Jahr 1964 basierte dann nur noch auf Motiven von Agatha Christie.

War die Britin zu Beginn absolut nicht begeistert von der freien Umsetzung ihrer Werke und noch weniger von der dicken Rutherford, ließ sie sich doch eines Besseren belehren. Denn die sympathische Darstellerin zeichnete für den Erfolg der Krimiheldin verantwortlich. Agatha Christie zeigte sich nun ihrerseits als vollkommene Dame und widmete Margaret Rutherford als Zeichen der Anerkennung den Miss-Marple-Band *Mord im Spiegel* (1962).

Die Miss Marple der Romane ist etwa 65 Jahre alt und lebt allein, ihre zahlreichen Verwandten werden in den Romanen und Kurzgeschichten zwar erwähnt, doch sie alle weilen nicht mehr unter den Lebenden. Einzig ihr Neffe Raymond ist geblieben, der sich rührend um sie kümmert und dann und wann sogar die häuslichen Finanzen auffrischt. Vorbild für die Figur war Christies Großmutter, die – wie Miss Marple – von jedem das Schlechteste erwartete und unglücklicherweise auch immer Recht behielt.

In dem beschaulichen – aber fiktiven – Dorf St. Mary Mead lebt Miss Marple und klärt einen Mord nach dem anderen auf. Denn so abgeschieden das Örtchen auch liegen und friedfertig erscheinen mag, so mancher Zeitgenosse findet hier auf unfreiwillige Weise sein Lebensende. In zwölf Romanen und 20 Kurzgeschichten schickt die Krimiautorin ihre selbsternannte Ermittlerin auf die Spur von Mord und Totschlag.

1976 kam sie im Roman *Ruhe unsanft* zum letzten Mal zum Einsatz. Die Schriftstellerin hatte diesen Fall bereits während des Zweiten Weltkriegs geschrieben und als letzten Fall der Hobbydetektivin bestimmt. Ebenso geschah es mit dem letzten Fall von Hercule Poirot. *Vorhang* aus dem Jahr 1975 hatte ebenso gut 30 Jahre in einem Bankschließfach verbracht, ehe er zwischen zwei Buchrücken gebracht wurde. Dass sich die beiden so unterschiedlichen Helden niemals begegnet sind, hatte für Agatha Christie einen ganz simplen Beweggrund: Ein so egozentrischer Charakter wie Hercule Poirot würde sich doch mitnichten von einer alten Jungfer wie Miss Marple die Arbeit erklären lassen.

Weil es Alice im Wunderland sogar mit der Herzkönigin und ihrem eigenen Traum aufnimmt

Um zu wissen, wie es weitergeht, muss man wissen, wohin man möchte. Wenn einem aber egal ist, wohin man möchte, dann spielt es auch keine Rolle, wie es weitergeht. Diese verblüffende Logik entstammt ausgerechnet einem Buch, das von Paradoxa nur so überschäumt und jede Leserin und jeden Leser (gleich welchen Alters!) im wahrsten Sinne des Wortes in eine Welt jenseits aller Vorstellungskraft stürzt. Hier reden die Tiere, die Uhren gehen ständig falsch und die Herzkönigin will ständig irgendwelche Untertanen um einen Kopf kürzer machen.

Mittendrin ist ein Mädchen, das eben noch seiner Schwester zugehört hat, die aus einem Buch vorliest. Von Langeweile gepeinigt, entdeckt sie nun ein weißes Kaninchen, das auch noch sprechen kann, läuft ihm nach und muss plötzlich nicht nur Größenmetamorphosen durchlaufen, sondern hat beständig das Gefühl, wie die Kugel im Flipperautomaten hin und her gescheucht zu werden. Während die Kugel kontinuierlich auf Hindernisse und Schleuderarme trifft und am Ende ins Loch plumpst, geschieht das bei Alice andersherum: Sie plumpst zuerst ins Loch und wirbelt dann von einem grotesken Abenteuer zum nächsten. Das ist *Alice im Wunderland*.

Das kleine blonde Fräulein erblickte exakt am 4. Juli 1862 das Licht der Welt. Warum sich dessen Erfinder Lewis Carroll so genau an dieses Datum erinnern konnte, liegt daran, dass er just an diesem Tag eine Bootsfahrt auf der Themse unternahm und den drei Töchtern des Dekans von Oxford zum Zeitvertreib eine Geschichte erzählte. Eines der Mädchen hieß Alice, womit die Namenspatin in die Geschichtsbücher eingegangen ist. Dass die gesamte Geschichte an diesem einen Tag zusammengereimt wurde, wie es Lewis

Carroll später oft weismachen wollte, dürfte dem – hier örtlich durchaus passenden – Seemannsgarn angehören.

Lewis Carroll schrieb die Geschichte von Alice nieder. Aber war sie auch aufregend und spannend, lustig und abgedreht genug, um sie zu veröffentlichen? Nach den drei Mädchen auf der Themse musste der Sohn eines Freundes als literarisches Versuchskaninchen herhalten. Der Knirps war nach dem Vorlesen so sehr beeindruckt, dass nur eine Zahl das Ausmaß der Begeisterung ausdrücken konnte: 60.000 Bände wünschte sich der Junge. *Alice im Wunderland* erschien zum ersten Mal am 4. Juli 1865 mit bemerkenswerten Illustrationen von Sir John Tenniel. Es sollte 1871 aber nur noch die Fortsetzung *Alice hinter den Spiegeln* folgen.

Das Buch wurde ein großer Erfolg und ein Klassiker der Kinderliteratur. Der Mathematiker Carroll jongliert darin gekonnt mit den Naturwissenschaften, besonders mit Mathematik, Astronomie und Physik. Die Figuren von der Grinsekatze über den Hutmacher und den Dodo bis zur Falschen Schildkröte und dem Weißen Kaninchen bevölkern das Wunderland unter der Erde und begleiten Alice durch die Kapitel des Buches – vom Kaninchenbau zur Teegesellschaft, vom Croquetfeld der Königin bis zum Hummerballett. Dabei führen die kunterbunten Fabelwesen dem Menschenkind Alice so einiges vor Augen: Nichts ist, wie es scheint! Alles kommt anders, als man denkt! Nicht immer kann man verstehen, was jemand sagt, obwohl es durchaus plausibel klingt! Und in der Schule kannst du dir noch so viel Nonsens, ähm, Wissen! angeeignet haben, aber das hilft dir nicht, wenn andere immer wieder ihre eigenen Regeln aufstellen.

Und die anderen sind in diesem Fall natürlich die Erwachsenen der realen Welt, deren Hektik, Besserwissertum, Ignoranz, Böswilligkeit oder Freundlichkeit von Carroll einfach auf die illustre Tiergesellschaft gespiegelt wurden. Alice ist zunächst natürlich total überrumpelt von der ganzen undurchschaubaren Situation. Aber wie es sich für eine echte Heldin gehört, behauptet sie sich nach und nach. Am Ende besteht sie auf die Existenz der Realität, wie sie sie kennt. Sie zwingt sich aufzuwachen – denn ach, Alice war einfach eingeschlafen und hatte geträumt, als ihre Schwester aus einem Buch vorgelesen hatte. Und da sage noch einer, wir seien nicht Herr/in unserer Träume!

58.

Weil Effi Briest kämpft und doch an den gesellschaftlichen Konventionen zerbricht

»Ruhe, Ruhe«, sind die letzten Worte von Effi Briest. Sie hat sich noch einmal mit ihrer Mutter ausgesprochen, und vor dem geöffneten Fenster ist die Nacht herniedergesunken. Theodor Fontanes Heldin stirbt im Hause ihrer Eltern, in das sie nach der missglückten Ehe mit dem mehr als 20 Jahre älteren Baron Geert von Innstetten zurückgekehrt war – nach einer wahren Odyssee.

Knapp 13 Jahre zuvor hatte sich das unbedarfte 17-jährige Mädchen von ihrer Mutter zu der Heirat in vielversprechende Kreise bewegen lassen, musste aber recht schnell feststellen, dass weder die Ehe mit von Innstetten noch die gesellschaftlichen Kreise im fiktiven Küstenstädtchen Kessin ihren Hoffnungen und Erwartungen auf ein Glück als verheiratete Frau entsprachen. Doch danach fragte niemand im Deutschland des ausgehenden 19. Jahrhunderts, wo organisierte Frauen zwar schon seit vielen Jahren um ein selbstbestimmtes Leben kämpften, jedoch nur mit recht kleinen Erfolgen. Und selbst die waren bis zu Effi noch nicht vorgedrungen.

Effi will Zuneigung und Liebe und ein Leben voller Abenteuer, stattdessen findet sie sich in Hinterpommern wieder, wo das gesellschaftliche Leben gegen null tendiert und sie sich mit dem Wesen der Menschen kaum anfreunden kann. Ihr Ehemann ist stets distanziert und wohl auch überfordert mit dem flotten jungen Ding, das ihm neun Monate nach der Hochzeit die Tochter Annie schenkt. Oft befindet sich von Innstetten auf Dienstreise, Effi bleibt in Kessin zurück – fühlt sich einsam und vernachlässigt, glücklos und ungeliebt. Da tritt die Familie des Majors von Crampas in ihr Leben und eine Freundschaft beginnt, die jedoch eher zum Major als zu dessen Angetrauter. Denn Crampas' Ehefrau ist »menschenscheu«. Und wen wundert es da, dass sich mit Effi und dem Major zwei verwandte Seelen erst am Strand, dann beim Theaterspielen und schließlich bei einer nächtlichen Schlittenpartie näherkommen?

Doch das übersprudelnde und dazu geheime Glück der Effi Briest kann nicht von langer Dauer sein. Fontanes Roman ist ein Abbild der damaligen Konventionen, des gesellschaftlichen Panzers, in den die Figuren – alle für sich selbst – eingesperrt sind. Effi und Crampas fühlen ihre Seelen frei fliegen, wenn sie beisammen sind, aber die Erleichterung ist doch groß, als von Innstetten beruflich nach Berlin gerufen wird und die Liaison ein Ende finden muss. Sie ist ohne Aufsehen und Folgen geblieben.

In Berlin blüht Effi auf, schließlich ist die deutsche Hauptstadt das Zentrum der Kultur und des gesellschaftlichen Lebens. Tochter Annie gedeiht, das Leben läuft in seinen Bahnen, der Major und die Liebelei zu ihm sind vergessen. Da findet von Innstetten sechs Jahre später – während Effi ihrer angeschlagenen Gesundheit wegen auf Kur ist – alte Liebesbriefe des Majors. Ein längst verstaubter Ehrenkodex zwingt ihn, von Crampas um Satisfaktion zu bitten. In einem vom Gesetz her verbotenen Duell verletzt der gehörnte Ehemann den früheren Liebhaber seiner Frau tödlich. Dieses Duell bildet den Auftakt einer Abwärtsspirale, die Effi Briest in die Tiefe reißt: Von Innstetten lässt sich scheiden, trennt Annie von ihrer Mutter und die Mutter von ihren Eltern. Denn die alten Briests können Effi wegen der verletzten Familienehre nicht mehr in der Heimat Hohen-Cremmen aufnehmen.

Drei Jahre müssen vergehen, in denen die Heldin schwer erkrankt, bis sie ihre Tochter wiedersehen darf und die Eltern sich ihrer erbarmen und sie wieder zurück aus der gesellschaftlichen Isolation nach Hause holen. Doch da ist es bereits zu spät, sie erholt sich nicht mehr.

Auf ihrem Grabstein steht nur ihr alter Name: Effi Briest. Denn »ich habe dem andern keine Ehre gemacht«, hatte sie ihrer Mutter gesagt. Selbst Effi hatte zuletzt – als Tochter ihrer Eltern und also aufgrund ihrer Erziehung – die gesellschaftlichen Zwänge anerkannt und ihren früheren Ehemann von aller Schuld freigesprochen. Und da ist es ausgerechnet die konservative Mutter Briest, die am Ende des 1896 erschienenen Romans beginnt, sich Fragen über Recht und Schuld und Freiheit zu stellen. Doch vor der Jahrhundertwende sind solcherlei Fragen, wie ihr Mann sagt, ein noch »zu weites Feld«.

59.

Weil sich niemand so elegant vor den Zug wirft wie Anna Karenina

Was ist das nur für ein Joch mit der Liebe! Man müsste sich blind und taub und unantastbar machen können, um diesem berauschenden Gefühl aus dem Weg gehen zu können. Zumindest wenn man verheiratet ist, im zaristischen Russland des 19. Jahrhunderts lebt, Mutter eines Sohnes und im Begriff ist, eine Affäre mit einem Grafen zu beginnen – und *Anna Karenina* heißt.

Mit einer schlichten Weisheit eröffnet Lew Tolstoi sein epochales, weit über 1000 Seiten starkes Werk: »Alle glücklichen Familien sind einander ähnlich, jede unglückliche Familie ist unglücklich auf ihre Weise.« Um diesen Satz spinnt er den roten Faden dreier Handlungsstränge, die sich allesamt um Ehe, Vertrauen und Verrat – und Liebe (fast vergessen!) drehen. Da ist Fürstin Dolly Oblonskaja, deren Mann Stepan die Finger nicht von anderen Frauen lassen kann und die nun endlich doch die Scheidung will, am Ende aber eine glückliche Versöhnung eingeht. Da ist außerdem Gutsbesitzer Kostja Ljewin, der um Dollys Schwester Kitty freit, die ihm aber einen Korb gegeben hat und lieber auf eine Liebeserklärung von Graf Wronskij wartet. Da kann sie aber lange warten, denn der hat seit einer magischen Begegnung auf dem Moskauer Bahnhof nur noch Augen für Anna Karenina! Die von der Schönen erwiderten Blicke lassen auf eine schwierige Zukunft schließen, denn Anna ist natürlich verheiratet; wie ihre Schicksalsgenossin Effi Briest mit einem 20 Jahre älteren Mann, dem Beamten Alexej Alexandrowitsch Karenin.

Dass man es im Leben hätte besser treffen können, ahnt man meist erst, wenn es bereits zu spät ist. Im 19. Jahrhundert galten noch andere Gesetze: Neben den juristischen auch und vor allem die gesellschaftlichen. Geheiratet wird vornehmlich, um eine gute Partie zu machen und in den Adelskreisen aufzusteigen, um Macht und Einfluss zu gewinnen und eine angesehene Person in der Gesellschaft zu werden. Liebe ist zweitrangig und taugt wohl eher für zwielichtige Heldinnen der zeitgenössischen Literatur. Und wird doch einmal eine Dame von Amors Pfeilen durchlöchert, kann sie nur die Flucht nach vorn antreten.

Anna Karenina, deren einzige Ehefreude mit Karenin der gemeinsame Sohn Serjoscha ist, fühlt die Blicke Wronskijs auf ihrem Körper brennen wie glühende Eisen. Auf einem Ball sind sich die beiden nach dem Kennenlernen auf dem Bahnhof wiederbegegnet, nun lässt er sie nicht mehr aus den Augen. Er weiß: Im Krieg und in der Liebe ist alles erlaubt.

Anna reist (flüchtet wohl eher!) zurück in ihre Heimat nach Sankt Petersburg, Wronskij ist ihr allerdings schon auf den Fersen. Die junge Mutter kann dem Liebesstürmen des Grafen nicht widerstehen und beginnt eine leidenschaftliche Affäre mit ihm. Sie wird schwanger und steht plötzlich am Rande eines Abgrunds. In ihrer Not gesteht sie Karenin alles. Die halsstarrige Beamtenseele ist bereit, den Fehltritt seiner Frau hinzunehmen und beider gesellschaftliche Stellung nicht zu gefährden. Einzige Bedingung ist, dass sie sich von Wronskij fernhält. Sie willigt ein.

Aber sie kann nicht ablassen vom jungen Grafen, da man die Liebe seines Lebens eben nicht so mir nichts, dir nichts aufgeben kann. Anna gerät in einen Strudel aus Verzweiflung, Missverständnissen, Drohungen und Wahnvorstellungen. Um nicht völlig zum Gespött der Leute zu werden, willigt Karenin in die Scheidung ein. So könnte Anna ihren Geliebten Wronskij ehelichen und der seine Tochter anerkennen. Doch dafür muss Anna völlig auf ihren Sohn verzichten. Dem Zusammenbruch nahe, stimmt sie schließlich zu – und bezahlt dies erst mit ihrem Verstand und dann mit ihrem Leben.

Ein Ort des Willkommens und des Abschieds ist der Bahnhof. Auf einem von ihnen waren Anna und Wronskij sich zum ersten Mal begegnet, hatten gespürt, wie sich ihre Lebensfeuer aneinander entzündeten. Anna, zwischenzeitlich kaum mehr Herrin ihrer selbst, vermutet Nebenbuhlerinnen, die erfolgreich um die Liebe Wronskijs werben. Mit der kopflosen Entscheidung, sich das Leben zu nehmen, flüchtet sie nicht nur aus dem Chaos ihres Lebens, sondern will ihren Geliebten für dessen vermeintliche Affären bestrafen. Anna stirbt und reißt Wronskij, der den Verlust ihres Lebens mit der Sinnlosigkeit seines eigenen gleichsetzt, mit in den dunklen Abgrund. Er geht als Freiwilliger in den Krieg, um den Tod zu finden.

In seinem Roman *Anna Karenina* (1877), der mehr als 130 Jahre nach seinem Erscheinen längst zum Kanon der Weltliteratur gehört, entfaltet Lew Tolstoi ein Kaleidoskop des Lebens in Russland in der zweiten Hälfte des 19. Jahrhunderts. Der Zar hat mit der Verwaltung und Eigentumsansprüchen im riesigen Reich zu kämpfen, die Leibeigenschaft wurde gerade erst abgeschafft, hinzu kamen

Reformen im Justizwesen und eine Reorganisation des Militärs; die Schere zwischen Armen und Reichen war weit geöffnet. Und mittendrin eine Frau, die Ehebruch begeht und – gefangen in den Konventionen – keinen Ausweg findet. Denn welche Entscheidung Anna Karenina auch treffen würde, es würde immer die falsche sein. Vielleicht war das für Tolstoi der Moment, in dem er seine Heldin einfach kapitulieren ließ und sie einer höheren Macht als Staat, Gesellschaft und Liebe überantwortete.

60.

Weil die Leidenschaften der Madame Bovary so atemberaubend sind

Madame Bovary war 1856 gerade erst zensiert in der französischen Zeitung *La Revue de Paris* erschienen, da sah sich der Autor Gustave Flaubert schon mit einer Klage wegen Unsittlichkeit konfrontiert. Ja, auch das Frankreich in der Mitte des 19. Jahrhunderts zeigte sich zugeknöpft und wollte von Leidenschaft – so sie denn nicht den konventionellen Regeln entsprach – nichts wissen. Verherrlichung des Ehebruchs war der Vorwurf gegen Flaubert, denn seine liebe Emma Bovary hielt es nicht aus in den engen Grenzen ihrer Ehe und verliebte sich Hals über Kopf in einen anderen Mann, und das zweimal!

Aber was soll sie auch tun, die Arme, die einen Landarzt heiratet und sich ein schwungvolles gesellschaftliches Leben verspricht? Kommt einem bekannt vor? Klar! Bei *Effi Briest* ist die Lage ja ähnlich – nur dass die Bovary nicht in einem Provinzkaff an der Ostsee vereinsamt, sondern im ländlichen Frankreich. Dass ein abgelegenes Dorf kein Ort für eine Frau ist, die sich für die Welt interessiert, liegt nahe. Zu dumm, dass ihr ausgerechnet der junge Kanzlist Léon Dupuis ein Seelenverwandter ist, mit dem sie die

Leidenschaft zu Literatur und Musik teilt. Als er fortgeht, vermisst sie ihn wie eine große Liebe. Und da »diamonds a girl's best friend« sind, versteigt sich Emma Bovary in eine Luxussucht, um die Lücke, die Léon hinterlassen hat, irgendwie zu füllen. Doch Sehnsucht nach Leidenschaft lässt sich mit gefühllosen Schmuckstücken nicht befriedigen, man geht durch deren Erwerb höchstens bankrott.

Die Bovary verliebt sich ein zweites Mal, diesmal in den Gutsbesitzer Rodolphe Boulanger. Mit ihm will sie sogar fliehen, doch für ihn ist die verheiratete Dame nur ein netter Zeitvertreib. Also lässt er sie im entscheidenden Moment sitzen. Emmas Gatte Charles wittert das Bekümmernis seiner Frau, ohne den wahren Hintergrund zu ahnen. Um sie auf andere Gedanken zu bringen, chauffiert er sie ins Theater nach Rouen und unterschreibt damit, ohne es zu wissen, ihr Todesurteil: Im Theater trifft Emma ihren Léon wieder … und kann nicht widerstehen. Die Abwärtsspirale aus Lügen, Betrug und versteckten Liebesstunden nimmt volle Fahrt auf und stürzt die gesamte Familie Bovary ins Unglück.

Skandal! Dass eine wohlsituierte Frau ihren intimen Bedürfnissen nachgeht und den eigenen Ehemann und die gemeinsame Tochter vernachlässigt! Und damit nicht genug! Sie besitzt sogar die Unverschämtheit, unter dem Vorwand, Klavierstunden zu nehmen, regelmäßig zu ihrem Geliebten zu fahren und wonnevolle Stunden mit ihm zu verbringen.

Der französische Philosoph Jules de Gaultier prägte in seiner Forschungsarbeit den Begriff »Bovarysmus«. Flauberts Titelheldin als Grundlage nehmend, bezieht sich der Terminus auf weibliche Romangestalten, die sich beispielsweise aufgrund der Lektüre kitschiger Romane in eine Phantasiewelt flüchten, die natürlich nicht mit der realen Welt in Einklang gebracht werden kann. Henrik Ibsens Drama-Protagonistin *Hedda Gabler* und Edna Pontellier, Heldin aus Kate Chopins wunderbarem Roman *Das Erwachen*, sind zwei weitere bekannte Beispiele. Alle diese Damen empfinden das Leben als eine einzige Enttäuschung und versuchen, diesen Umstand mit anderen »Erlebnissen« zu kompensieren, sprich: durch eine Affäre mit einem anderen Mann, durch die sie eine Art Errettung erhoffen. Und das muss natürlich fehlschlagen …

Von der anderen Seite der Ehe, nämlich von der des Mannes, schreibt der Ungar Sándor Márai in einigen seiner Romane ab den 1930er Jahren. Sie spielen in der großbürgerlichen mitteleuropäischen Welt vor dem Zweiten Weltkrieg und zeigen, dass auch das starke Geschlecht seine Schwächen und Zweifel hat. Lange nach dem Tod von Sándor Márai wurden seine Bücher in den 2000er Jahren »wiederentdeckt« und auch in Deutschland neu oder erstmals aufgelegt. Unter ihnen moderne Klassiker wie *Die Nacht vor der Scheidung* (1935), *Wandlungen einer Ehe* (1941) und *Die Glut* (1942).

Zu Flaubert zurückgekehrt, könnte man endlos diskutieren, ob die Bovary nun eine selbstsüchtige Lebefrau ist (tatsächlich häuft sie Schulden an, ist indirekt schuld am frühen Tod ihres Mannes und an der Armut der Tochter) oder doch ein Opfer der gesellschaftlichen Umstände. Zumindest wurde Gustave Flaubert von dem Vorwurf freigesprochen, den Ehebruch als Akt der Selbstbehauptung zu verherrlichen. Das Buch konnte ungekürzt ein Jahr später (1857) erscheinen. Schaut man genauer hin, darf man sich sogar fragen, ob Flaubert nicht vielmehr die (möglichen) schrecklichen Folgen eines Ehebruchs dokumentiert hat: Ein kurzes Glück für ein endloses Leiden.

7. KAPITEL

Große und kleine Helden zwischen den Buchdeckeln

Weil man »Der Fänger im Roggen« gleich fünf Mal lesen kann und immer einem anderen Holden Caulfield begegnet

Auf meinem Schreibtisch stapeln sich die Romane von J. D. Salinger. Also, es stapelt sich eigentlich nur ein Roman, wenn ich genau bin. Denn seine *Neun Erzählungen, Franny und Zooey* sowie *Hebt den Dachbalken hoch, Zimmerleute* und *Seymour wird vorgestellt* stehen an ihrem angestammten Platz in der Bücherwand. Die Geschichte *Hapworth 16, 1924* gibt es nicht mal in Buchform, sie erschien lediglich 1965 im Magazin *The New Yorker*. Salinger hatte sich gegen eine spätere Buchveröffentlichung entschieden. Eine von vielen seltsamen Entscheidungen des Autors, der sich nach dem Erfolg mit seinem Kultprotagonisten Holden Caulfield aus seinem einzigen veröffentlichten Roman *Der Fänger im Roggen* (1951) völlig ins Private zurückzog und hinter hohen Mauern, quasi abgeschlossen von der Welt lebte. Trotz seines recht schmales Œuvres ist Salinger einer der weltweit meistgelesenen amerikanischen Autoren der Literaturgeschichte.

Entweder man ist drin im Holden-Caulfield-Fieber oder man ist draußen, ein Dazwischen gibt es nicht. Während das Buch für die einen belanglos und unglaubwürdig ist, ist es für die anderen sowas wie eine Bibel: ein Lamento über die Schwierigkeiten, jung zu sein, und ein Wegweiser für junge Menschen, wie sie in der Erwachsenenwelt klarkommen sollen, zu der sie fast schon gehören (aber eben nur fast!) und die ihnen so richtig auf den Wecker geht. Und das aus der Sicht eines frustrierten 16-Jährigen. Denn Holden ist unzufrieden mit sich und der Welt und er lässt seine Zuhörer daran teilhaben. Geteiltes Leid ist schließlich halbes Leid und Ist-Zustände können nun mal nur verändert werden, wenn man sie anspricht. Dass dabei eine Kanonade von Schimpfworten und Flüchen abgelassen wird, ist obligatorischer Bestandteil der Jugendsprache.

Ja, obligatorisch sind sie, die Kraftausdrücke der jungen Leute. Aber hallo, als das Buch erscheint, wird im Kalender gerade das Jahr 1951 angezeigt, das prüde amerikanische Jahrzehnt hat da gerade erst begonnen, und nicht nur dort, wenn man ehrlich ist! Zensiert, verschlimmbessert, verboten – die Liste der Aktionen rund um *Der Fänger im Roggen* ist lang. Auf unglaubliche 255 Mal »goddam« (verdammt) und noch vertretbare 44 Mal »fuck« (muss man wohl nicht übersetzen) stößt man bei der Lektüre des – Achtung! – Originals. Doch was bei uns auf dem Buchmarkt landete, hat zwar vier Jahrzehnte lang die Holden-Caulfield-Rezeption in Deutschland geprägt, doch vom »echten *Fänger*« konnten sich J.-D.-Salinger-Fans nur im englischen Original oder – man höre und staune – seit 2003 in einer deutschen Neuübersetzung unterhalten lassen.

Und damit komme ich wieder zurück zu dem Bücherberg auf meinem Schreibtisch. Ein Titel – viele Varianten, so könnte man eine seitenlange Abhandlung über die Veröffentlichungsgeschichte von *Der Fänger im Roggen* beginnen. Denn was 1951 auf dem amerikanischen Buchmarkt erschien, war eben nicht gleich das, was später in übersetzter Form in den Auslagen der deutschen Buchhandlungen präsentiert wurde. Die Schweizerin Irene Muehlon legte 1954 mit *Der Mann im Roggen* die erste deutschsprachige Variante des Buches vor, die aber nicht sonderlich viel Beachtung fand. Dass sie ziemlich antiquiert war und mit dem Sprachduktus des Originals wenig gemein hatte, ist aber nur zum Teil ihrer Verantwortung zuzuschreiben. Denn Muehlon übersetzte nicht etwa Salingers Original, sondern bereits eine entschärfte englische Version des Romans.

Acht Jahre dauerte es, bis schließlich der spätere Literaturnobelpreisträger Heinrich Böll Hand ans Werk legte und 1962 den ersten »*Fänger*« im Roggen vorlegte. Er arbeitete Muehlons Übersetzung anhand der britischen Penguin-Ausgabe durch (in der bereits gegenüber dem Original 800 Veränderungen vorgenommen worden waren) – Ergebnis war die Geschichte von Holden Caulfield in einem gepflegten Deutsch, die in den folgenden Jahrzehnten ein Millionenpublikum fand. Ein bisschen heile Welt steckt drin, trotz der Krisen um Schulabbruch, Sex, Vereinsamung und Zukunftsangst des Protagonisten. Das hat irgendwie auch den Charme dieser Ausgabe ausgemacht, auch wenn es wohl nicht ganz das gewesen sein dürfte, was Salinger sich bei der Erstveröffentlichung vorgestellt hatte.

Der deutsche Übersetzer Eike Schönfeld nahm sich des *Fängers im Roggen* an und hauchte ihm neues Leben ein. 2003 erschien seine komplette Neuübersetzung des Kultromans, nachdem 1995 bereits das englischsprachige Original in unveränderter Form als Buch zugänglich gemacht worden war. Schönfeld hat nicht etwa lediglich die Böll-Version entstaubt, sondern seine ganz eigene Sprache gefunden. Für heute (und auch früher) antiquiert wirkende Sätze hat er modernere, aber keineswegs unpassende Entsprechungen gesucht und gefunden, die Holden Caulfields Gedankengänge wunderbar einfangen und auch für heutige jugendliche Leser greifbar machen. Doch welche Ausgabe sollte man nun lesen? Am besten beide. So viel Zeit muss sein.

Holden Caulfield, seine kleine und weise Schwester Phoebe, sein perfekter (aber toter) Bruder Allie, sein anderer (als Autor in Hollywood erfolgreicher) Bruder D. B., die Nervensäge Robert Ackley, der versnobte Schulkamerad Stradlater, die beliebte Jane Gallagher, die Freundin Sally Hayes, der Lieblingslehrer Mr. Antolini – sie alle gehören zum kultigen Personenkarussell von Salingers Roman und haben nicht nur als Anspielungen und Zitate in der Literatur, sondern auch in der Musik und im Film ihren Niederschlag gefunden.

Ist es eigentlich schade, dass Salinger eine Verfilmung des Stoffes untersagt hat? Salinger selbst glaubte nicht, dass sein Roman adäquat in die Filmsprache übertragen werden könnte. In einem

Brief aus den 1950er Jahren jedoch hielt er eine Adaption durchaus für möglich – nach seinem Tod, damit er das Ergebnis nicht würde mit ansehen müssen oder falls seine Familie auf finanzielle Hilfen angewiesen sein sollte. Da sich *Der Fänger im Roggen* aber jährlich gut eine Viertelmillion Mal verkauft, dürfte dies wohl nicht der Auslöser einer Verfilmung werden.

Jetzt habe ich so viel von der Veröffentlichungshistorie berichtet und kaum etwas zu Holden Caulfields dreitägiger Odyssee durch New York nach seinem Schulverweis erzählt. Aber ich halte mich da mal an Holden selbst, denn das macht es einfacher: »Man sollte nie jemand etwas erzählen. Sonst fangen sie alle an, einem zu fehlen.«

62.

Weil Etzel Andergast die Wahrheit im Fall Maurizius sucht und dabei einen ungeheuren Justizskandal aufdeckt

Etzel Andergast möchte nur die Wahrheit herausfinden! Der 16-jährige Gymnasiast entdeckte kürzlich in den Arbeitspapieren seines Vaters, des Oberstaatsanwalts in Frankfurt am Main, ein Gnadengesuch von Peter Paul Maurizius. Er bittet wiederholt um die Freilassung seines vor mittlerweile 18 Jahren inhaftierten Sohnes. Der frühere Dozent Dr. Leonhart Maurizius war zu besagter Zeit des Mordes an seiner 15 Jahre älteren Frau verurteilt worden; die Beweggründe waren niedrig, es ging angeblich um das Erbe der bereits vor der zweiten Ehe Verwitweten. In dem folgenden Indizienprozess wurde Maurizius zu lebenslanger Haft verurteilt und fristet sein Dasein seitdem im Zuchthaus in Kressa.

Etzel, der mit dem Vater des Inhaftierten in Kontakt kommt, lässt sich von ihm von der Unschuld des Verurteilten überzeugen.

Er leiht sich von seiner Großmutter ohne Wissen des strengen Vaters 300 Mark und begibt sich heimlich nach Berlin, um den früheren Kronzeugen Gregor Waremme, der sich jetzt als »Privatlehrer, Philolog, Philosoph, Spieler, Salonlöwe, Weiberheld« Georg Warschauer versteckt hält, aufzuspüren. Er findet ihn schließlich, schleicht sich in sein Vertrauen und konfrontiert ihn mit dem Fall Maurizius. Nur dieser Mann kann die Wahrheit ans Licht bringen und den Justizirrtum von vor 18 Jahren aufklären. Mit der Wahrheit im Gepäck reist Etzel zurück nach Frankfurt, wo er seinem Vater – der sich unterdessen auch an die nochmalige Prüfung der Gerichtsakten gemacht hat – mit dem Ergebnis seiner Nachforschungen in Berlin zusetzt.

Einen Schönheitsfehler hatte der Oberstaatsanwalt unterdessen ausfindig gemacht: das fehlende Geständnis des Verurteilten. Der Hüter von Gesetz und Gerechtigkeit hat einen nicht wiedergutzumachenden Fehler begangen, Justitia hatte die Waagschale der Rechtlichkeit nicht blind über den Prozess gehalten.

Jakob Wassermann hielt mit seinem 1928 erschienenen Roman *Der Fall Maurizius*, dem ersten Teil seiner Etzel-Trilogie (die beiden Folgeteile *Etzel Andergast* und *Joseph Kerkhovens dritte Existenz* folgten 1931 beziehungsweise 1934), der Gesellschaft den Spiegel vor. Die gesellschaftlichen Werte des Humanismus waren im Kaiserreich nach der Jahrhundertwende erstarrt oder gar verloren gegangen, alles war nur noch »Talmi und Imitation«, »löcherig und fadenscheinig«. Es war eine Gesellschaft, die, ohne dass sie es merkte, auf den eigenen Zusammenbruch zusteuerte, was letztlich mit dem Ausbruch des Ersten Weltkriegs Wirklichkeit wurde. Da saß Leonhart Maurizius aber längst hinter Gittern. Doch auch die Politik der neuen, der ersten Republik in Deutschland ließ kein Erbarmen für den so blind Verurteilten zu.

Jakob Wassermann schildert in seinem spannenden Roman nicht nur die Folgen eines Justizirrtums und die damit einhergehende Diskussion über Schuld, Sühne und Gerechtigkeit, sondern er lässt den schwelenden Generationenkonflikt zwischen den in ihrem erstarrten Lebensentwurf eingerichteten Eltern und den nach Aufbruch und Bekenntnis hungernden Kindern der Weimarer Republik offen ausbrechen. Etzel spürt die Fehler seines fühllosen Vaters auf, der Fall des Kunstdozenten Maurizius – abgehakt zwei Jahre vor der Geburt des Jungen – schreit förmlich nach einer Wiederaufnahme, die die Mühlen der Justiz (und allen voran der Vater) nicht zulassen können. Ein Fehlurteil? Das ist doch gänzlich unmöglich, es würde dieses erstarrte System gefährlich ins Wanken bringen.

Und selbst als die Beweise für die Unschuld von Leonhart Maurizius auf dem Tisch liegen, wird es keine Aufhebung des Urteils geben, sondern lediglich eine Begnadigung. Das unschuldige Justizopfer hat sich noch für seine Freilassung zu bedanken. Ein Skandal für den Jungen, der seinen Vater, diesen uneinsichtigen Bürokraten, ganz allein für das Schicksal des Dozenten verantwortlich macht.

Bei Veröffentlichung des Buches fehlten nur noch fünf Jahre, bis Obrigkeitshörigkeit und falsche Ordnung die Welt am lebendigen Leibe langsam in Fetzen zu reißen begannen. Wassermanns Bücher – er war bis dahin einer der meistgelesenen Autoren des Reiches – wurden im Mai 1933 auf den Scheiterhaufen der Bücherverbrennungen vernichtet, jede weitere Verbreitung verboten. Finanziell und psychisch gebrochen starb Jakob Wassermann im Alter von nur 60 Jahren am 1. Januar 1934. Zeitlebens hatte in dem bekannten und geschätzten Schriftsteller die Hoffnung gewohnt, mit seinem Werk zu einem friedlichen Zusammenleben aller Völker beizutragen.

63

Weil keiner sonst so mutig gegen
Windmühlen kämpft wie Don Quijote

Miguel de Cervantes' Schelmenroman um den heldenmütigen Ritter *Don Quijote von der Mancha* (1605), der so tapfer gegen die Windmühlen kämpft, hat über 400 Jahre auf dem Buckel. Doch wie bei einem guten Wein steht auch bei einem guten Buch das Alter nicht für Verfall, sondern für eine besondere Güte. So kam es, dass sich im Jahr 2002 auf Einladung des Osloer Nobelkomitees und norwegischer Buchclubs 100 weltweit angesehene Schriftstellerinnen und Schriftsteller (unter ihnen Nadine Gordimer, Herta Müller, Paul Auster und Susan Sontag) an einer Abstimmung über das beste Buch der Welt beteiligten. Sie wählten Cervantes Roman mit großem Abstand auf Platz eins und ließen ihn die Spitzenposition gegen Gustave Flauberts Roman *Madame Bovary* behaupten.

Alonso Quijano heißt Cervantes' Held. Er ist ein unbedeutender Adliger in den Weiten Mittelspaniens und großer Fan von mittelalterlicher Ritterliteratur. Bücher über Bücher stapeln sich in seinem Haus, er verschlingt sie geradezu und denkt sich eines Tages: Ich möchte auch Ritter sein und solche Abenteuer erleben, wie sie in den Büchern beschrieben werden. Alonso Quijano fasst all seinen Mut zusammen, nennt sich fortan Don Quijote und zieht mit seinem Gaul Rosinante aus, nicht nur Abenteuer zu bestehen, sondern um nicht weniger zu tun, als die Welt zu retten und seine große Liebe Dulcinea, ein Bauernmädchen, in das er in Jugendzeiten mal verliebt gewesen war, seitdem aber auch nie mehr gesehen hat, zu erobern. Man kann sich denken, dass sich ihre Wege niemals kreuzen werden.

Wie sehr Bücher die Phantasie beflügeln und dem geneigten Leser dann und wann einen Streich spielen, wird an den »Abenteuern« Don Quijotes deutlich. Freilich existiert die Welt der Ritter, wie er sie aus den Büchern kennt, gar nicht oder nicht mehr. Aber wie seine rostige Ausrüstung zu einer strahlenden Ritterrüstung wird, verwandeln sich vor Don Quijotes Augen auch eine simple Schenke in ein Kastell und die Huren in feine Burgfräuleins. Wann immer der selbsternannte Ritter in einen Kampf zieht, erhält er ordentlich Prügel und gelangt nur noch mit Mühe und Not nach Hause. Der Barbier und der Pfarrer des Dorfes nehmen sich ein Herz und wollen Don Quijote vor sich selbst beschützen: Sie verbrennen bis auf zwei Ausnahmen alle Ritterromane und wähnen ihn von seinem Rittertraum(a) geheilt. Doch die beiden haben ihre Rechnung ohne den Don gemacht!

Don Quijote denkt gar nicht ans Aufhören und begibt sich mit seinem Stallmeister (der eigentlich ein einfacher Bauer namens Sancho Panza ist) auf eine zweite Abenteuerreise. Auf dieser kommt es zu Don Quijotes berühmtem Kampf gegen die Windmühlen, die er für verzauberte Riesen hält. Er stellt sich aber auch einer Hammelherde, in der er ein großes feindliches Heer erkennt, und im zweiten Teil des Romans heißt Don Quijote sogar einen Tierwärter die Türen zu einem Löwenkäfig öffnen …

Zwar versucht Sancho Panza immer wieder, seinen Ritter davon zu überzeugen, dass er sich ein wenig zu sehr seiner Phantasie hingibt und sich von der Wirklichkeit entfernt, aber Don Quijote will davon nichts hören. Er nimmt es lieber weiter mit imaginären Feinden auf und kehrt aus so manchem Kampf lediglich als Sieger der Herzen zurück. Erst auf dem Sterbebett erkennt er, dass er sich zu sehr von den Ritterromanen hat hinreißen lassen und so von einer Narretei in die nächste gestolpert ist.

Miguel Cervantes Roman *Don Quijote von der Mancha* ist auch 400 Jahre nach seiner ersten Veröffentlichung ein Musterbeispiel für den Kampf des kleinen Mannes gegen einen scheinbar übermächtigen Gegner, für das Verfechten von Idealen, die sich in der Wirklichkeit nicht immer durchsetzen lassen, und für einen tragikomischen Helden, der unfreiwillig beweist, dass in Büchern nicht immer nur Wahrheiten stehen und dass sich die Wirklichkeit einer sich technisch und gesellschaftlich ständig verändernden Welt gar nicht in all ihrer Umfänglichkeit in Büchern abbilden lässt. Und obwohl wir das auch dank Cervantes alles längst wissen, wollen wir doch einen Helm aus Pappe aufsetzen, einen alten Gaul an ein Seil binden und mit einem treuen Kumpan in die weite Welt losziehen, um den Kampf mit den Windmühlen aufzunehmen. Denn gegen die Phantasie sind wir eben alle machtlos. Gut so!

64.

Weil Winnetou so schön Frieden macht mit weißem Bruder

Karl May ist einer der meistgelesenen und meistübersetzten Kollegen, auf die die deutsche Schriftstellerriege blicken kann. Weltweit sind seine Werke rund 200 Millionen Mal über den Ladentisch gegangen. Weltweiten Ruhm fand er mit seinen Abenteuergeschichten, die vor allem im Vorderen Orient und im amerikanischen Wilden Westen spielen.

Detailverliebt und überzeugend stellt er sich oft als Ich-Erzähler auf die Seite der Schwachen. Sein Wissen über Land und Leute hatte May allerdings nicht auf zahlreichen Expeditionen zusammengetragen, sondern aus Fachliteratur gewonnen, zum Teil sogar übernommen. Karl May, den man zuallererst mit seinem Indianerhäuptling Winnetou in Verbindung bringt und der über das Leben der Indianer und ihre Schwierigkeiten mit den Weißen und Mexikanern und dem (Über-)Leben in der Wildnis geschrieben hat, konnte sich tatsächlich nur auf Entdeckungen anderer und seine Phantasie verlassen. Die Sammelbände *Winnetou I–III* (1893) hatte der Autor nämlich geschrieben, ohne auch nur ein einziges

Mal in Amerika gewesen zu sein. Ebenso ist es bei seinen Orient-Geschichten, die entstanden, ohne dass er auch nur einmal den Orientexpress bestiegen hätte.

Selten hat es in der Literaturgeschichte einen so seltsamen Fall wie den von Karl May gegeben. Zunächst hatte er nicht wenige Schwierigkeiten, ein geregeltes bürgerliches Leben zu führen. Nach mehreren Vorfällen – von Diebstahl über Hochstapelei bis Betrug – und ein paar längeren Aufenthalten im Zuchthaus schaffte May schließlich den Sprung in den literarischen Broterwerb. Das gelang ihm so gut, dass er irgendwann nicht mehr recht feststellen konnte, wann sein Ich-Erzähler Old Shatterhand anfing und er selbst, Karl May, aufhörte. May schuf die Legende, er sei selbst Old Shatterhand und würde also wahre Geschichten erzählen. Er ließ sich sogar vom örtlichen Büchsenmacher diejenigen Waffen anfertigen, die der Held der Abenteuergeschichten bei sich trug. Mays Verlag witterte ein gutes Geschäft und heizte die vermeint-lich echte Heldengeschichte noch an; selbst Leserpost wurde im Namen Old Shatterhands bereitwillig beantwortet, gern auch vom Autor selbst. Werbebilder Mays in passender Wildwestgarderobe gehörten natürlich auch dazu!

Karl May hat vor allem im deutschsprachigen Raum am Ende des 19. Jahrhunderts das Bild des amerikanischen Indianers und des Lebens im Wilden Westen mitgeprägt – auch wenn sich dies nicht immer ganz mit der Wahrheit deckte (und heute in Sachen Political Correctness auch nicht mehr durchgängig der Norm entspricht). Nicht nur seine Erzählungen, sondern auch Abenteuerberichte anderer Autoren erzählen die Geschichte von in der Natur lebenden Völkern, die sich so wesentlich von jenen in Europa unterschieden, wo die Industrialisierung Einzug hielt und die Menschen zu Knechten der modernen Wirtschaft machte. Die Indianer werden in Mays Werken – vor allem in der Figur Winnetou, einem freilich auch fiktiven Charakter – als gute Wilde dargestellt, die im Einklang mit der Natur leben und deren einziger Feind im Grunde der fremde Mensch ist, der sein Territorium erobert.

Wie zu erwarten war, kommt es zu kämpferischen Auseinandersetzungen zwischen Weißen und Indianern, bei denen Old Shatterhand Winnetou rettet, er durch widrige Umstände aber dennoch am Marterpfahl der Apachen landen soll, schließlich viel Mut im Zweikampf mit einem anderen Indianer beweist und das Vertrauen von Winnetou gewinnt. Die beiden schließen Blutsbrüderschaft und lernen seither voneinander. In den weiteren Wildwestabenteuern treffen die ungleichen Brüder nun regelmäßig zusammen und setzen sich gegen die Bösen und für das Gute ein.

In der Einleitung zum ersten *Winnetou*-Band geht Karl May schon gänzlich in seiner Old-Shatterhand-Rolle auf. Er bereitet seine Leser nicht nur auf ein großes Abenteuer vor, Karl May stimmt auch ein Lamento um das große, so unterschiedliche Volk der amerikanischen Ureinwohner an. Man wusste von deren Verdrängung aus ihren ursprünglichen Siedlungsgebieten in Reservate, von der tatsächlich physischen Vernichtung, die durch die Zerstörung der Lebensgrundlage und die Einfuhr von Alkohol und Krankheiten vorangetrieben wurde. Karl May hat diese historische Entwicklung mitverfolgt und will dem Volk jenseits des Ozeans ein literarisches Denkmal setzen. Erzählen will er vor allem von einem stolzen Krieger, der sein Freund war und den er liebte wie keinen zweiten Menschen, und der durch eine Kugel des weißen Mannes gestorben ist. Winnetou »aber […] soll nur körperlich gestorben sein und hier in diesen Blättern fortleben, wie er in meiner Seele lebt, er, Winnetou, der große Häuptling der Apachen.«

65

Weil Hamlets »Sein oder Nichtsein?« eine der meistzitierten Fragen der Literaturgeschichte ist und Shakespeares Tragödie ganz nebenbei einen herrlichen Stoff für eine Seifenoper hergibt

Ist es nun edler im Gemüt, Pfeile und Schleudern zu ertragen oder sich dem Schicksal zu stellen?, fragt sich William Shakespeares Held in der Tragödie *Hamlet, Prinz von Dänemark*. Hamlet nämlich zaudert, ob er sich für einen Kampf auf Leben und Tod entscheiden oder sich doch besser zurückziehen soll. Dabei ist er in einem Personengeflecht gefangen, das unlösbar miteinander verknüpft ist. Wird eine Komponente dieses filigranen Konstrukts verändert, droht das Ganze einzustürzen, die Charaktere fallen nacheinander um, wie Dominosteine in einer langen Reihe. Gut zu wissen, dass es sich bei *Hamlet* um ein Werk Shakespeares handelt, dessen literarische Güte seit Jahrhunderten unbestritten ist. Nimmt man die Charaktere jedoch aus ihrem historischen Kontext und sieht man über die Versdichtung hinweg, liegt mit *Hamlet* eine der wendungsreichsten und verstricktesten Seifenopern der Literaturgeschichte vor.

Das um 1600 herum angesetzte Stück ist ein Musterbeispiel für eine herrschaftliche Politik, wie man sie besser nicht gestalten sollte. Als Hamlet seinen berühmten Spruch »Sein oder Nichtsein; das ist hier die Frage« äußert, sind im dänischen Königshaus die Würfel längst gefallen, aber alle Asse sind noch nicht aus den Ärmeln der Mitspieler hervorgezaubert. Hamlet ringt mit sich: Rache oder einfach so weitermachen wie bisher? Der dänische Königssohn will nicht sterben (und er geht davon aus, dass der bevorstehende Kampf nicht unbedingt blutarm vonstattengehen wird), aber er kann auch nicht einfach so darüber hinweggehen, dass sein Vater von dessen Bruder ermordet wurde. Zu allem Überfluss hat der Onkel Claudius das Reich glauben gemacht, der König sei durch einen Schlangenbiss umgekommen. Wie es seinerzeit schicklich war, heiratet er schnell die verwitwete Schwägerin, und Hamlet hat nun einen neuen Papa bekommen. Als sein echter ihm als Geist erscheint und Hamlet dazu auffordert, seinen Tod zu rächen, ersinnt der Königssohn einen Plan, wie er den Stiefvater zu Fall bringen kann.

König Claudius wittert natürlich die Gefahr, die von Hamlet ausgeht. Er schickt den Stiefsohn nach England, wo er ihn umbringen lassen will, was jedoch erstmal nicht gelingt. Hamlet versucht, seiner Mutter die ganze Lage zu erklären und sie auf ihre Mitschuld hinzuweisen. Da ruft die Unselige um Hilfe, der Oberkämmerer Polonius tritt hinzu. Im Affekt tötet Hamlet den Mann, der ausgerechnet der Vater seiner Herzensdame Ophelia ist. Die verliert den Verstand und stirbt, und Hamlet muss sich nun – in Sinne der Satisfaktion – mit Ophelias Bruder Laertes duellieren. Laertes' Schwert ist vergiftet, sodass Hamlet auf jeden Fall zu Tode kommen soll – so der Plan von König Claudius. Der für eine Kampfpause bereitgestellte Wein ist ebenfalls vergiftet, sicher ist sicher!

Und es kommt, wie es kommen muss: Hamlet und Laertes verwunden sich gegenseitig tödlich, die Königinmutter trinkt dummerweise den vergifteten Pausenwein und stirbt, Hamlet entlarvt die Machenschaften von Claudius und ersticht ihn, bevor er selbst seinen letzten Atem aushaucht. Das dänische Königshaus hat sich am Ende von Shakespeares Tragödie selbst vernichtet, das Land fällt an die Norweger.

Doch das ist im Grunde erst der Anfang des Stückes, oder besser gesagt: Der Anfang von der Geschichte des Stückes. Seit der ersten Aufführung von *Hamlet* im Jahre 1602 hat es sich zu einem der meistzitierten und vor allem meistuntersuchten Produkte der Literaturgeschichte gemausert. Es fand nicht nur auf der Bühne und im Druck eine rasende und begeistert aufgenommene Verbreitung, auch die neuen Medien lassen von *Hamlet* nicht ab. Während die Literaturwissenschaftler jährlich Dutzende (wenn nicht sogar

Hunderte) Untersuchungen über den tragischen Helden veröffentlichen, landet das Stück weltweit kontinuierlich auf der Bühne und wird auch dann und wann fürs Kino neu verfilmt (mehr als 20 Filme gibt es bereits). Dass Shakespeares Figuren längst auch Einzug in den Fernseh-Seifenopern gehalten haben, geht da fast unter. Wenn man jedoch mal die Namen aus *Sturm der Liebe, California Clan, Alles was zählt* und Co. ersetzte, wäre man zweifellos mittendrin in einer Tragödie um ein dänisches Königshaus.

66.

Weil man denkt: Tu's nicht!
Und Werther schießt doch, jedes Mal!

Werther war eine Ikone des ausgehenden 18. Jahrhunderts, er war jung, gutaussehend und verliebt – nur leider hatte seine Liebe keine Zukunft. Denn die junge Dame war bereits verlobt. Johann Wolfgang von Goethe, mit 25 Lebensjahren damals noch ein Stürmer und Dränger, wie er im Buche steht, findet da für seinen unglückseligen Protagonisten nur einen logischen Ausweg aus dem Dilemma: eine unumkehrbare Begegnung mit einer geladenen Pistole – gekonnt in Szene gesetzt und bis zum Ende minutiös aus der Ich-Perspektive mitzuverfolgen. Denn *Die Leiden des jungen Werther* ist ein Briefroman, in dem der traurige Held sich mit detaillierten Schreiben an seinen Vertrauten und Freund Wilhelm wendet und ihm die Geschichte seiner Liebe zu Lotte erzählt.

Die junge Amtmannstochter lernt Werther demzufolge bei einem Ball kennen. Sie verstehen sich augenblicklich wie Seelenverwandte, was Werther dazu bringt, in der darauffolgenden Zeit die Nähe Lottens zu suchen. Es dauert jedoch nicht lange und Lottens Verlobter Albert taucht auf. Die beiden Männer freunden sich an, es entsteht eine platonische Dreiecksgeschichte, geprägt von gemeinsamen Unternehmungen und Gesprächen. Lotte und Albert heiraten, Werther bleibt der gute Freund des Hauses. Doch es heißt nicht umsonst: Zu zweit ein göttlich Mahl, zu dritt die reine Qual! Werther erkennt, dass er seine Gefühle für Lotte nicht kleinreden, sie aus Respekt vor Albert aber auch nicht ausleben kann. Als Lotte merkt, dass Werther sehr viel mehr als nur Freundschaft für sie empfindet, wendet sie sich brüskiert von ihm ab. Der junge Mann flüchtet und sucht nach einem Ausweg. Und den findet er bekanntlich auch.

Werther, der ohne seine Lotte alle Lebenslust verloren hat, tritt des Nachts ans Fenster seines Zimmers, still ist es und die Sterne blinken durch die am Himmel treibenden Wolken. »Es schlägt zwölfe! So sei es denn! Lotte! Lotte, lebe wohl! lebe wohl!« Die letzten Zeilen hat Werther kaum geschrieben, da drückt er ab. Am Morgen wird er gefunden, mittags ist er tot, abends wird er ins Grab hinabgesenkt.

Goethe war erst 25 Jahre alt, als er seinen *Werther* schrieb, der noch heute zum Literaturkanon gehört und regelmäßig in Unterrichtsstunden und Hochschulseminaren behandelt wird. Ein schlauer Fuchs war der Goethe, hatte aber die Folgen der Veröffentlichung des Briefromans nicht voraussehen können. Der Roman traf nicht nur den literarischen Geschmack seiner Generation, sondern wurde zum Evangelium aller unglücklich Verliebten, die sich aus der engen Gesellschaftsordnung des 18. Jahrhunderts befreien wollten. Einen echten Werther-Effekt zog die Veröffentlichung nach sich: Die geschickt konstruierten »Briefe« des Helden an seinen Freund/Nebenbuhler Albert wurden als echt betrachtet, hier lag also nichts Geringeres vor als das Klagelied eines Unglücklichen, das so vielen jungen Menschen aus dem Herzen sprach. Sie wollten sich kleiden wie Werther (»gestiefelt, im blauen Frack mit gelber Weste«), sie wollten lieben wie Werther, und am Ende wollten sie auch sterben wie Werther. Das Buch wurde deshalb unter anderem in Leipzig verboten, weil es angeblich in schönen Worten zum Selbstmord aufrufe; selbst das Tragen der Werther-Tracht war hier bis 1825 nicht gestattet!

Und hier kommen wir zu dem überraschenden Punkt, an dem Goethes Werther und ausgerechnet Hollywoodikone Marilyn Monroe etwas gemeinsam haben. Die Leiden des jungen Werther lösten eine Selbstmordwelle unter jungen Menschen aus (die nach heutigen Forschungen sehr viel kleiner war als früher gedacht), ein gleiches Phänomen konnte beobachtet werden, als die Titelseiten vom Tod der schon zu Lebzeiten legendären Schauspielerin Marilyn Monroe berichteten. Der amerikanische Soziologe David Philipps hatte Mitte der 1970er Jahre in einer Untersuchung festgestellt, dass die Zahl ähnlich motivierter oder umgesetzter Selbstmorde stieg, wenn die Medien über den Tod eines berühmten Menschen berichteten. Dieses Phänomen war bereits 200 Jahre zuvor nach dem Erscheinen von Goethes Werther zu beobachten gewesen.

Das im Herbst 1774 pünktlich zur Leipziger Buchmesse erschienene Buch avancierte zum Bestseller. Goethe wurde nicht nur in Deutschland zum Literaturstar, sondern in ganz Europa. Der Briefroman hat zahlreiche Nachbearbeitungen als Oper, Drama, Roman und Film erfahren. Schlag auf zwölfe und eine rauchende Pistole inklusive.

67.

Weil Gregor Samsa nach seiner Verwandlung zum Käfer zwar nicht unbedingt eine gute Figur macht, dafür aber so manche Wahrheit über seine Familie erfährt

»Als Gregor Samsa eines Morgens aus unruhigen Träumen erwachte, fand er sich in seinem Bett zu einem ungeheuren Ungeziefer verwandelt.« – Dieser Satz kommt uns doch irgendwie bekannt vor! Richtig. Beim Wettbewerb um den schönsten ersten Satz in

einem deutschsprachigen Buch nahm Franz Kafkas Erzählung
Die Verwandlung (1912) den zweiten Platz ein. Mit diesem ersten
Satz platzt Franz Kafka auch direkt hinein in das phantastisch-gro-
teske Geschehen um den noch jungen Handelsreisenden Gregor
Samsa, der nach getaner Arbeit am nächsten Morgen aufwacht und
plötzlich kein Mensch mehr ist, sondern ein riesiger und, wenn
man es mal ehrlich sagen soll, nicht gerade sehr ansehnlicher Käfer.

Wenn ein Mensch morgens nicht mit zwei Beinen und zwei
Armen aufwacht, sondern mit sechs dürren Käferbeinen, dann
riecht das schon verdammt nach einer unglaublich großen, schon
fast mit Händen fassbaren Metapher. Doch in *Die Verwandlung*
ist die Verwandlung zunächst tatsächlich wörtlich zu nehmen.
Gregor Samsa erwacht eines Morgens und ist ein Käfer. Und nicht
nur er sieht das so, sondern auch Mutter, Vater und Schwester, die
natürlich schockiert sind von der eher regressiven Entwicklung
des vierten Familienmitglieds. Das im Übrigen der Ernährer der
Familie ist, oder besser war.

Familie Samsa erholt sich gerade von den desaströsen Geschäf-
ten des Vaters. Als verantwortungsbewusster Sohn tut Gregor natürlich alles, um das Auskommen der Familie zu sichern, die Schulden des Vaters abzuarbeiten und im besten Falle auch noch das
Konservatorium für seine Schwester bezahlen zu können. Doch
was einmal mit großer Dankbarkeit entgegengenommen worden
war, ist jetzt zu einer Selbstverständlichkeit verkommen, Gregor
ist die Kuh, die ohne Rücksicht auf ihr Leben und ihre eigenen
Interessen gemolken wird.

Kafkaesker als *Die Verwandlung* könnte ein Werk kaum sein.
Als der Duden das Adjektiv 1973 in seinen Wortbestand aufnahm,
wurde es längst nicht mehr nur auf die Werke des in Prag geborenen Franz Kafka angewendet, sondern allgemein auf Werke, die
im Stile des Autors verfasst wurden. In ihnen werden Situationen
geschildert, in denen der Held oder die Heldin (in diesem Fall Gregor Samsa) Angst und Entfremdung erfahren, sich in einer absurd

gewordenen Lebenssituation wiederfinden und aus dieser keinen Ausweg erkennen können. Auch Gregor Samsa ist auf Gedeih und Verderb seiner Familie ausgeliefert, die den Sohn nach seiner sonderbaren Metamorphose sofort in seinem Zimmer wegschließt.

Zunächst glaubt der Handelsreisende noch an eine Genesung. Er kann ja nun nicht für immer ein Käfer bleiben, denkt Gregor sich, aber da hat er sich getäuscht. Die Familie räumt sein Zimmer aus (angeblich, um ihm mehr Bewegungsfreiheit zu schaffen), Untermieter werden aufgenommen, und plötzlich sind auch noch Ersparnisse vorhanden, von denen Gregor nichts geahnt hatte. Der Sohn/Käfer wird vollständig von der Familie isoliert, die sich vor ihm ekelt und seinen Tod wünscht. Der Käfer wird durch eine herabfallende Flasche verletzt, und der Vater wirft schließlich wutentbrannt einen Apfel nach dem Sohn, der in dessen Käferrücken steckenbleibt und langsam verfault. Gregor, der sich mittlerweile mit seinem Schicksal als Käfer abgefunden hat, verliert seinen Lebensmut, hört auf zu essen und stirbt schließlich. Eine Hausangestellte entsorgt das tote, zuvor lästig gewordene Familienmitglied.

Gregors Samsas Verwandlung zum Käfer ist zunächst zwar wörtlich zu nehmen, aber Kafka wäre nicht Kafka, wenn aus dieser im Grunde simplen Ausgangssituation nicht ein schier existenzialistischer Kampf des Einzelnen um seine Bedeutung als Individuum und Mensch werden würde. Die einstmals als nahbar wahrgenommene Familie (vor allem die Mutter und die Schwester) wandelt sich in Kafkas Erzählung in eine Gemeinschaft der Täuschung. Der Sohn ist nur so lange wichtig, wie er für die Familie sorgen kann. Als er selbst hilfsbedürftig wird und die Familie gezwungen ist, allein für den Unterhalt zu sorgen, ist er nicht mehr der Sohn, sondern lediglich eine Belastung, die es loszuwerden gilt. Dabei hatte sich Gregor vor allem in beruflicher Hinsicht für die Familie aufgeopfert, war, um deren Existenz zu sichern, strebsam und bedingungslos zur »Kreatur des Chefs, ohne Rückgrat und

Verstand« geworden. Seine allzu bereitwillige Selbstaufgabe zwingt ihn schließlich unvermittelt in sein Käferschicksal. Und die Familie, auf die er sich jetzt als Gegenleistung verlassen können dürfte, lässt ihn im Stich und nimmt seinen frühzeitigen Tod in Kauf.

Franz Kafkas Erzählung *Die Verwandlung* füllt nur vergleichsweise wenige Buchseiten, und doch ist sie vollgepackt mit Analogien und Metaphern, die auf den ersten Blick nur zu erahnen sind. Das Deutungsspektrum der Erzählung ist weitgefächert und seit 100 Jahren versuchen sich Literaturwissenschaftler und Schüler an einer geeigneten Interpretation. Am Ende stellen sie sich meist dieselben Fragen: Was zähle ich als Mensch? Was passiert, wenn ich in einer Notlage die Hilfe anderer brauche? Reicht es denn nicht aus, ein guter Mensch zu sein? Kafkas Antwort auf die letzte Frage wäre hier wohl unmissverständlich ein Wort mit vier Buchstaben.

68.

Weil Sherlock Holmes mit seinem untrüglichen Spürsinn quasi jeden Fall lösen kann

Die Polizei tappt im Dunkeln. Und dabei ist Tag in London. Acht Uhr morgens um genau zu sein, Big Ben hat eben zur vollen Stunde geschlagen. Unaufhaltsam rattert der Verkehr schon über die Tower Bridge, Händler, Kaufleute und die feine Gesellschaft in Fuhrwerken und Pferdekutschen. Nebel liegt über der Stadt, und nur am Ufer der Themse ist das gleichmäßige Rauschen des Flusses zu hören. London ist geschäftig, Pence und Schilling sind dieser Tage nicht einfach verdient. In den großen Fabriken kreischen die Maschinen, es ist, als könnte sie nur das Stöhnen der Arbeitskräfte ob ihrer mühevollen Beschäftigung übertönen.

Nur am Ufer der Themse, nahe der Lower Thames Street, wo die Fischhändler jeden Morgen ihre Waren zum Verkauf feilbieten, herrscht eine kühle Stille. Es ist, als hätte die Welt hier den Atem angehalten. In ihren regenfesten Mänteln harren die Händler der Dinge, die da kommen, derweil die Fische auf den Auslagen letzte verzweifelte Atemzüge versuchen. Ihr Schicksal ist besiegelt. Wie das jener Frau, deren geschundener Körper sachte von den auslaufenden Wellen der Themse umspült wird. Mord aus Eifersucht? Ein Raubmord? Ein Unfall? Die Polizei tappt im Dunkeln, New Scotland Yard ist eingeschaltet. Helfen kann aber nur einer, und der war just in diesem Moment an der Szenerie vorbeigeschlendert. Ihm allein ist aufgefallen, was niemand sonst bisher wahrgenommen hat. Ihm, *Sherlock Holmes*, ist sofort klar, um wen es sich handelt und wer ihre Mörderin ist.

Denn Dr. Watson hatte dem Privatdetektiv doch gerade neulich bei einer gemeinsamen Tasse Tee eine Mitteilung aus der Klatschpresse vorgetragen. Wie manches Mal hat der treue Freund, der neuerdings auch Holmes' Mitbewohner in der Baker Street 221b ist, einen wichtigen Impuls für die Arbeit des Detektivs geliefert, der sich diesmal ganz ungefragt in die Ermittlungen einklinkt.

Zugegeben, das hier ist natürlich nur ein fiktiver Fall von Arthur Conan Doyles Detektiv Sherlock Holmes, der tatsächlich in vier Romanen und 56 Erzählungen zum ermittlerischen Einsatz gelangte. Wurden die ersten beiden Romane (*Eine Studie in Scharlachrot*; 1887, und *Das Zeichen der Vier*; 1890) noch recht sträflich vom Publikum wahrgenommen, änderte sich dies mit der Veröffentlichung der ersten kürzeren Erzählung (*Ein Skandal in Böhmen*; 1891). Der Detektiv konnte sich seitdem eines größeren Fankreises erfreuen und regelmäßig auf Ermittlungsarbeit gehen.

Arthur Conan Doyle war selbst Fan von Kriminalgeschichten, das Schreiben in diesem Sujet lag also nahe. Doch wollte Doyle einen aus seiner Sicht eklatanten Mangel ausräumen: Die Geschichten, die er las, waren oft sehr konstruiert, meist führte irgendein Zufall zur Aufklärung eines Falles, manchmal war gar nicht klar, wie der Ermittler auf das entscheidende Indiz gestoßen war. Doyles eigener Held sollte mittels seines analytischen Denkens und wissenschaftlicher Methoden den Sachverhalt durchschauen, auf die richtige Spur des Täters kommen und nachvollziehbare Beweise vorlegen.

Die Figur Sherlock Holmes genoss in den folgenden Jahren eine ungemeine Popularität. Während sich die Leser lesehungrig auf jede neue Geschichte freuten, haderte Doyle mit dem Schicksal seines Helden, der langsam zur Schicksalsfigur des Lebens des Autors selbst wurde. Zu viel seiner Lebenskraft investierte Doyle nach eigenen Aussagen in den Detektiv. Um ihn loszuwerden, trieb Doyle die Kosten für seine Geschichten in die Höhe. Doch das kümmerte den Verlag wenig, weil die Verkaufszahlen stimmten. So blieb nur noch der Tod. Und bevor Doyle selbigen fand, opferte er lieber seinen Sherlock. Doyles Mutter, ein großer Fan der Detektivreihe, flehte ihren Sohn an, den Ermittler nicht sterben zu lassen – doch ohne Erfolg. 1893 verfasste der Autor *Der letzte Fall* von Sherlock Holmes, inklusive spektakulärem Todessturz.

In Gedanken hatte Arthur Conan Doyle vielleicht mit seinem Helden abgeschlossen, aber nicht im Herzen. Kein Wunder also, dass Sherlock Holmes acht Jahre später wieder auf der Bildfläche erschien: *Der Hund von Baskerville* (1901) wurde eine der bekanntesten Detektivgeschichten überhaupt. Spielte dieser Roman noch vor dem früher geschilderten Tod, kam es für die folgenden Geschichten zunächst zu einem Wiederaufleben des Helden. Der Sturz in die Tiefe, der Sherlock Holmes vermeintlich das Leben gekostet hatte, hatte vom Detektiv abgewendet werden können. Für ein paar Jahre hatte er dann inkognito gelebt, bis er wieder in seine alte Arbeit zurückkehrte. So einfach war das!

69

Weil Tom und Huck von den Toten auferstehen und noch so manch anderes haarsträubendes Abenteuer erleben

Tom Sawyer ist ein Lausebengel, wie er im Buche steht, und sein bester Freund Huckleberry Finn steht ihm dabei keinen Deut nach. Der amerikanische Autor Mark Twain hat den beiden mit *Die Abenteuer des Tom Sawyer* (1876) ein literarisches Denkmal gesetzt, das seit gut 140 Jahren die Streichlust von Kindern (und junggebliebenen Erwachsenen) entfacht und dazu einlädt, sich gegen die Erwachsenen zu verschwören und sein eigenes Ding zu drehen.

Es ist die Geschichte vom Underdog und vom Außenseiter, die sich für ein besseres Leben einsetzen und dabei auch diejenigen nicht vergessen, die ihren Lebensweg begleiten. Mark Twain begab sich in seinem Erzählen dabei auf einen ganz neuen Pfad. Er entfernte sich vom steifen Englisch gebildeter Mädchen und Jungen (die die damals übliche Zielgruppe für solche Romane bildeten) und schrieb lieber in einem Ton, wie er unter Kindern üblich ist: ungekünstelt, manchmal ein bisschen rau, dabei aber immer aufrichtig und nah dran am Leben. Twain verarbeitete eigene Kindheitserlebnisse und zeigte eine Welt, wie sie sozusagen von unten wahrgenommen wird, auf Augenhöhe der Mädchen und Jungen.

Diese Rechnung ist für Mark Twain aufgegangen; da wohnte er aber längst nicht mehr in seiner Heimatstadt Hannibal (die die Vorlage für die Romanstadt St. Petersburg wurde), sondern im vornehmen Hartford, war verheiratet und recht wohlhabend. Die Zeiten, da der als Samuel Langhorne Clemens geborene Twain mit seiner Familie in armen Verhältnissen leben musste (ja, die Familie war 1842 sogar gezwungen, ihre einzige Sklavin zu verkaufen …), waren vorbei. Doch wie bedrückend auch die Kindheit gewesen sein mag, es hat immer Ereignisse gegeben, an die es sich zu erinnern lohnte. Diese holte Mark Twain für seine beiden Romane noch einmal zurück und ließ sie seine beiden berühmtesten Figuren durchleben – laut Ernest Hemingway übrigens das Beste, was die amerikanische Literatur bis dato zu bieten hatte.

Während Tom mit seinem Halbbruder Sid bei Tante Polly wohnt und aufwächst (beide Eltern sind tot), hat Huck keinen festen Wohnsitz, ist also ein richtiger Streuner. Auch seine Mutter lebt nicht mehr, und vom Vater, einem stadtbekannten Säufer, ist nichts zu erwarten. Tom ist im Grunde Hucks Familie, also kommt es nicht von ungefähr, dass die beiden durch dick und dünn gehen.

Eines Nachts beobachten die beiden auf dem Friedhof den Mord am jungen Dorfarzt Robinson. Völlig schockiert über das Gesehene, schwören die Jungs einander, nie etwas über diese Nacht preiszugeben. Doch es dauert nicht lange, und ein falscher Verdächtiger (Muff Potter) wird in Haft genommen. Um auf andere Gedanken zu kommen, beschließen Tom und Huck, Piraten zu werden. Auf einer kleinen Insel mitten im Mississippi richten sie sich ein und genießen ihr Leben in absoluter Freiheit. Hier gelten weder die Gesetze des Ortes noch die strengen Regeln von Tante Polly! Dabei ist die ganze Ortschaft in Trauer, denn alle glauben, die Jungen wären ertrunken. Da gibt es doch wahrlich keine bessere Gelegenheit, von den Toten aufzuerstehen, als auf der eigenen Trauerfeier! Der Plan geht vollkommen auf und die Wiedergekehrten werden mit großer Freude willkommen geheißen.

Während ihres Piratenabenteuers ist das Leben im Ort natürlich weitergegangen, und so steht der Landstreicher Muff Potter wegen Mordes vor Gericht – ihm droht der Galgen. So dreist Tom und Huck manches Mal auch sind, Mark Twain hat seine jugendlichen Helden mit einem gehörigen Sinn für Gerechtigkeit ausgestattet. Der wird im zweiten Jungens-Band *Die Abenteuer des Huckleberry Finn* (1884) noch einmal ganz besonders zu Tage treten, wenn Huck mit dem Sklaven Jim auf dem Mississippi die Flucht in die

Freiheit in Angriff nimmt. Doch vorerst geht es darum, das Leben von Muff Potter zu retten.

Um es kurz zu machen: Tom bricht sein Schweigen und bringt den wahren Mörder des Doktors vor Gericht. Zu dumm, dass der jedoch fliehen kann und Tom nun in Todesangst lebt. Doch wie es der Zufall so will: Das Problem löst sich irgendwann quasi von selbst, dann finden Tom und Huck noch einen großen Schatz, Huck wird von einer Witwe adoptiert, und so schlimm ist für Tom das Leben bei Tante Polly auch nicht.

Doch Freigeister mögen das Leben nach festgesetzten Regeln und Tagesabläufen nicht. Huck mag zwar seine Adoptivmutter, aber immer ordentlich bei Tisch sitzen und diese viel zu starren Klamotten tragen zu müssen, ist auf die Dauer einfach nicht auszuhalten. Und dann ist da plötzlich auch wieder der Säufervater, der vom Geld des Jungen gehört hat und seinen (unverdienten) Teil abhaben will. Huck bleibt also nur noch die Flucht.

Der große amerikanische Traum von der Freiheit – die laut Verfassung für jeden gilt – beginnt für Huck auf einem Floß auf dem Mississippi. Bei ihm ist ein wahrer Leidensgenosse, der Sklave Jim, für den die Werte und Rechte der Verfassung nicht gelten und der kurz vor dem Verkauf in eine andere Stadt steht. Gemeinsam machen sie sich auf den Weg, um der Ungerechtigkeit zu entfliehen und die Freiheit – auch von der Sklaverei – zu erlangen. Und wir Leserinnen und Leser bitten, an Bord kommen zu dürfen.

70.

Weil Guy Montag um jedes einzelne Buch kämpft

Früher war die Feuerwehr da, um Brände zu löschen, jetzt rückt sie als Staatlicher Ordnungsdienst aus, um sie zu legen. Im autoritären Staat von Ray Bradburys Roman *Fahrenheit 451* geht es

Büchern an den Kragen. Die Temperaturangabe (in Grad Celsius wären das 232,8 Grad) beschreibt den Punkt auf dem Thermometer, wenn Bücherpapier Feuer fängt und verbrennt. Die politische Führung hält ihre Bevölkerung mit Drogen und Videoleinwänden unter Kontrolle, die Phantasiewelten erzeugen und vom eigenen Denken und Fühlen abbringen. Bücher, Relikte aus einer vergangenen Zeit, werden als Ursprung von Auflehnung, Charakter und eigener Meinungsbildung angesehen und gefährden natürlich die diktatorische Ordnung.

Guy Montag ist ein ganz eifriger Mitarbeiter des Staatlichen Ordnungsdienstes. Welch Vergnügen es ihm bereitet, wenn Bücher Feuer fangen und am besten auf einem großen Haufen zusammengebracht verbrennen! Er ist Teil des politischen Systems und hat es verlernt, Dinge und Begebenheiten zu hinterfragen. Die Führung hat sogar die Geschichtsbücher gefälscht: Die Feuerwehrordnung stammt demnach aus dem Jahr 1790, erster Feuerwehrmann war Benjamin Franklin. Bücher aus dem alten Mutterland England sollten in den Kolonien verbrannt werden, so die Mär.

Wichtig ist Guy Montag die Ausführung seines Job. Dass es während der Auslöschung der Bücher auch zur Auslöschung von Existenzen kommt, ist Teil des Berufes. Auch er ist, ohne dass es ihm klar wäre, gefangen in dieser futuristischen Welt, in der die Menschen anonymisiert werden und in einem Überwachungs- und Denunziationsstaat leben, in dem jeder sicher scheint, doch niemals wirklich sicher ist. Ein falsches Wort genügt, und die staatlichen Eingrifftruppen setzen sich in Bewegung.

Die Freude für seine tägliche Arbeit, die übrigens von der Bevölkerung mit Wohlwollen und Unterstützung bedacht wird, bekommt jedoch einen jähen Knacks, als er dem 17-jährigen Mädchen Clarisse begegnet. Sie stammt aus einer Familie, in der man Individualität, Freiheit und Bücher wertschätzt, natürlich im Geheimen, denn bei einer Aufdeckung drohten sofortige Sanktionen. Guy Montag hat Angst vor dieser Clarisse und mehr noch vor dem, was sie ihm offenbart. Diese Offenbarungen lägen eigentlich bar auf der Hand, hätte man nur den kritischen Blick auf die Zustände nicht verloren, ja hätte man sich nicht ideologisch so sehr gefangennehmen lassen. Denn man bekommt nicht mehr mit, dass die Videoleinwände zuhause eine falsche Realität herstellen und die Menschen zu Gefangenen in ihrem eigenen Haus machen.

Er müsste das Mädchen anzeigen, ihr Haus und ihre Bücher vernichten, aber sie vermag es, einen Funken Skepsis in ihm zu säen, der mit jedem weiteren Wort keimt und aufblüht. Clarisse öffnet ihm die Augen für die Menschen und das Leben. Dann verschwindet Clarisse …

Ein Buch ist ein Buch ist ein Buch – und Guy Montag erkennt, dass sie das Gewissen und die verlorene Erinnerung der Menschheit sind, dass die wenigen beschützt und nicht vernichtet werden dürfen. So fängt er an, an seinen Einsatzorten heimlich Bücher zu retten und sie bei sich zuhause zu verstecken. Bis auch er denunziert wird und fliehen muss. Er schließt sich einer Gruppe Flüchtiger an, deren Zahl immer mehr wächst. Sie hatten einst ein Lieblingsbuch, das es aber seit langer Zeit nicht mehr gibt, das sie aber nicht vergessen wollen. Sie tragen es in sich, und wenn man genau hinhört, erzählen sie es Wort für Wort und bewahren es für bessere Zeiten. Guy Montag ist nun einer von ihnen.

8. KAPITEL

Dauerbrenner

*Weil Robinson Crusoe seit 300 Jahren immer
und immer wieder auf seiner einsamen Insel landet,
Freitag zum Christenmenschen macht
und zuhause längst ein reicher Mann ist*

Dauerbrenner vereinen gleich mehrere Attribute unter einem Buchdeckel. Daniel Defoes *Robinson Crusoe* ist da ein exzellentes Beispiel: Der Text ist unheimlich alt (er stammt aus dem Jahr 1719) und erfolgreich, er gilt als der erste englische Roman und begründete sogleich ein eigenes Genre, die Robinsonade. Und das ist keine Brause. Darunter versteht man seither jene Geschichten um Menschen, die ihr Leben allein oder in einer kleinen Gruppe, vor allem aber abgeschlossen von der zivilisierten Welt verbringen – gern auch mit vorhergehendem Schiffbruch. In moderneren Geschichten darf es auch ein Flugzeugabsturz sein.

Die brennende Frage ist: Wie kommt der Protagonist in einer für ihn unbekannten Umwelt klar und wie gestaltet sich – wenn er denn nicht allein ist – das Zusammensein mit seinen Schicksalsgenossen? Leserinnen und Leser, die in diesem Moment an die US-amerikanische Serie *Lost* gedacht haben, in der es nicht nur einen Flugzeugabsturz, sondern regelmäßig auch unfreiwillige Tote gibt, dürfen sich ein Bienchen eintragen. Aber auch Literaturfreunde, die sogleich Jules Vernes *Die geheimnisvolle Insel* (1874/75), William Goldings *Herr der Fliegen* (1954) oder Yann Martels *Schiffbruch mit Tiger* (2001) auf dem Merkzettel hatten, haben das Prinzip der Robinsonade erkannt.

Mit weit entfernten Gegenden kannte sich der Londoner Kaufmann Daniel Defoe bestens aus, zumindest auf dem Papier. Denn er betrieb Handel mit den englischen Kolonien in Amerika. Freilich hat er sich nicht selbst auf eines der mit Waren gefüllten Schiffe begeben, die in Richtung neue Welt segelten. Dafür gab es schließlich erfahrene Seemänner und andere Lebensmüde. Einer von ihnen war Alexander Selkirk. Der junge Mann ging mit knapp 20 Jahren zum ersten Mal zur See und blieb diesem Abenteuer auch bis zum Ende seines Lebens treu. Bevor er vor der afrikanischen Westküste ein echtes Seemannsgrab erhielt, kreuzte er im Ozean zwischen Europa und Amerika.

Im Jahr 1704, er war gerade 28 Jahre alt und ein kraftstrotzender Kerl, legte sein Dienstschiff bei der Insel »Más a Tierra« vor der chilenischen Küste an. (Die Insel heißt übrigens seit 1966 auf Geheiß der chilenischen Regierung tatsächlich Robinson-Crusoe-Insel!) Hier wollte die Mannschaft neue Vorräte herbeischaffen und dann weitersegeln. Selkirk fiel jedoch auf, dass der Rumpf des Schiffes beschädigt war, und wandte alle Überredungskunst an, seine Kameraden davon zu überzeugen, samt ihm auf der Insel zu bleiben. Ob die anderen über diese abstruse Idee gelacht haben, kann nur gemutmaßt werden. Sicher ist allerdings, dass das Schiff wenig später unterging und viele Seeleute in den Tod riss. Derweil saß Alexander Selkirk für über vier Jahre allein auf der Insel fest, bevor er 1709 von einem Schiff errettet wurde. Der englische Zeitschriftenautor Richard Steele zeichnete die Geschichte des wagemutigen Seemanns auf und lieferte damit die Vorlage für Daniel Defoes berühmten Roman *Robinson Crusoe*.

Der Held in Defoes Roman ist der Sohn eines Kaufmanns und, wie sein Vater immer wieder betont, ganz bestimmt nicht für den Dienst auf See geschaffen. Aber der Sohnemann hört nicht und wird prompt während einer seiner ersten Fahrten von Piraten versklavt. Zwei Jahre später gelingt ihm die Flucht. Er reist nach Brasilien, erarbeitet sich dort eine Plantage und macht sich auf den Weg, um schwarze Sklaven aus Guinea (Afrika) zu holen. Unterwegs erleidet der Segler Schiffbruch und landet als einziger Überlebender auf einer einsamen Insel. Robinson, der nicht auf den Kopf gefallen ist, rettet aus dem Schiffswrack alles, was sein selbstgebautes Floß tragen kann, wenig später hat es ein Sturm weggetragen. Als der einsame Held ein Holzkreuz errichtet und eine Kerbe für den ersten Tag einritzt, kann er noch nicht ahnen, dass er 28 Jahre auf der Insel wird verbringen müssen.

Gut, dass er über ausreichend Geschick verfügt! Und das nicht nur für Waffen, die er vom Schiff gerettet hatte, sondern auch für die Einrichtung einer Unterkunft, die Bändigung von wilden Ziegen und den Kampf mit unliebsamen Inselbesuchern, die dort dann und wann ein Festmahl abzuhalten pflegen. Um es mal schlicht auszudrücken: Hätten die Leute Robinson zum Essen eingeladen, wäre er nicht am, sondern auf dem Tisch gelandet, am Spieß gebraten oder in einer netten Bouillon gekocht worden.

Einer der Kannibalenmahlzeiten gelingt die Flucht und rettet sich in Robinsons Unterkunft. Ein schneller Blick auf den Kerbenkalender zeigt, dass Freitag ist – der Name für den neuen Gefährten (zur Erinnerung: Freitag) ist schon mal gefunden. Nun macht sich Robinson noch daran, dem Wilden das Wilde auszutreiben und einen guten Christenmenschen aus ihm zu machen. Allerlei Abenteuer bestehen die beiden so unterschiedlichen Herren, bis nicht nur weitere Schiffbrüchige an Land kommen und andere Kannibalenopfer gerettet werden, sondern zuletzt auch ein Schiff für die Heimfahrt erobert wird. Nach 35 Jahren Abwesenheit erreicht der tapfere Seemann seine Heimat. Aber wer glaubt, dass hier das Abenteuer schon aufhört, der sollte jetzt noch einmal zu Daniel Defoes Roman *Robinson Crusoe* greifen.

72.

Weil bei Shakespeare am Ende die Liebe sogar über den Tod siegt

Am Ende siegt die Liebe sogar über den Tod hinaus – nur schade, dass die beiden Hauptfiguren in *Romeo und Julia* (wahrscheinlich aus dem Jahr 1596) das nicht mehr miterleben. Sie liegen nämlich, sanft im Todeskampf übereinandergebettet, in der Capulet'schen Gruft. Julia, die einen Trank aus den Händen des Franziskaners Lorenzo eingenommen und ihren Tod vorgegaukelt hatte, war in ihrem steinernen Grab gerade in dem Moment wieder zum Leben erwacht, als ihr geliebter Romeo sich selbst das Leben mit Gift genommen hatte und an ihrer Seite starb. Julia greift nach Romeos Dolch und richtet sich, ein letztes Mal liegen die warmen Körper beieinander, vereint im Tod, für immer.

Dabei hatte doch alles so von Wundern voll und ganz per Zufall begonnen, als sich Romeo und Julia bei einem Maskenball der Capulets zum ersten Mal über den Weg liefen. Hier hatten sich Romeo und sein Vetter Benvolio und deren Freund Mercutio eingeschlichen. Es ist die Liebe auf den ersten Blick schlechthin, und alles, was nach Shakespeares Tragödie auf den Seiten der Weltliteratur Zugang fand, scheint in der letzten Konsequenz immer nur ein Abbild dieser beiden Liebenden zu sein, die gegen die eigenen Eltern und die Gesellschaft aufbegehren. Dabei hatte sich Shakespeare übrigens selbst großzügig bei anderen literarischen Vorlagen bedient.

Wie der Zufall sie zusammenführte, so wird er es auch sein, der ihr Schicksal besiegelt. Wie eh und je kochen die Gemüter hoch, wenn Anhänger der Häuser Montague und Capulet aufeinandertreffen. Bis an einem Tage nach einer Rauferei zwei Tote auf dem Platze liegen – Mercutio, getötet von Julias Vetter Tybalt, und ebenjener selbst, aus Rache getötet von Romeo. Der Heißsporn wird verbannt. Die Nachricht über den nur inszenierten Tod seiner großen Liebe erreicht ihn in der Verbannung aufgrund einer Pestepidemie nicht. So glaubt er, Julia sei wirklich gestorben. Als er sie leblos in der Familiengruft findet, greift er zum Gift, zu spät merkt er, dass Julia noch lebt.

Die Tragödie um die beiden Liebenden, die sich nicht lieben durften, hat in den vergangenen fast fünf Jahrhunderten die romantische Phantasie der Menschen beflügelt. Die Intensität, die Shakespeares traurige Helden ausstrahlen, ist wie ein direkter Griff ans Herz: Einmal nur die unmittelbare Liebe so fühlen wie Julia, einmal dieses pulsierende Glück spüren wie Romeo. Ihr zärtliches Miteinander währte nur kurz und wirkt auch heute noch – egal ob man den Stoff liest, ihn auf der Schauspiel- oder Tanzbühne oder im Kino sieht – so erfrischend und nah an der Gefühlswelt junger Menschen. Hals über Kopf der Liebe verfallen, nicht nach einem Morgen fragen, ohne Grenzen lieben und immer in der Gewissheit, dass sie ewig dauern wird. Diese Liebe bleibt jung und zuversichtlich, diese Liebe lebt über den Tod hinaus.

73.

Weil nicht einmal eine Kabale die Liebe zwischen Ferdinand und Luise zerstören kann

Ohne Liebe, Tod und tote Liebende geht es in diesem Buch über Bücher offenbar nicht! Und man könnte sich durchaus fragen, warum eine Vielzahl von Autoren so darauf versessen ist, Glück und Unglück miteinander zu vermengen. Oder geht das eine gar nicht ohne das andere, bedingen sie beide einander? Das wären dann allerdings düstere Vorzeichen für alle Liebenden, die noch kommen – im Buch und im echten Leben.

Friedrich von Schiller ist mit seinem Liebespaar Ferdinand und Luise aus *Kabale und Liebe* (1784) also keineswegs ein Außenseiter, sondern mittendrin im Herzeleid mit anmutenden Liebesschwüren, vermuteten Affären und zugemuteten Giftcocktails. Die Liebenden teilen nur wenige Stunden des Glücks, ehe das Schicksal wie ein tageshelle Blitz krachend in die heimelige Szenerie saust und eine Katastrophe in Gang setzt, die niemand mehr aufzuhalten vermag.

Schillers bürgerliches Trauerspiel ist ein Werk der Sturm-und-Drang-Epoche, in der nicht nur die Gefühle der Protagonisten verrücktspielen, sondern gleich das ganze Standeswesen durcheinandergerät. Die Tragödien auf den großen Theaterbühnen zeigen seit Lessings *Emilia Galotti* nun nämlich nicht mehr nur die Beziehungen in den gehobenen Kreisen, jetzt rückt das Bürgertum nach. Und da Liebe bekanntlich keine Grenzen kennt, gibt es freilich auch Liebende über die alten Standesgrenzen hinweg. Dass die Väter beider Liebenden damit nicht einverstanden sind, kann man sich irgendwie schon denken.

Der Standesdünkel der Adligen, die sich noch immer für etwas Besseres, für eine von Gott begnadete Menschenauswahl halten, und der neue Standesstolz der Bürgerlichen, die sich lange genug von den Adligen haben auf der Nase herumtanzen lassen, prallen aufeinander und bieten den Zündstoff für eine explosive Figurenkonstellation. Schiller rechnet in seinem Trauerspiel mit der artifiziellen Welt des Hofes ab: Gekünstelte Manierismen, Intrigen und Mätressentum gehen einher mit einer allgemeinen Gefühlskälte gegenüber den Untergebenen. Man denke allein daran, dass der Landesvater Männer als Soldaten für den Kolonialkrieg in Amerika verkauft, um seinen eigenen ausschweifenden Lebenswandel zu bezahlen. Dem stellt Schiller das bürgerliche Volk gegenüber, das mit einer mitunter derben Sprache aufwartet, recht einfach daherkommt, aber an Ehre und Gewissen glaubt.

Auch Luise Miller glaubt an die Macht der Ehre und des Eides. Deswegen schreibt sie unter dem Diktat des hinterhältigen Sekretärs Wurm einen fingierten Liebesbrief an den Hofmarschall von Kalb. Nur so, glaubt sie, kann sie ihre kurz zuvor grundlos verhafteten Eltern aus dem Kerker befreien. Der falsche Liebesbrief wird Ferdinand von Walter zugespielt, ihrem Geliebten, der der Sohn des Präsidenten am Hof eines deutschen Fürsten ist. Um die eigene Macht zu sichern, soll der Sohnemann natürlich keine mittellose Bürgerliche heiraten, sondern er ist bereits als Ehemann für die

Mätresse des Fürsten vorgesehen: Lady Milford. Die gibt erst durch gutes Zureden Luisens die Heiratspläne auf und verlässt das Land, um fortan ein ehrbares Leben zu führen. Doch da sind alle Messen schon gesungen.

Ferdinand hat nämlich längst den Glauben an Luise verloren und ist von Eifersucht und Rachegelüsten gepeinigt. Er sieht keinen anderen Ausweg, als Luise und sich selbst zu vergiften, um dem unseligen Spiel aus Liebe, Verrat und Eifersucht ein Ende zu machen. Vom Gift schon umnebelt gesteht Luise, dass der Liebesbrief an den Hofmarschall gefälscht war: »Himmel und Erde hat nichts Unglückseligers als dich – Ich sterbe unschuldig, Ferdinand.« Auch der Held kämpft schon mit dem Tod, will noch Rache am Vater nehmen und fällt vor der sterbenden Luise nieder: »Halt! Halt! Entspringe mir nicht, Engel des Himmels!« Aber da ist es bereits zu spät. Der sterbende Ferdinand vergibt seinem Vater, der sich wiederum der Gerichtsbarkeit stellen will.

Ein Happy End sieht aber anders aus, wird sich jeder Romantiker jetzt denken. Aber um die beiden Liebenden geht es Schiller gar nicht so explizit. Sie sind, wenn man so will, nur die willfährigen Bauernopfer, die der Autor benötigt, um der Welt den Spiegel vorzuhalten. Gerechtigkeit und Sühne werden erst auf Basis des Todes möglich: Ferdinand und Luise vergeben einander und versichern sich ihrer Liebe. Lady Milford erkennt, dass für die Bezahlung ihrer Brillanten Soldaten in den sicheren Tod geschickt wurden, woraufhin sie sich von diesem Leben abwendet. Und der Präsident, der gemeinsam mit dem Sekretär Wurm die Intrige (Kabale) gesponnen hatte, muss letztlich mit ansehen, wie sich sein Plan gegen ihn selbst und seine Familie wendet. Er ist (mit-)verantwortlich für den Tod Luisens und seines Sohnes. Der reicht ihm sterbend noch die Hand. Als geläuterter Adliger weiß der Präsident nun, was er zu tun hat: »Er vergab mir! Jetzt euer Gefangener!« Er geht ab, Gerichtsdiener folgen ihm, der Vorhang fällt.

Weil die Liste der meistverkauften Bücher auf der Welt so manche Überraschung bereithält

- Diverse Autoren: *Die Bibel* (2 bis 3 Milliarden Exemplare)
- Mao Zedong: *Worte des Vorsitzenden Mao* (bis zu 1,5 Milliarden Exemplare)
- Karl Marx, Friedrich Engels: *Manifest der Kommunistischen Partei* (500 Millionen Exemplare)
- Wei Jiangong: *Chinesisches Wörterbuch* (400 Millionen Exemplare)
- Mao Zedong: *Gedichte des Vorsitzenden Mao* (400 Millionen Exemplare)
- Mao Zedong: *Ausgewählte Artikel von Mao Zedong* (252,5 Millionen Exemplare)
- Diverse Autoren: *Der Koran* (200 Millionen Exemplare)
- Charles Dickens: *Eine Geschichte aus zwei Städten* (200 Millionen Exemplare)
- Robert Baden-Powell: *Das Pfadfinderbuch* (150 Millionen Exemplare)
- J. R. R. Tolkien: *Der Herr der Ringe* (150 Millionen Exemplare)

75

Weil Jack Kerouac seit 1957 unterwegs ist

Chaotisch, dabei aber kreativ, das sind die Lebensumstände der jungen Schriftsteller um Jack Kerouac, Allen Ginsberg und William S. Burroughs, die sich in den 1950er Jahren eigenmächtig zu einer ganz eigenen Generation erklärten, der »Beat Generation«. Beat bedeutete eine symbolische Mischung aus den englischen Begriffen für geschlagen (»beat«) und seligmachend (»beatific«), also die perfekte Kombination für eine Generation junger Menschen nach dem Ende des Zweiten Weltkriegs, die zwischen Depression und Euphorie schwankte und noch nicht genau wusste, wohin die Reise des Lebens gehen sollte.

Eines wussten die Beatniks aber ganz genau: Sie wollten nicht so sein wie alle anderen. Das prüde Amerika der 1950er Jahre empfanden Kerouac, Ginsberg, Burroughs und Co. geradezu als Aufforderung, gegen die Konventionen zu verstoßen. Ihr Leben war unstet, fast vogelfrei, sie experimentierten ausführlich mit Drogen und Sex und trieben den Puritanern so manches Mal die Schamesröte ins Gesicht, wenn beispielsweise in Gerichtsverhandlungen aus ihren bahnbrechenden Werken zum Zwecke der Beweisaufnahme derlei Obszönitäten rezitiert wurden. Neben Jack Kerouacs Roman *Unterwegs* (*On the Road*, 1957) zogen vor allem Allen Ginsbergs Gedicht *Das Geheul* (*Howl*, 1955) und William S. Burroughs Roman *Naked Lunch* (1959) die Aufmerksamkeit auf sich. Letzterer wurde in den USA zeitweise verboten. Auch *Das Geheul* landete samt Verleger vor Gericht – vor allem die Zeile »who let themselves be fucked in the ass by saintly motorcyclists, and screamed with joy« (deutsch: »die sich in den Arsch ficken ließen von heiligen Motorradfahrern und vor Freude schrien«) rief die Sittenwächter auf den Plan. Die hatten aber – laut Sachverständigen aus der Riege der Literaturwissenschaftler – die gesellschaftliche Bedeutung des Gedichtes schlichtweg nicht erkannt. Es folgte ein Freispruch, und erst durch die öffentliche Verhandlung fand das Gedicht seine eigentliche Verbreitung.

Fast ebenso ruchlos oder ruhelos geht es auch in Jack Kerouacs *Unterwegs* zu. Der Roman erzählt die Geschichte der beiden Freunde Dean Moriarty und Sal Paradise, die kreuz und quer den amerikanischen Kontinent bereisen und vor allem drei Sachen im Sinn haben: Drogen, Jazz und Frauen. Der autobiographische Roman ist aber zugleich auch die Schilderung einer Suche – der Suche nach dem Sinn des Lebens, Glück, Freiheit und Liebe, im Notfall kann's auch mal die beste Party sein.

So rastlos die jungen Männer unterwegs sind – sie verweilen nicht lange an einem Ort –, so rastlos war auch der Autor beim Abfassen des von Kritikern gefeierten »Manifests einer Jugend«. Im April 1951 setzte sich Kerouac an die Schreibmaschine und hörte erst nach drei Wochen zu tippen auf. Wie im Rausch füllte er Zeile um Zeile mit Worten, ein einziger Gedankenfluss war entstanden, der auf einer 36,5 Meter langen Papierrolle erhalten geblieben ist. Hier hing jede Zeile an der nächsten, jede Seite war integraler Bestandteil der Seite davor und der Seite danach. Erst in der Folgezeit kam es zu Anpassungen im Schriftsatz, Fehler wurden korrigiert, Klarnamen beseitigt.

Jede Reise ist einmal zu Ende, auch die von Dean Moriarty und Sal Paradise. Wie bitter Sals, also Jack Kerouacs, Lebensreise einmal enden würde, hätte der Autor sich sicherlich nicht im Traum denken können. Kerouac starb 1969 im Alter von 47 Jahren an den Folgen seines Alkohol- und Drogenkonsums. Geblieben sind seine Werke und sein Einfluss auf die ihm folgenden Schreibergenerationen, die die Intensität des Augenblicks bewusster einfingen, sich davon beflügeln ließen, ohne jedoch unbedingt den Boden unter den Füßen verlieren zu müssen wie der literarische Wegbereiter.

Kerouac war unterwegs, um sich am Ende seines Lebens nicht vorwerfen zu müssen, etwas ausgelassen zu haben. Am Ende hielten ihn aber gerade die Folgen davon ab, unterwegs zu sein. Aber das hindert Abenteurer nicht daran, auch 60 Jahre nach Erscheinen des Buches noch immer von der Freiheit *on the road* zu träumen.

76

Weil Hester Prynne den scharlachroten Buchstaben mit Würde trägt und ihn zum Symbol der puritanischen Ausgrenzung und Unterdrückung macht

Wenn man es genau nimmt, ist Hester Prynne mit ihrem roten A, das sie auf der Kleidung zu tragen gezwungen ist, ja noch gut weggekommen. Zumindest wenn man sich mal die Familiengeschichte Nathaniel Hawthornes ansieht. John, der Ururgroßvater des Autors, war nämlich einer der Richter bei den Hexenprozessen von Salem, bei denen im Jahr 1692 nicht nur 20 Beschuldigte hingerichtet, sondern auch mehr als 50 Menschen unter Folter zu Falschaussagen gebracht, 150 Verdächtige inhaftiert und weitere 200 Menschen der Hexerei beschuldigt wurden. Der amerikanische Dramatiker Arthur Miller fing diese Ereignisse 1953 in seinem Stück *Hexenjagd* auf.

Zeitlich etwas früher angesiedelt (in den 1640er Jahren) spielt Hawthornes 1850 erstmals erschienener Roman *Der scharlachrote Buchstabe* im puritanischen Boston. Die Gesellschaft ist stark religiös und ahndet sittliche Verfehlungen auf ihre Weise. Hester Prynne ist neu im Ort und wird schon deswegen scheel angesehen, weil sie schön und stolz ist, darüber hinaus aber auch noch ohne einen Mann an ihrer Seite lebt. Dieser, ein Arzt, kam erst mit einem späteren Schiff nach Neuengland. Das Schiff wurde jedoch überfallen, alle Seelen an Bord gelten als tot. Da verliebt sich Hester in den Pfarrer Arthur Dimmesdale und wird schwanger.

Die Schwangerschaft kann natürlich nicht lange unbemerkt bleiben. Die Sittenwächter stellen sie daraufhin an den Pranger und zwingen sie, im Namen des Vaters den Namen des Vaters preiszugeben, um ihn ebenso bestrafen zu können. Doch Hester weigert sich. Denn sie fühlt sich gegenüber dem Pfarrer und seinem Amt in der Gemeinde verantwortlich. Noch als sie am Pranger steht, sieht sie in der Menge ihren totgeglaubten Ehemann, der sich – um sich selbst nicht der Demütigung durch den Mob preiszugeben – jetzt Roger Chillingworth nennt.

Der Pranger und die soziale sowie religiöse Isolation sind den Puritanern aber noch nicht genug. Als weitere Bestrafung hat Hester ein rotes A auf ihrem Kleid zu tragen. In der Literaturwissenschaft wird seit über 150 Jahren darüber gerätselt, wofür dieses A steht, wahrscheinlich aber für Adulteress (Ehebrecherin) oder Adultery (Ehebruch). Es soll ein Zeichen für ihre Schande sein. Pearl, ihre Tochter, kleidet die Ausgestoßene in ein scharlachrotes, golden verziertes Kleid, es ist gleichsam ein Symbol für die »Schande« der Mutter.

Chillingworth, der sich ganz gut mit dem Pfarrer versteht, durchschaut eines Tages sein dunkles Geheimnis. Doch kann das eigene Seelenheil mit einer Rache wieder ins Gleichgewicht kommen? Hester beschwört ihren früheren Ehemann, von seinen Rachplänen abzulassen. Sie will Boston heimlich mit dem Pfarrer verlassen und in Europa ein neues Leben beginnen. Doch dazu kommt es nicht mehr. Der Pfarrer stirbt, ebenso Roger Chillingworth. Hester kehrt in die Gemeinde zurück und trägt fortan wieder ihr scharlachrotes A – nicht als Zeichen ihrer Sünde, sondern vielmehr als Mahnmal gegen puritanische Hatz, die mehr als ein Leben zerstört hat.

Nur auf Freunde stieß Der scharlachrote Buchstabe nach seiner ersten Veröffentlichung freilich nicht. Die Kritik an der puritanischen Lebens- und Glaubensweise war doch zu deutlich und die Selbstbefreiung einer Frau aus religiösen und gesellschaftlichen Zwängen (Hester lebt zuletzt zwar einsam, aber selbstständig in ihrer alten Hütte) zu gewagt. Dennoch wurde der Roman – gemessen an der damaligen Verbreitung – ein großer Erfolg. Heute gehört das Buch des großen amerikanischen Romanciers Nathaniel Hawthorne nicht nur zur Schullektüre, sondern ist ein immer wieder aufgelegter und adaptierter Klassiker der amerikanischen Literatur.

Weil die »Kinder- und Hausmärchen« der Brüder Grimm alle Knirpse verzaubern und in Erwachsenen die eine oder andere brenzlige Frage aufkommen lassen

Wie wäre unser aller Kindheit gewesen ohne das Rotkäppchen, das, ausgesandt, um der im Wald lebenden Großmutter einen Besuch abzustatten, vom bösen Wolf verschlungen und vom mutigen Jäger gerettet wird? Oder ohne das Dornröschen, das – neugierig wie das junge Mädchen ist – der bösen Fee begegnet und sich in Dauerschlaf versetzen lässt? Oder ohne Hänsel und Gretel, die im dunklen Wald der Hexe begegnen und nur nach Müh und Not wieder nach Hause zurückkehren können?

Ein Werk für die Schublade hätten die von Jacob und Wilhelm Grimm gesammelten Märchen werden können, wenn sie nicht in Eigenregie deren weitere Erforschung und schriftliche Festhaltung vorangetrieben hätten. Ursprünglich hatte Clemens Brentano die Geschichten für seine Volksliedersammlung *Des Knaben Wunderhorn* angefordert. Über seinen Bekanntenkreis wurde Brentano der junge Kasseler Bibliothekar Jacob Grimm empfohlen, der sich gemeinsam mit seinem Bruder an die Arbeit machte. In ihre Texte nahmen sie Teile von bereits vorhandenen literarischen Quellen und die mündlich übertragenen Geschichten von Privatpersonen auf. Als sie einen Textkorpus von fast 50 Erzählungen zusammengetragen hatten, sandten sie ihn zu Brentano – doch dieser verwendete die Texte nicht.

Ein anderer Romantiker, Achim von Arnim, mit dem Brentano an *Des Knaben Wunderhorn* arbeitete, animierte die Brüder zur Veröffentlichung der Texte. Zunächst waren sie keineswegs als Märchen für Kinder gedacht, sondern vielmehr als wissenschaftliche Sammlung alter Volksweisen, die man vor dem Vergessen bewahren wollte. Die erste Veröffentlichung der *Kinder- und*

Hausmärchen, die auf die Jahre 1812/13 zurückgeht, war sogar zum Mitmachen konzipiert. Die Brüder setzten sich zu Frauen und Männern und lauschten ihnen ihre Geschichten ab. Mitunter übernahmen sie sie im originalen Erzählton, andere bearbeiteten sie vor der Veröffentlichung. Insgesamt haben sie im Laufe der Jahre 255 Märchen (darunter zehn sogenannte Kinderlegenden) zusammengetragen und veröffentlicht.

Die Märchen, wie wir sie heute kennen, sind das Ergebnis beständiger Hinzufügungen und Änderungsarbeiten, die vor allem Wilhelm Grimm ab der zweiten Auflage vorgenommen hat. Er passte den Erzählstil dem damaligen Lesegeschmack an und reagierte damit zum Teil auf zeitgenössische Rezensionen. Auf Wilhelm Grimm geht die zunehmende Sentimentalisierung und gleichzeitige Entsexualisierung der Texte zurück.

Um die Märchen geeigneter für Kinder zu machen, wurden die Inhalte also entschärft. In der Ursprungsform verplapperte sich Rapunzel noch gegenüber der Zauberin, dass ihre Kleiderchen zu eng würden – ein deutliches Indiz dafür, dass der Prinz nicht nur für eine heimliche Teestunde an ihrem langen Haar hinauf in den Turm geklettert war. Später entschlüpft ihr nur noch, dass die Zauberin weit schwerer in den Turm zu bugsieren sei als der Königssohn.

Für welche Variante man sich auch entscheidet, Grimms Hausmärchen sind einerseits ein guter Ratgeber in Sachen Erziehung, andererseits sind sie ziemlich brutal – selbst nach Ermessen von Erwachsenen. Sie zeigen die schlimmen Folgen, die entstehen, wenn man sich außerhalb gesetzter Grenzen und Regeln bewegt, aber auch, welche Macht das Böse hat und wie viel Kraft und Wissen man benötigt, um ihm auszuweichen:

Rotkäppchen lässt sich trotz der Warnungen der Mutter vom Weg abbringen und erzählt dem Wolf munter von ihrem bevorstehenden Besuch bei der Großmutter. Der frisst nicht nur die Alte, sondern später auch das Mädchen. Die kleinen Geißlein schicken den bösen Wolf zweimal fort, weil sie erkennen, dass es nicht die Mutter sein kann, die da an die Türe klopft. Am Ende fallen sie aber doch auf den Bösewicht herein. Und selbst Schneewittchen lässt sich von der bösen Stiefmutter dreimal täuschen und liegt bereits tot im Sarg, als ein Stolpern sie zurück ins Leben befördert.

Eine andere Hexe will den kleinen Hänsel im Ofen braun wie Brot braten und wird am Ende selber ins Feuer gestoßen. Aschenputtels Schwestern schneiden sich gar Zeh und Ferse ab, um in den verflixten Schuh vom Fest zu passen, der doch einzig und allein dem Mädchen mit der Asche im Gesicht gehört. Und den Pechregen in *Frau Holle* möchte man lieber auch nicht am eigenen Leibe erfahren.

Für Kinder jedoch sind Märchen neben dem Gruselfaktor vor allem Geschichten über das Gute, das immer über das Böse siegt. Große Freude überkommt die kleinen Racker, wenn der Wolf den Bauch voll Wackersteine bekommt, die böse Stiefmutter sich in glühenden Schuhen zu Tode tanzen muss und die olle Hexe im Ofen gebraten wird – weil sie es alle nicht anders verdient haben!

So können Prinz und Prinzessin endlich Hochzeit feiern, Hänsel und Gretel nach Hause zurückkehren und Dornröschen und der Froschkönig können sich von ihrem bösen Zauber befreien. Das Böse ist besiegt! Die Guten sind die strahlenden Gewinner. Und wenn sie nicht gestorben sind, dann leben sie noch heute …

78.

Weil uns Jules Vernes Abenteuer zum Mittelpunkt der Erde, 20.000 Meilen unter das Meer und in 80 Tagen um die Erde führen

Als J. D. Salinger im Jahr 2010 starb, hinterließ er nicht nur sein Anwesen, das ihn zeit seines Lebens vor der Öffentlichkeit abgeschottet hatte, sondern vermutlich auch eine ganze Reihe von schriftstellerischen Arbeiten, die der Autor sich zu veröffentlichen weigerte. Ob je etwas aus seinem Nachlass publiziert wird (die Fangemeinde hofft, dass es überhaupt einen gibt), ist ungewiss. Spendabler zeigte sich in dieser Hinsicht der französische Science-Fiction-Autor Jules Verne. Nach seinem Tod im Jahr 1905 brachte dessen Sohn noch ein Dutzend Romane aus der Feder des Vaters (und vom Sohn bearbeitet) heraus und ergänzte so die lange Liste an Werken, die bereits zu Lebzeiten eine begeisterte Leserschar erreicht hatte.

Hätte Jules Verne seinen schriftstellerischen Erfolg von seinem ersten Roman abhängig gemacht, dann hätte sein Schaffen womöglich nur eine Handvoll Kurzgeschichten hervorgebracht. Er wäre dann unter Umständen weiter Börsenmakler und auf diese Weise der Ernährer seiner Frau und der drei Kinder geblieben. Der Roman *Reise mit Hindernissen nach England und Schottland*, den Verne in den Jahren 1859/1860 schrieb und der unmittelbar unter den Eindrücken seiner ersten Seereise nach Schottland und Norwegen entstand, wurde erst gar nicht veröffentlicht, sondern fristete sein Dasein in einer Schublade. Nicht einmal als Jules Verne längst ein gefeierter Autor war und neben Mary Shelley und H. G. Wells als Mitbegründer des literarischen Science-Fiction-Genres galt, schaffte es die hindernisreiche Reise zwischen zwei Buchdeckel. Jules Vernes Zeitgenossen lernten den Roman nicht mehr kennen, denn erst 130 Jahre nach der Niederschrift wurde der Roman in Frankreich erstmals veröffentlicht.

Jules Verne hatte auf seine erste Romanveröffentlichung jedoch nicht lange warten müssen. Zum Glück hatte er das Schreiben nicht an den Nagel gehängt und konnte so seinen Science-Fiction-Reiseroman *Fünf Wochen im Ballon* (1862) beim Jugendbuchverleger Pierre-Jules Hetzel herausbringen. Der ermunterte ihn zu weiteren Geschichten dieser Art und brachte ihn auch mit Naturforschern und Erfindern zusammen, die den Autor mit ihren Ideen und

Hinweisen beflügelten und die in die phantastischen Geschichten eingingen. Jules Verne hatte sich eigens einen Zettelkatalog angelegt, in dem er wissenschaftliche Erkenntnisse sammelte, um im entscheidenden Moment beim Schreiben darauf zurückgreifen zu können.

Der Traum vom Fliegen, von langen Reisen in den Tiefen des Meeres und von Expeditionen zum Erdkern erfüllt sich in Jules Vernes Abenteuern, und das in mitunter rasender Geschwindigkeit.

In *Die Reise zum Mittelpunkt der Erde* (1864) steigt der Hamburger Geologie-Professor Otto Lidenbrock in einen isländischen Vulkan und stößt auf eine urzeitliche Welt, mit Kapitän Nemo und dem Unterseeboot »Nautilus« geht es auf eine Reise bis *20.000 Meilen unter dem Meer* (1869), bei der Jules Vernes U-Boot den damaligen technischen Möglichkeiten weit voraus ist, und schließlich geht es auf eine *Reise um die Erde in 80 Tagen* (1873), vor der der englische Gentleman Phileas Fogg wettet, binnen dieser Frist einmal die Welt zu umrunden. Per Dampfschiff, Eisenbahn, Elefant und Segelschlitten bewegt er sich mit seinen Gefährten von Kontinent zu Kontinent und zieht vor der Überquerung des Atlantiks von Amerika nach Europa kurzfristig den Einsatz eines Heißluftballons in Erwägung.

Es ist wohl dem Medium Film zu verdanken, dass die Verlage bei der Covergestaltung ihrer Ausgaben einer offensichtlichen Täuschung unterlegen sind. Schauen Sie mal im Bücherregal einer Buchhandlung nach: Wie oft winken Phileas Fogg und seine Crew aus dem Korb eines in den Lüften fahrenden Heißluftballons? Auch im bekannten Hollywoodstreifen *In 80 Tagen um die Welt* (1956) besteigen David Niven und Co. einen Heißluftballon – und boten damit wohl die Vorlage. Jules Vernes originärer Phileas Fogg kommt bei der Überlegung, wie er am besten nach Europa zurückkommt, zwar zu dem Schluss, dass es mit einem Ballon am schnellsten gehen könnte, aber »nicht ausführbar war«. Phileas

Fogg und Crew bleiben also am Boden beziehungsweise zu Schiff auf dem Wasser, eine Fahrt mit dem Heißluftballon gibt es nur in den Filmadaptionen und eben in der Phantasie der Buchcover-gestalter.

79.

Weil Astrid Lindgren die Mutter vieler Heldinnen und Helden ist, die für viele Mütter eher ein Alptraum sind

Keine Geringere als die »Schwedin des Jahrhunderts« hat zahlreiche Kinderhelden geschaffen, die bis heute die Lieblinge von Mädchen und Jungen sind: Astrid Lindgren. Sie schuf nicht nur die weltberühmte rotzopfige *Pippi Langstrumpf*, den propeller-betriebenen *Karlsson vom Dach* und den frechen *Michel aus Lönne-berga*, auch *Ronja Räubertochter*, *Kalle Blomquist* und *Die Kinder aus der Krachmacherstraße* stammen aus ihrer Feder.

Die Helden unserer Kindheit haben ein großes Glück: Sie werden niemals alt. Die 9-jährige Pippi, oder um es mal genau zu nehmen: Pippilotta Viktualia Rollgardina Pfefferminz Efraimstochter Lang-strumpf (so ihr voller Name), die im Jahr 1941 zum ersten Mal aus der Phantasie ihrer Erfinderin entsprungen war, wäre heute über 80 Jahre alt. Wenn man aber genau hinschaut, ist sie noch immer die selbstlose, abenteuerlustige und hilfsbereite Seemannstochter, die sie schon immer war. Sie lebt in der Villa Kunterbunt, hat ein eigenes Pferd, ein kleines Äffchen an ihrer Seite und jede Menge Freizeit – verfügt also über all das, was Kinder sich wünschen. Dass Pippi zudem das stärkste Mädchen der Welt ist und keine Probleme hat, mal ihr Pferd zu stemmen oder einen Ringer auf dem Jahr-markt zu besiegen, gehört einfach dazu. Ihre beiden Freunde, die Nachbarskinder Tommy und Annika, jedenfalls stehen ganz auf Pippis Seite und erleben mit ihr so manches Abenteuer.

Michel ist auch ein Kaliber für sich. Der Knirps aus Lönneberga wird bei jedem Fehltritt zur Strafe in den Tischlerschuppen gesperrt, wo er eifrig Holzmännchen schnitzt. Eigentlich ist der Michel ja ein ganz Lieber und Hilfsbereiter – wenn er nicht gerade Geld verschluckt oder kopfüber in die Blaubeersuppe fällt.

Hilfsbereit ist auch Ronja Räubertochter, die sich freiwillig in die Hände der Feinde begibt, um ihren Freund Birk aus den Fängen ausgerechnet jener Räuberbande zu befreien, die ihr Vater anführt. *Romeo und Julia* für Kinder – mit gutem Ausgang, denn Ronja und Birk flüchten in die Bärenhöhle und machen ihren Eltern klar, dass sie nicht fürs Räuberleben geboren sind.

Es ist diese Mischung aus Geborgenheit und Freiheit, die Astrid Lindgrens Geschichten ausmacht. Ihre Figuren sind wagemutig und selbstständig und haben in vielen Belangen den Erwachsenen um sie her einiges voraus: Denn sie wägen nicht ihren eigenen Gewinn ab, bevor sie sich in ein Abenteuer stürzen, sondern nehmen sich selbstlos der Probleme anderer an. Und wenn man mal gerade niemanden retten muss, dann kann's auch mal ein Abenteuer ganz aus Lust und Laune heraus sein, das – zugegeben – bei den langweiligen Erwachsenen wohl eher wie eine große Dreistigkeit ankommt.

Wenn Pippi über Tische und Stühle tanzt und Michel auf Stelzen durch die Fensterscheibe brettert, dann jauchzen die Kinder seit Jahrzehnten fröhlich und selbst zu Abenteuern aufgelegt auf. Einige Mütter allerdings würden wohl am liebsten das Buch schließen und für die Kleinen unerreichbar weit oben auf die Wohnzimmerschrankwand legen. Aber da findet sich bestimmt ein Trick, um doch wieder in seinen Besitz zu kommen: Man braucht dazu nur Stelzen, einen Tisch und eine Übergardine als Sicherungsseil, und schon geeeeeht's loooos!

80

Weil Kapitän Ahabs Kampf gegen den weißen Wal Moby-Dick zu einer Auseinandersetzung mit dem eigenen Schicksal wird

Es ist die alte Geschichte des Jägers, der, versessen darauf, sein Opfer zu finden und zu erlegen, die Segel der »Pequod« setzen lässt, um jenem weißen Pottwal näher zu kommen, der ihm einst ein Bein abgerissen hatte. Auf seinem Walfänger versammelt Kapitän Ahab eine buntgemischte Mannschaft aus aller Herren Länder, die vom eigentlichen Ziel der Reise noch nichts weiß. Unter ihnen ist Ismael, der Ich-Erzähler dieser Seemannsgeschichte, dem nichts Besseres passieren konnte als dieses Abenteuer auf hoher See. Ismael, bedrückt von der behüteten Alltäglichkeit des Lebens auf dem Land, sehnt sich nach der Weite und Freiheit des Wassers. An Weihnachten sticht die »Pequod« in See. Erst nach einer Weile auf dem Wasser findet der Kapitän den Weg aus seiner Kajüte an Deck und klärt die Männer über den Sinn der Reise auf: Moby-Dick, dieser vermaledeite weiße Wal, soll den Tod finden, Ahab will endlich Rache nehmen. Dies wird für Ahab nicht allein ein Kampf gegen einen Feind, sondern ein Kampf auf Leben und Tod mit dem eigenen Schicksal.

Das Schiff kreist auf den großen Meeren; wenn Wale gesichtet werden, wird der Arbeit des Fangs und der Verarbeitung nachgegangen. Aber alle Crewmitglieder sind vom Ersten Mann auf das Erspüren Moby-Dicks eingeschworen. Eine Golddublone winkt demjenigen, der das Tier als Erster sichtet. Viele Schiffe kreuzen den Weg der »Pequod«, immer holt Ahab Informationen über die Sichtung des weißen Wals ein. Nach der Fahrt über den Indischen Ozean gelangt endlich die Kunde von Moby-Dick in die Kajüte des Kapitäns. Östlich von Japan beginnt die Jagd auf das mächtige Meereswesen, drei Tage lang versucht die Mannschaft, den persönlichen Feind Ahabs zu besiegen – aussichtslos. Die wagemutige Parforcejagd endet mit dem Untergang des Schiffes, nur ein Crewmitglied überlebt, es ist Ismael.

So wie Ahabs Schiff in den Fluten des Meeres versank, erging es Herman Melvilles Roman *Moby-Dick*. Das 1851 erstmals veröffentlichte Mammutwerk mit 135 Kapiteln auf gut 1000 Seiten fiel vor allem bei den amerikanischen Kritikern durch. Zu frei war Melville mit Religionsfragen umgesprungen, hatte beispielsweise den Götzendienst des Südseeinsulaners Queequeg (einem Crewmitglied) mit dem Christentum gleichgesetzt – ein rotes Tuch für die Puritaner in den ehemaligen britischen Kolonien.

Und überhaupt: Es war zu lang, zu stark bestückt mit schwer überschaubaren Details zum Walfang und zur Seefahrt an sich, hinzu kamen noch die unterschiedliche Sprechweise der Crewmitglieder sowie die mannigfaltigen religiösen, wissenschaftlichen und lyrischen Anspielungen. Dabei bildeten doch eigene Erfahrungen des Autors und die Berichte über das Schiff »Essex«, das 1820 tatsächlich durch die Rammstöße eines Pottwals unterging, die Grundlagen des Romans. Die Kritiker meinten jedoch: Zu viel, zu anders, nicht zu empfehlen. Noch im Jahr 1909 wurde Melvilles Roman in einer amerikanischen Literaturgeschichte als unausgeglichen und übertrieben lang bezeichnet.

Herman Melville starb 1891 und erlebte nicht mehr mit, wie sein Roman langsam an Bedeutung gewann und ab den 1920er Jahren als Meisterwerk nicht nur der amerikanischen, sondern der Weltliteratur gehandelt wurde. In der inhaltlichen und stilistischen Komplexität des Werkes sind die vielen Bereiche des modernen Lebens eng mit Verweisen auf Mythologie, Religion und unterschiedliche Traditionen (Lebensweise, Literatur, Sprache) verknüpft. Damit wird der Roman heute als Klassiker der Moderne in einem Atemzug mit John Dos Passos' *Manhattan Transfer* (1925), Alfred Döblins *Berlin Alexanderplatz* (1929) und James Joyces *Ulysses* (1922) genannt.

9. KAPITEL

Riesenwälzer und Bücherschlangen

Weil Rodion Raskolnikow sich leider erst in Sibirien die Frage nach Schuld und Sühne stellt

Rodion Raskolnikow hat es schon nicht leicht. Der St. Petersburger Jurastudent aus Fjodor M. Dostojewskis Roman *Schuld und Sühne* (1866; in anderen Übersetzungen auch *Verbrechen und Strafe*) ist zwar überdurchschnittlich begabt, aber mit Armut geschlagen. Er hegt die Überzeugung, den anderen Menschen in Intellekt und Wert überlegen zu sein. Er meint, es stehe den großen, erhabenen Menschen zu, über die niederen eine gewisse Macht auszuüben und auch – aus ganz praktischen Gründen und ohne große Gefühlsduselei – über deren Leben und Tod zu bestimmen. Einer dieser für ihn niederen Menschen ist die Pfandleiherin Aljona Iwanowna. Er wird sie töten.

Schon zu Beginn des ersten Kapitels stattet Raskolnikow der Pfandleiherin einen Besuch ab und beschließt, sie auszurauben. Da hat er gerade seine Uhr für ein bisschen Geld versetzt und sieht sich den Wucherzinsen der Alten ausgesetzt. In seinen Augen will sie nur mehr und mehr Geld anhäufen, um es nach ihrem Tod der Kirche zu hinterlassen – sie will sich damit ihr Seelenheil erkaufen. Ganz angewidert ist er von der Alten und ihrem Geschäftsgebaren. Im Gegensatz zur Pfandleiherin, die es ganz gut im Leben getroffen hat, gibt es zu viele Menschen, die Not leiden. Raskolnikow beschließt, von seinem »natürlichen« Recht des Überlegenen Gebrauch zu machen, also die Pfandleiherin zu töten und anschließend auszurauben.

Unter dem Vorwand, ein silbernes Zigarettenetui versetzen zu wollen, sucht er Aljona Iwanowna erneut auf. Er hat den Tag seines erneuten Besuches genau ausgewählt, denn er weiß, dass Aljonas geistig zurückgebliebene Schwester nicht im Hause ist. Unter seinem Mantel hat er ein Beil versteckt, das er – als Aljona das vermeintliche Pfandstück aus seiner fest verschnürten Verpackung lösen will – auf ihren Kopf niedersausen lässt. Er hatte sich kaum ein paar Schmuckstücke in die Taschen gesteckt, als plötzlich Lisaweta, Aljonas geistesschwache Schwester, vor ihm steht. Ohne lange zu überlegen, stürzt Raskolnikow auf sie zu und tötet auch sie. Obwohl er kurz vor der Entdeckung steht, gelingt ihm die Flucht.

Es dauert jedoch nicht lange und Raskolnikow wird vom Untersuchungsrichter Porfiri Petrowitsch des Mordes an Aljona Iwanowna verdächtigt. Beweisen kann er ihm die Tat allerdings nicht. Raskolnikow leidet an schweren Fieberträumen, denkt unentwegt mit »Entsetzen und Ekel über das [nach], was er getan hatte«, gibt sich aber auch kurz vor seiner Selbstanzeige noch immer überzeugt davon, das Recht zu seiner Tat gehabt zu haben.

Dostojewskis Roman *Schuld und Sühne* war die Antwort auf die Entwicklung der Stadt St. Petersburg, in der sich der Autor im Jugendalter niedergelassen hatte. Der Kapitalismus hatte Einzug gehalten und sein hässliches Gesicht all jenen gezeigt, die nicht über genügend Geld verfügten, um ein sorgenfreies Leben führen zu können. Negative Erfahrungen, die Dostojewski wenige Jahre vor der Niederschrift des Romans in London gemacht hatte, wiederholten sich nun auch in der russischen Metropole. Verarmung, Trunksucht, Prostitution und Verbrechen gehörten zur Tagesordnung der Arme-Leute-Viertel, in denen ein Verbrechen wie das von Rodion Raskolnikow erst möglich wurde.

Das Verbrechen ist für Raskolnikow aber weniger ein Verbrechen als vielmehr eine Chance, dem Elend zu entfliehen und die Schranke zwischen Reich und Arm, Angesehensein und Missachtetsein zu durchbrechen. Eines arbeitet Dostojewski hier ganz klar heraus: Diesen Durchbruch wird es nicht geben, schon gar nicht durch eine so hinterhältige, ja feige Tat. Raskolnikow scheitert zuerst an der Beschaffung des Raubgutes und danach an seiner von ihm selbst entworfenen Weltanschauung des Überlegenen und Unterlegenen. Einen Gegenentwurf zu dieser Gesellschaft, also eine Welt, in der der Kapitalismus nicht zu solchen Auswüchsen führt, wie er sie in St. Petersburg und in London in der Mitte des 19. Jahrhunderts hatte beobachten können, ist uns Dostojewski allerdings schuldig geblieben. Nichtsdestoweniger wirft *Schuld und Sühne* bis heute Fragen nach einer gerechteren Welt und nach gerecht agierenden Menschen auf.

82.

Weil uns keine Südstaatenschönheit so in ihrem Bann hält wie Scarlett O'Hara aus Margaret Mitchells »Vom Winde verweht«

Was ist aus Scarlett O'Haras anderen beiden Kindern geworden, mag sich der geneigte Leser fragen, wenn er David O. Selznicks legendäre Filmadaption von Margaret Mitchells Roman *Vom Winde verweht* angeschaut hat. Im Film nämlich, der nur drei Jahre nach Erscheinen des Buches über die Leinwand flimmerte, nimmt sich die couragierte Südstaatentochter zwar die Männer, wie sie die gerade braucht, doch Kinder hat sie nur eines bekommen.

Anders im Buch: Hier ist Scarlett nicht nur eine »Gentlemankillerin«, sondern auch noch eine Rabenmutter! Da der angehimmelte Ashley Wilkes von der Nachbarplantage »Zwölf Eichen« lieber seine Cousine Melanie heiratet, willigt Scarlett in die Ehe mit deren Bruder Charles ein. Der Mann zieht in den Krieg und stirbt und sie bekommt einen Sohn – für den sie allerdings keine mütterlichen Gefühle entwickeln kann. Nach dem Bürgerkrieg ehelicht sie aus wirtschaftlichen Gründen den langjährigen Verlobten ihrer Schwester (Frank Kennedy) und bekommt wiederum ein Kind, eine Tochter diesmal. Aber auch dieses Baby kann sich nach der Zuneigung der Mutter nur sehnen. Man ahnt es: Auch Frank Kennedy stirbt wenig später – weil er die Ehre seiner Frau verteidigen wollte.

Und dann wäre da ja noch Rhett Butler, jener Freigeist, der seit vielen Jahren immer wieder mal in Scarletts Leben auftaucht, ihr Bewunderung und Liebe entgegenbringt, die flammende Südstaatenschönheit aber dennoch nicht für sich gewinnen kann. Bis die Schönheit – verarmt und wenig hoffnungsfroh – endlich auf das Werben des Gentlemans eingeht und seinen Heiratsantrag annimmt. Rhett Butler liebt seine Frau abgöttisch, die gemeinsame Tochter Bonnie ist ihm ein strahlender Beweis für die gegenseitige Zuneigung. Doch das Familienglück hält nicht lang, zu groß sind die Differenzen zwischen den beiden Eheleuten, zu groß scheinen noch die Gefühle, die Scarlett für ihre Jugendliebe Ashley Wilkes hegt. Und dann auch noch Bonnies Tod. Zu spät bemerkt Scarlett, dass die Gefühle für Ashley nur eine Illusion waren und sie im Grunde niemand anderen liebt als ihren Ehemann Rhett Butler.

Weit über 1000 engbeschriebene Seiten brauchte Margaret Mitchell, um Scarlett O'Hara zu dieser simplen, doch zentralen Erkenntnis zu bringen. Zehn Jahre hat sie an ihrem Epos geschrieben, das sich bereits ein Vierteljahr nach Erscheinen über eine Million Mal verkauft hatte. Bis heute sind es rund 30 Millionen Exemplare geworden. Die Filmrechte gab die Autorin für 50.000 Dollar her, 1937 erhielt sie den Pulitzerpreis.

Scarlett, Scarlett und kein Ende! Oder doch? Margaret Mitchells Roman endet mit den Worten »Schließlich, morgen ist auch noch ein Tag« – durch die man als Leser nach über 1000 Seiten recht unbefriedigt zurückgelassen wird. Ein Happy End sieht doch anders aus! Wie verarbeiten die Freunde den Verlust von Melanie? Was wird aus Mammy? Werden Scarlett und Rhett je wieder vereint sein, vielleicht sogar noch ein gemeinsames Kind bekommen? Morgen ist auch noch ein Tag – das war einerseits Scarletts Credo, andererseits klang es am Ende wie ein Versprechen der Autorin: Es wird weitergehen, denn so viel ist noch zu erzählen. Und dann: Stille. Margaret Mitchell veröffentlichte weder vor noch nach *Vom Winde verweht* einen Roman, erst posthum (1996, also 47 Jahre nach ihrem Tod!) wurde aus ihrem Nachlass der Roman *Insel der verlorenen Träume* publiziert.

1991 wurde der Figur Scarlett O'Hara aber doch wieder Leben eingehaucht. Die amerikanische Schriftstellerin Alexandra Ripley (Jahrgang 1934) veröffentlichte die Fortsetzung des Mitchell-Buches unter dem Titel *Scarlett*, in dem die Heldin versucht, ihren Ehemann zurückzugewinnen. Pünktlich zum Weihnachtsgeschäft 2007 legte Donald McCaig den Roman *Rhett* vor, der keine Fortsetzung ist, sondern Mitchells erzählte Zeit und die Jahre darüber hinaus aus Sicht des Lebemannes aus Charleston nachverfolgt. Was Mitchell wohl zu den späteren Ergänzungen gesagt hätte?

Nach ihrem Sensationserfolg engagierte sich Margaret Mitchell im sozialen Sektor, gründete Notfallambulanzen für Arme und war Teil der Afro-Amerikanischen Bewegung für Rechte und Ausbildung der Schwarzen in ihrer Geburts- und Todesstadt (und dem Handlungsort ihres Romans): Atlanta, Georgia. Sie setzte sich für die Nachfahren jener Menschen ein, die im Bürgerkrieg so tapfer für ihre Freiheit gekämpft hatten. Deren Erfolg war zwar die Abschaffung der Sklaverei, aber von Gleichbehandlung von Weißen und Schwarzen in der US-amerikanischen Gesellschaft konnte noch viele Jahrzehnte später nicht die Rede sein. Wie absurd und menschlich beschämend muss die Premierenvorstellung des Films im Jahr 1939 verlaufen sein, bei der die schwarzen Darsteller rund um die spätere erste schwarze Oscar-Gewinnerin Hattie McDaniel (*Mammy*) aufgrund der Rassentrennung im Bundesstaat Georgia nicht anwesend sein durften? Und selbst als Hattie McDaniel während eines Galadinners ihren Oscar als beste Nebendarstellerin in Empfang nehmen durfte, hatten sie und ihre Begleitung an einem »Extratisch für zwei« abseits zu sitzen. Die laufenden Kameras – als wüssten sie, wie abgeschmackt die ganze Situation war – fingen den langen Weg der Schauspielerin bis zur Bühne nicht ein.

Vom Winde verweht steckt also bis weit über die Buchdeckel hinaus voller Geschichten. Der Roman selbst ist viel mehr als eine fiktive in den amerikanischen Bürgerkrieg eingebettete Geschichte und ein Abbild der damaligen vielschichtigen, oft unbarmherzigen Gesellschaft. Vor allem ist das Werk aber ein Roman über den nicht immer einfachen Zusammenhalt in einer Familie und über die Liebe, die mit all ihren Hoffnungen und Enttäuschungen das Schwungrad des Lebens bildet.

83.

Weil Harry Potter der beliebteste und erfolgreichste Zauberlehrling der Welt ist

Geisterstunde! Wenn des Nachts die Buchhandlungen öffneten und vor den noch versperrten Türen kleine Zauberer mit schwarzer Brille warteten, dann konnte es sich eigentlich nur um einen neuen Veröffentlichungstermin von Joanne K. Rowlings magischer Romanreihe *Harry Potter* handeln. 1997 fing dieses neuzeitliche Märchen um das englische Zauberinternat Hogwarts an, nicht ganz ohne Klippen. Denn was die einstige alleinerziehende Sozialhilfeempfängerin Rowling den Verlegern vorlegte, wollte denen so gar nicht gefallen. Ganze acht Verlage sollen es gewesen sein, die die Abenteuer des Zauberknirpses abgelehnt hatten, bevor der Verlag Bloomsbury zugriff – und damit eine wahrhaftige Lawine in Gang setzte.

Zu dieser Lawine zählen nicht nur die insgesamt rund 500 Millionen Exemplare weltweit, die von den sieben *Harry-Potter*-Bänden verkauft wurden, sondern auch eine unvergleichliche PR- und Merchandisingkampagne – heute gibt es nichts, was es nicht mit dem Konterfei von Harry Potter gibt. (Dazu gehört natürlich auch eine Reihe von Plagiaten.) Zudem war die Fantasy-Reihe Auslöser einer neuen Interessewelle für dieses Genre. So konnten sich andere neue Reihen wie *Percy Jackson* von Rick Riordan oder die

Tintenwelt-Trilogie von Cornelia Funke, aber auch altgediente Werke wie *Die Chroniken von Narnia* von C. S. Lewis aus den 1950er Jahren neu etablieren und ebenfalls mit Merchandisingprodukten und Verfilmungen aufwarten.

In den zehn Jahren nach dem ersten Harry-Potter-Band veröffentlichte Joanne K. Rowling sechs weitere Bücher um den Helden Harry, seine Freunde Ron Weasley und Hermine Granger, um Schuldirektor Albus Dumbledore, Lehrerin Minerva McGonagall und den bösen Lord Voldemort. Sie alle leben in einer zweigeteilten Gesellschaft, der dem Leser bekannten Welt und einer magischen Zauberwelt, die den normalen, heißt: nichtmagischen Menschen zum größten Teil verborgen bleibt. In dieser herrscht eine eigene Regierung mit eigenen Ministerien und Gesetzen, auch das Wirtschaftssystem ist separat.

All dies lernt Harry kennen, als er als Elfjähriger in die Zauberschule Hogwarts eintritt. Der Waisenjunge, der bei Tante und Onkel (beide nichtmagisch) mehr schlecht als recht aufgewachsen ist, lernt nicht nur neue Freunde und das Gefühl von familiärer Geborgenheit kennen, sondern erfährt nun auch alles über seine besondere Begabung. Über die nächsten Bücher hinweg verbessert er durch den zauberhaften Unterricht seine Fähigkeiten, die Handlungsstränge werden immer komplexer, das Figurengeflecht immer dichter. Die Kinder (später Jugendlichen) ringen um den *Stein der Weisen* (1997), entern die *Kammer des Schreckens* (1998), jagen den *Gefangenen von Askaban* (1999), werfen Namen in den *Feuerkelch* (2000), lernen den *Orden des Phönix* (2003) kennen, nutzen die Zaubersprüche des *Halbblutprinzen* (2005) und sind schließlich im Besitz der *Heiligtümer des Todes* (2007). Harrys ewiger Kontrahent ist dabei Lord Voldemort, der einst jahrelang die magische Gesellschaft mit seiner Schreckensherrschaft unterdrückte und Harrys Eltern ermordete. Ihn gilt es aufzuhalten …

Harry Potter ist mehr als ein kurzlebiges Phänomen, vielmehr ist er ein moderner Klassiker, der aus dem Bücherregal von Kindern und Jugendlichen nicht mehr wegzudenken ist. Die Faszination der kniffligen und spannenden Storys, der phantasievollen Figuren und Ereignisse und des stetig währenden Kampfes von Gut gegen Böse macht jedoch bei keiner Altersgrenze halt.

Reibungsflächen bieten die Bücher nicht nur hinsichtlich der Lieblingscharaktere und Lieblingszaubertricks der Leserinnen und Leser. Ein solch weltweiter Erfolg, wie ihn die Harry-Potter-Heptalogie hingelegt hat, ruft natürlich neben den Befürwortern auch die Kritiker auf den Plan. Da werden dann religiöse Fragen ebenso diskutiert wie die Rolle von Mann und Frau, das Verhältnis des Westens mit dem Osten, die Moderne und das Altbackene. Für die einen ist es gut lesbare Literatur, für die anderen Poptrash, bei dem ein pathetisch-überflüssiges Adverb an das nächste gehängt wurde. Für die einen Kritiker ist die Lektüre von *Harry Potter* der Start in ein langes Leseleben, für die anderen ist es der Anfang vom Ende jedwedes »gehobenen« Buchkonsums. Ihre Kritiker hat die Buchreihe aber einen nach dem anderen abgeschüttelt und damit die ihr eigene Qualität bewiesen.

84.

Weil dem Hype um »Twilight« so manche Folgeerscheinung zu verdanken ist

Schaut man sich heute in Buchhandlungen um, wimmelt es nur so von Vampiren und Werwölfen, von grimmig bis zärtlich, von jugendlich bis reif. Diese unsterblichen Wesen, scheint es, sind wirklich nicht totzukriegen und jede Generation hat ihren eigenen Lieblingsvampir. Denkt man spontan an Nosferatu und Graf Dracula, muss man gestehen, dass die Herren mit der Knoblauchphobie und der Angst vor Kruzifixen zumindest mit der Zeit gehen. Und seit Anne Rice und ihrem *Interview mit einem Vampir* wissen wir, dass die Blutsauger nicht nur im schwarzen Mantel und bei Mitternacht à la Fledermaus durch ein geöffnetes Fenster geflogen kommen, sondern dass sie auch mal wie Tom Cruise und Brad Pitt aussehen können. Mal ehrlich – wer würde da nicht auch freiwillig seine Halsschlagader zum blutigen Dessert anbieten?! Das waren Vampire, die noch kräftig zubeißen konnten.

Die Vampire der 2000er Generation, also die der neuen Grusel-Lovestory *Twilight* von Autorin Stephenie Meyer, sind hip, supermodisch gekleidet, fahren super Autos, haben Superkräfte und wollen doch (die »Guten« zumindest, die auch nur Blutersatz trinken) eigentlich nur in Ruhe gelassen werden. Denn ihr Leben ist doch sowieso schon so tragisch eingeschränkt: Alle zehn Jahre muss umgezogen werden, weil die Nachbarn und Klassenkameraden ja irgendwann auch mal mitkriegen, dass man nicht älter wird, und richtige Liebe ist auch schwierig, habe ich mir sagen lassen, denn wo die Leidenschaft im Schoße blüht, da wird auch schnell der Durst nach dem Lebenssaft der Geliebten mal übermenschlich.

Wenn Edward Cullen, der millionenfach von Teeniemädchen (und ihren Müttern) angebetete Protagonist, nicht über in der Sonne glitzernde Haut verfügen würde, wäre er doch, rein äußerlich betrachtet, der klassische Nerd: blass, struppige Haare, seltsame Clique und so komische Pupillen, dass man denken könnte, er wäre auf einem ganz speziellen Trip. Erinnert irgendwie an einen PC-Junkie, der nun alles andere als attraktiv ist und in sämtlichen Teeniegeschichten sozialer Outcast wäre und sowas von überhaupt nicht von der bildhübschen Bella auch nur beachtet werden würde.

Bei Stephenie Meyer ist das aber anders: Hier wird der Outsider zum Romeo und Bella zur Julia – es waren zwei Königskinder, die hatten einander so lieb, der Rest ist bekannt. Nun ist hier zwar das Wasser nicht viel zu tief, aber Blut dicker als Wasser – und das allein zählt schließlich. Und der gute Junge bemüht sich ja redlich, das Herz seiner Bella zu erobern und über alle Standes-, Familien- und Artengrenzen hinweg den Bund der Ehe zu schließen.

(Das riecht ja schon fast nach parabelhafter Erzählung!) Dass junge Leserinnen auf sowas stehen, ist ja schon fast anachronistisch! Denn warum sollte man im Internetzeitalter, in dem es kaum noch Grenzen gibt, die Liebe des Lebens zu finden, ausgerechnet auf eine Kunstfigur fliegen?

Twilight ist für Stephenie Meyer eine wortreiche Millionen-Dollar-Fundgrube geworden, die in Deutschland im Jahr 2006 die Buxtehuder Bulle für das beste Jugendbuch des Jahres und 2007 eine Nominierung für den Deutschen Jugendliteraturpreis einheimsen konnte. Nebenbei hat sie eine Lawine von Folgeliteratur losgetreten, die wahrscheinlich jahrelang ungewollt in den Schubladen der Autorinnen gelegen hat, um nun doch noch ans gleißende Tageslicht kommen zu dürfen. Der Unterhaltungswert von Meyers Romanreihe ist für Fans sehr hoch, was nicht zuletzt am reißenden Absatz der eigenen Fortsetzungen deutlich wird. Alle Infizierten wollen wissen, wie es mit Edward und Bella und Jacob weitergeht. Wer kriegt wen und wer bleibt auf der Strecke, wer wird Vampir und wer bleibt Werwolf?

Die zarten Bande der Liebe werden geknüpft und Millionen Mädchenherzen pochen im Rhythmus von Bella Swan. Wenn aus den Mädchen junge Frauen geworden sind, bedarf es für eine Beziehung zwischen einem attraktiven älteren Mann und einer jungen unschuldigen Frau aber sicherlich schlagkräftigerer Argumente. Aber für dieses Lesealter gibt es ja dann *Shades of Grey*. Na, Gott sei Dank!

85

Weil Musil schrieb und schrieb und trotzdem mit seinem Mann ohne Eigenschaften nicht fertig geworden ist

Im Jahre 1906 veröffentlichte der 26-jährige österreichische Autor Robert Musil mit *Die Verwirrungen des Zöglings Törleß* seinen ersten Roman. Drei Jahre zuvor hatte er sein Studium der Philosophie und Psychologie an der Friedrich-Wilhelms-Universität in Berlin begonnen, das er 1908 mit einem Doktortitel zum Abschluss brachte. Das Angebot einer Habilitation ließ Musil verstreichen; anstatt im wissenschaftlichen Bereich zu arbeiten, entschied er sich für ein Dasein als freiberuflicher Schriftsteller. Da diese Arbeit aber nicht unbedingt sofort für den Broterwerb genügt, wurde er Bibliothekar in Wien und schrieb für mehrere Zeitungen.

Nach dem *Törleß* feierte Musil Anfang der 1920er Jahre Erfolge als Bühnenautor. So brachte ihm das Schauspiel *Die Schwärmer* den Kleistpreis ein, großen Zuspruchs konnte sich die Posse *Vinzenz und die Freundin bedeutender Männer* erfreuen. Musil hatte sich als erfolgreicher Autor etabliert, bekam auch noch den Kunstpreis der Stadt Wien und 1929 den Gerhart-Hauptmann-Preis. Doch auch der änderte nichts daran, dass nach der Machtübernahme der Nationalsozialisten Musils Bücher in Deutschland, nach dem Anschluss 1938 auch in Österreich verboten wurden.

Das Verbot galt natürlich auch für *Der Mann ohne Eigenschaften*, jenen Roman, an dem Musil seit Beginn der 1920er Jahre arbeitete, ein Werk, das ihn bis in seinen Tod hinein begleitete. 1942 nämlich, als Musil an einem neuerlichen Schlaganfall im schweizerischen Exil starb, lagen noch die zuletzt bearbeiteten Seiten auf dem Schreibtisch.

Der Roman dreht sich um den 32-jährigen Intellektuellen Ulrich (der der Mann ohne Eigenschaften ist), der nach drei verschiedenen missglückten Karriereanläufen im Jahr 1913 durch Beziehungen die Stellung des Sekretärs bei einer hochgestellten Verwandten erhält. Diese hat den ungeheuren Wunsch, im Jahr 1918 das 70-jährige Thronjubiläum des österreichischen Kaisers Franz Joseph, des heißgeliebten »Friedenskaisers«, zu feiern. Im gleichen Jahr wird auch der deutsche Kaiser Wilhelm II. sein 30-jähriges Thronjubiläum feiern, sodass die Feierlichkeiten unter dem Arbeitstitel »Parallelaktion« geplant werden. Dass diese von vornherein zum Scheitern verurteilt sind, liegt nicht nur an den unterschiedlichen Vorstellungen über die Ausgestaltung eines solchen monumentalen Festes, sondern auch an den historischen Entwicklungen. Dummerweise wird der österreichische Kaiser nämlich schon 1916 seinen letzten Atem aushauchen, von einer friedlichen Jubiläumsfeier würde im Jahr 1918 ohnehin nicht die Rede sein können.

Aber, wenn man ehrlich ist, es geht im Grunde auch nicht um eine kaiserliche Feierlichkeit, sondern um die Abbildung der Gesellschaft, die unlängst in ein neues Jahrhundert eingetreten war. Das Bürgertum steht am Übergang zur Massengesellschaft, der einzelne Mensch steht einer unüberschaubaren, lauten, sich immer schneller entwickelnden Welt gegenüber und droht in ihr unterzugehen. Der Einzelne beginnt immer weniger zu zählen; ein Aspekt, der seinen ersten furchtbaren Höhepunkt im Massensterben während des Ersten Weltkriegs erfährt.

Robert Musil hat von seinem Mann ohne Eigenschaften (1930/ 1933) zu Lebzeiten rund 1700 Buchseiten veröffentlicht. Musils Roman ist Fragment geblieben, er ist ohne Ende, weil der Autor mitten im Konzipieren, Verändern und Schreiben gestorben ist.

Als Musils Frau nach dessen Tod das Arbeitszimmer ihres Mannes betrat, stieß sie auf 12.000 zum Teil sehr klein, manchmal kaum entzifferbar beschriebene Blätter (mit mehr als 100.000 Anmerkungen des Autors). Seit Jahrzehnten ringen Literaturwissenschaftler und Nachlassverwalter um die Herausgabe eines vermeintlichen

Endes des Romans, so wie ihn Musil sich gedacht haben möge. Verschiedene Male ist es zu derlei Versuchen gekommen, zum Beispiel 1978, als sowohl fertige Kapitel als auch die vielfältigen Fragmente aus dem Nachlass veröffentlicht worden sind. Dass dies bei dem unüberschaubaren Konvolut von Seiten und Anmerkungen aber ein ebenso aussichtsloses Unterfangen wie die einst beschriebene »Parallelaktion« ist, müsste doch eigentlich klar sein. Man muss nur einsehen, dass *Der Mann ohne Eigenschaften* auch als Fragment ein Jahrhundertwerk ist und bleibt – und es dabei belassen.

86.

Weil Proust die verlorene Zeit gesucht und sie am Ende womöglich auch gefunden hat

Nicht nur eine Welt gibt es, die Welt des Ich-Erzählers in Marcel Prousts legendärem Jahrhundertwerk *Auf der Suche nach der verlorenen Zeit* (*À la recherche du temps perdu*), sondern Millionen von ihnen erwachen jeden Morgen – so viele wie es Augenpaare und Menschenhirne gibt. So steht es im fünften Band des Proust'schen Riesenwerks geschrieben. Eine jede dieser Welten ist mit einem anderen Lebenslauf angefüllt, steckt voller Details, die im Prozess des Lebens und Alterns erhalten bleiben oder verloren gehen.

Das Schicksal, mit dem sich jeder Mensch auseinanderzusetzen hat, wird nicht nur durch eigenes Handeln bestimmt, sondern vor allem durch die Interaktionen mit anderen Menschen – im Fall des Ich-Erzählers vor allem mit der Mutter, der Großmutter, dem Kunstliebhaber Swann, dem Freund Saint-Loup und den beiden Freundinnen Gilberte und Albertine. Prousts Ich-Erzähler lebt im Paris in der Epoche des sogenannten Fin de Siècle, der Wende zum 20. Jahrhundert. Es ist die Zeit, da der alte Adel auszudienen beginnt und das oft dekadente Bürgertum immer mehr an Bedeutung gewinnt. Es ist die Zeit der Dreyfus-Affäre und des technischen Fortschritts, eine Zeit der Umwälzung gesellschaftlicher Werte, die sich nicht nur in der Welt der Kunst, sondern auch in Sachen Erotik (erste Liebe, Kurtisanentum, Homosexualität) bemerkbar macht.

Der Ich-Erzähler (in der Literaturwissenschaft werden sehr oft und sehr viele Parallelen zum Autor Marcel Proust gezogen) fasst in seinen Jugendjahren, nach dem Besuch eines Theaterstücks, den Entschluss, Schriftsteller zu werden. Obwohl der Wunsch nach einer schriftstellerischen Karriere allgegenwärtig ist, gelingt es ihm jedoch nie, sich konsequent an den Schreibtisch zu setzen und seine Gedanken zu Papier zu bringen. Diese Gedanken jedoch – die Erinnerungen des Erzählers – gehen nicht etwa verloren, weil er sie nicht aufschreiben kann, sondern werden dem Leser während des Prozesses des Erinnerns nahegebracht. In diesem Sinne ist das siebenbändige Werk Prousts ein Roman, den es durch den Ich-Erzähler erst noch zu schreiben gilt. Das klingt seltsam? Schon möglich. Aber gerade das macht Prousts *Recherche* (frz.: Suche), wie die Romanreihe in der Wissenschaft liebevoll genannt wird, zu einem echten Genuss, der in der Literatur des 20. Jahrhunderts einen neuen Markstein setzte.

Wenn Proust sich auf die Suche nach der verlorenen Zeit begibt, so ist das kein mystisches Abenteuer. Er setzt sich nicht in eine Zeitmaschine und reist in die Vergangenheit, um Minuten, Stunden oder Tage zurückzugewinnen. Prousts Suche besteht aus der Erinnerung. Und diese ruft eine Zeit wach, die der Erzähler selbst vergeudet zu haben meint, aber auch eine Zeit, die vergessen wird, wenn man sie nicht in einem Kunstwerk bannt oder sich an sie erinnert und so ihr Andenken bewahrt. Wichtige Aspekte der Erinnerung sind für Proust ein bestimmter Geschmack, ein Geruch oder ein Gegenstand, der das Tor in eine zurückliegende, das heißt verloren geglaubte Zeit aufstößt und so eine Verbindung zwischen der Vergangenheit und der Gegenwart schafft.

Proust ist ein Wörterliebhaber. Er lässt seinen Protagonisten in subjektiven Erinnerungen schwelgen, die so detailverliebt und plastisch sind, dass das Beschriebene greifbar und nachempfindbar wird. Der Duft eines kleinen Kuchens oder der Blüten des Weißdorns, er ist dem Leser bald so gegenwärtig wie dem Erzähler; längst meint man, die Kleider der Salondamen gesehen und befühlt zu haben, gleichwohl uns nur eine Erinnerung davon projiziert wurde. Ein Kleid oder eine Blume über mehrere Seiten (und dies gern auch mal in einem Satz) zu beschreiben, mag auf den einen oder anderen Leser abschreckend wirken, aber die Genüsslichkeit, mit der Proust diese Erinnerungen heraufbeschwört, sucht in der Literatur ihresgleichen.

Keine Erinnerung gleicht einer anderen, und genau das ist es, was Proust antreibt: Er schafft ein Abbild einer Zeit, und das mehr als nur in fotografischer oder malerischer Sicht. Er schafft ein Abbild des Augenblicks (im wahrsten Sinne des Wortes) und versieht dieses mit dem Gefühl, dem Geruch, dem Geschmack und den Gedanken des Moments. Vergänglichkeit und Tod, Liebe in all ihren Facetten und Eifersucht, Krankheit und Krieg bilden die Eckpfeiler des großen Romans.

Proust hat sich Zeit für seine humorvolle, ironische und metaphernreiche Erinnerungsreise gelassen und der Nachwelt sieben seitenreiche Bände hinterlassen, die unter dem großen Titel *Auf der Suche nach der verlorenen Zeit* zusammengefasst werden. 1913 erschien mit *In Swanns Welt* der erste Teil, gefolgt von *Im Schatten junger Mädchenblüte* (1918), *Die Welt der Guermantes* (1920/21), *Sodom und Gomorrha* (1921/22), *Die Gefangene* (1923), *Die Entflohene* (1925) und schließlich *Die wiedergefundene Zeit* (1927). Die letzten drei Bände erschienen posthum, Marcel Proust war 1922 in Paris gestorben.

87

Weil »Shades of Grey« wie ein erotisches Gebirge aus der Erde gewachsen ist

Wenn ich an *Shades of Grey* denke, stelle ich mir unweigerlich die Entstehung der Gebirge auf unserer schönen Erde vor. Also, zuerst ist da nur eine glatte Fläche und natürlich Wasser, viel Wasser. Die glatte Fläche besteht aus Erde und Felsen und alles ist wunderbar ruhig und kein Mensch stört sich an der Ruhe (oder hätte sich dran gestört). Alles gehört noch zusammen, bis irgendwann diese ganze Kruste aufplatzt, als würde man die kandierte Platte einer Crème brulée mit dem spitzen Ende eines kleinen Löffels zerhacken. Es bilden sich die Erdplatten, und diese Erdplatten reiben bisweilen aneinander. Und an verschiedenen Stellen hat es so doll gerieben, dass die Platten sich nicht nur berührt und ein Erdbeben verursacht haben, sondern sie haben sich gegenseitig so sehr gedrückt und gequetscht und geschoben, dass sie sich wie zwei wütende Hirsche aufgerichtet und ihre Geweihe ineinander verkeilt haben. Dumm nur für die Hirsche, dass die Geweihe so verhakt waren, dass sie sich nicht mehr trennen konnten. So einfach entstehen Gebirge!

Und nun also *Shades of Grey*. Man stelle sich einen herrlichen Samstagnachmittag in einer Buchhandlung vor: Ein paar letzte Buchinteressierte wandeln von Regal zu Regal, um sich noch etwas Lektüre für den freien Sonntag zu besorgen. Schließlich ist Regen angesagt, und sich mit einer Tasse Kakao und einem raschelnden Buch in die Couchecke zu verdrücken, könnte höchst angenehm werden.

»Entschuldigung, Entschuldigung«, sagt eine Dame Mitte vierzig, die mich in der Abteilung für erotische Literatur anrempelt. Beziehungsweise: Ich remple sie an, denn was sollte ich denn in der Erotikabteilung? Ich remple sie im Vorbeigehen an, aber sie entschuldigt sich trotzdem, als sei sie sich peinlich bewusst, dass sie hier etwas verschämt nach einem Buch Ausschau hält, das sie zwischen den vielen bunten und lüsternen Buchrücken vermutet. Auf dem Weg zur Kasse blicke ich noch einmal zurück – sie sucht immer noch verzweifelt und traut sich nicht, einen der Angestellten zu fragen, scheint es. Als ich aus dem Laden gehe, drehe ich mich nochmals um, denn ich mag den letzten Blick auf eine friedliche Bücherwelt. Dann gehe ich nach Hause, die ersten Regentropfen fallen schon. Wie es aussieht, wird es an diesem Wochenende ein furchtbares Unwetter geben. Gut, dass wir zumindest in einem relativ erdbebensicheren Gebiet leben. Dachte ich.

Denn am folgenden Montag ist es passiert: Die Büchertische haben sich – Erdplatten gleich und vom gemeinen Kunden unbemerkt – unter Einwirkung unbeschreiblicher Kräfte gegeneinandergeschoben und haben das gut sortierte Sortiment weggedrückt. Ein Büchergebirge von unglaublichen Ausmaßen ist entstanden! Ach, was rede ich bescheiden, nicht nur eins, sondern gleich drei – so hoch, dass ich deren Gipfel gar nicht ohne Leiter erreichen könnte und die Türme von Büchern zum Einsturz brächte, würde ich unten eines herausziehen.

Im grauen Schatten der Bücherberge verharre ich einen Moment und bin plötzlich umringt von Frauenhänden – manikürten schmalen Händen, manikürten dicklichen Händen, Händen mit abgebrochenen Fingernägeln, kleinen Händen, mittelgroßen Händen, großen Händen. Sie greifen zu, hier und dort und auch am dritten Bücherberg, und eine Mitarbeiterin des Ladens kommt von hinten mit einem Wagen angefahren und lädt weiteres Geröll, ähm, Buchmaterial gleichen Titels ab. Das Riesengebirge ist ein stetig nachwachsendes Gebilde, es wird von den Leserinnen umschlungen wie eine junge unerfahrene Frau von einem gewieften Liebhaber mit grauen Augen, großem Portemonnaie und großem – Ego.

Shades of Grey hat im Jahr 2011 binnen kurzer Zeit den amerikanischen Buchmarkt erobert und sich von einem kleinen Independent-Verlag zum New Yorker Großmeister Knopf katapultiert, der mit seiner raffinierten Werbemaschinerie den Verkauf der Trilogie in den USA auf weit über 20 Millionen Buchexemplare puschte. Und so wird seit ein paar Jahren mancher (Haus-)Frau die Schamesröte ins Gesicht getrieben. Denn die junge Anastasia »Ana« Steele verliebt sich nicht einfach nur, sondern das in den 27-jährigen Playboy und Milliardär Christian Grey, der Ana zunächst eigentlich weniger liebhaben als vielmehr an sein Bett fesseln möchte, kleine Hiebe mit der obligatorischen SM-Peitsche inklusive. Ist das quasi ein *Sex and the City 2.0*? Man möchte meinen ja, denn in den Staaten hat man sich nach der Erfolgsserie selten so von Höhepunkt zu Höhepunkt gehangelt – damit meine ich natürlich die Nummer-eins-Platzierungen in den Bestsellerlisten!

Kultursendungen des öffentlich-rechtlichen Fernsehens im sexuell aufgeklärten Deutschland hatten bereits frühzeitig auf die Flutwelle aus Richtung Amerika hingewiesen – und tatsächlich, auch die deutschen Frauen ließen sich von E. L. James und ihren drei Bänden *Geheimes Verlangen*, *Gefährliche Liebe* und *Befreite Lust* gefangen nehmen und redeten nun – offen oder hinter vorgehaltener Hand – munter über Sexspiele, teure Geschenke und emotionale Manipulation – als ob wir das nicht selbst alle schon mal erlebt hätten oder als ob wir das alle unbedingt mal erleben wollten! Frauen (und wahrscheinlich auch ein paar Männer) aus der ganzen Gesellschaft haben sich in diesen Strudel von Leidenschaft und Sex und Haue gestürzt, Akademikerinnen ebenso wie Reinigungsfachfrauen, Köchinnen und Schülerinnen. Die Literaturwissenschaftlerin legt Henry beiseite und widmet sich nun E. L. James, Monika von nebenan, sonst ausschließlich TV-Konsumentin (mit *Frauentausch* ist sie aber, wenn man es recht bedenkt, gar nicht so weit weg »vons Janze«), hat zum ersten Mal ein Buch gekauft, Mädchen in der Pubertät lesen heimlich Muttis Ausgabe und finden wahrscheinlich schon unglaubwürdig, dass man mit 21 Jahren noch Jungfrau sein kann. Aber dass der Typ so reich ist, klingt schon irgendwie verlockend.

Aber mal ehrlich: Es passt doch auch alles wunderbar zusammen! Allein schon die Nachnamen der beiden sexhungrigen Protagonisten Grey/Steele (Grau/Stahl) ergänzen sich doch fabelhaft, das ist quasi schon eine Kopulation auf Wortebene, da haben wir von den Grey'schen glitzernden grauen Augen noch nichts gehört, auch nichts vom Rotwerden der nonnenhaften Ana, nichts von perfektem Oralverkehr (ganz intuitiv natürlich!) und auch nichts von Christians Vergangenheit. Nein, ich werde das jetzt nicht erzählen, denn es gibt ja noch zwei oder drei Frauen auf der Welt, die das Buch noch nicht kennen und die es sich auf die eine oder andere Weise nachträglich besorgen lassen wollen. Vielleicht irgendwann mal – natürlich antiquarisch, denn die dicken Dinger werden restlos vergriffen sein.

Mit dem literarischen Niveau wollen wir gar nicht erst anfangen. Bei Millionenauflagen, Merchandising, Verfilmung, Hörbüchern und und und gelten schließlich andere Gesetze! Da schimpfen manche »Arztroman« und »Schundroman«, andere finden es super, genau aus dem Leben gegriffen, spannend, fesselnd, wie eine Explosion. Fragt sich nur, was hier explodiert?! Na ja, solange es nicht Christians Kronjuwelen sind, ist doch alles paletti – und es könnten doch auch noch ein paar Fortsetzungen folgen. Oder war's ganz zu Ende? Ich müsste das wohl noch mal nachschlagen, zufällig hat eine Freundin Band drei neben den anderen beiden in meiner Bücherwand stehen lassen.

88

Weil diese San Franciscoer »Stadtgeschichten« komisch, heiter und unverwechselbar sind und einen skurrilen Charakter nach dem anderen zutage fördern

Lässt man Las Vegas einmal außer Acht, bestehen die Vereinigten Staaten von Amerika ja im Grunde nur aus drei logischerweise in Form eines Dreiecks zueinander gelegenen Städten. Eine Stadt ist für die Kosmopoliten gedacht, eine für die (Möchtegern-)Schauspieler und eine für die, die sich sexuell befreien wollen. Zumindest war das in den 1970er Jahren der Fall. Die Rede ist natürlich von Seattle im Westen, Houston im Süden und Philadelphia im Osten. Und genauso schnell, wie Ihnen spätestens jetzt ein Schmunzeln über die Lippen huschen sollte, weil Ihnen klarwird, dass es sich eben um einen Scherz gehandelt hat, wird Ihnen bewusst sein, dass es sich selbstverständlich nur um New York, Los Angeles und San Francisco handeln kann.

In die letztgenannte Stadt entführt uns der ebendort lebende amerikanische Schriftsteller Armistead Maupin mit seinen *Stadtgeschichten*, die – und muss man heutzutage eigentlich noch vorwarnen? – selbstredend voller Sex sind. Sie spielen ja nicht umsonst in San Francisco, zu einer Zeit (1970er und 1980er Jahre), da jeder sich die Freiheit nahm, sich und seine Sexualität auszuprobieren, fern von jeder kleinbürgerlichen Bigotterie und unterstützt von einem bestimmten Gras, das nun nicht unbedingt für einen gutgepflegten englischen Rasen geeignet ist.

Maupins Figuren – so sehr sie sich auch von uns deutschem (und auch amerikanischem?) Durchschnittsleser unterscheiden mögen – sind trotz ihrer sehr außergewöhnlichen Lebensläufe und Interessen zum großen Teil charmante Zeitgenossen. Als da wären: (a) die junge Mary Ann Singleton (der Name allein spricht schon Bände!), die aus Cleveland in Ohio nach San Francisco zieht, um sich endlich dem Einfluss ihrer Familie zu entziehen. (b) Anna Madrigal, eine Dame mittleren Alters und engagierte Vermieterin in der Barbary Lane 28, die wirklich alles über die Leute in ihrem Haus weiß und sich auch gerne mal einmischt. Dass sie Cannabis züchtet, gehört quasi zum guten Ton in ihrem Hause, nur dass sie mal ein Mann war, weiß niemand. (c) Die bisexuelle Mona Ramsey, die sich für kein Abenteuer zu schade ist und unerwartet auf ihren verschollen geglaubten Vater trifft. Na raten Sie mal, wer das sein könnte! (d) Der schwule Michael Tolliver, der eigentliche Held der *Stadtgeschichten*-Reihe, der (natürlich!) auch kein Abenteuer aus- lässt, vor allem kein sexuelles, der aber doch im Grunde nur die Liebe seines Lebens und also einen festen Partner sucht – ihn im Überfluss des Angebotes aber einfach nicht finden kann. Im Hause wohnen ferner (e) der echt straighte Kellner und Schürzenjäger Brian Hawkins und (f) der offensichtlich durchgeknallte Mieter der Dachwohnung namens Norman Neal Williams.

Man kommt nicht umhin, auch (g) Mary Anns Chef Edgar Halcyon zu erwähnen, der ganz eng mit der Vermieterin Anna Madrigal ist, dessen Tochter (h) DeDe Halcyon-Day, die nicht nur auf Societylady macht, sondern sich auch noch mit einem Psycho- pathen abgibt. Nicht zu vergessen sei (i) ihr Ehemann Beauchamp Day, der nicht nur Mary Ann zum Anknabbern findet, sondern auch mal in der Herrensauna auf »Jagd« geht. Und schließlich wären da noch (j) der Sektenführer Jim Jones (ganz schlimme Sorte!), (k) Anna Madrigals Mutter, eine erfolgreiche Bordell- betreiberin, sowie Michael Tollivers Langzeitliebhaber – es sind zwei – (l) Jon Fielding (zufällig auch DeDe Halcyon-Days Gynäko- loge) und (m) Thack Sweeney.

Was 1974 als Fortsetzungsreihe im *San Francisco Chronicle* be- gann, zog in kürzester Zeit eine feste Fangemeinde an. Armistead Maupin hatte die Chance, seine *Stadtgeschichten* in gesammelter Form herauszugeben, und veröffentlichte im Jahr 1978 den ersten Band unter ebendiesem Titel. Als deutsche Übersetzung kam er erst im Jahr 1993 auf den Markt. Es folgten weitere acht Bände, die man einfach mal nennen muss: *Mehr Stadtgeschichten* (1980), *Noch mehr Stadtgeschichten* (1982), *Tollivers Reisen* (1984), *Am Busen der Natur* (1987), *Schluss mit lustig* (1989), *Michael Tolliver lebt* (2007), *Mary Ann im Herbst: Die allerneuesten Stadtgeschichten* (2010) sowie *The Days of Anna Madrigal* (im Original erschienen im Januar 2014).

Im Gegensatz zu anderen Büchern ist es schlichtweg unmöglich, den Inhalt der Reihe in Kürze zu umreißen. Zu viele Menschen, zu viele Orte, zu viele Ereignisse, die sich überschlagen, sich miteinander verknüpfen und einander bedingen. Das kann und sollte man besser alleine lesen und herausfinden! Die Ausgaben sind alle noch im Buchhandel erhältlich.

Ach ja, bevor Sie jetzt Armistead Maupins *Stadtgeschichten* bestellen und in diesen Schmelztiegel eintauchen, sei schon mal vorweg gewarnt: Man kann sich dem unverblümten und unverblühten Charme der Charaktere nicht entziehen, und wenn man auch nicht unbedingt eine Drogen- oder Sexkarriere machen möchte, eines will man am Ende der Lektüre (oder eher schon mittendrin) auf jeden Fall sein: Ein Mieter in der Barbary Lane 28.

89.

Weil man »Fackeln im Sturm« und »Die Dornenvögel« einfach nur in einem Atemzug nennen kann

Die 1980er Jahre waren nicht nur das Zeitalter der verrückten Frisuren, der kunterbunten Klamotten und des New Waves, sondern auch zweier berühmter Fernsehserien, die mit ihren Hauptdarstellern für Furore sorgten: Patrick Swayze und Richard Chamberlain.

Patrick Swayze machte im großen Drama um den amerikanischen Bürgerkrieg als Orry Main eine gute Figur. Die ab 1985 produzierte Serie *Fackeln im Sturm* basierte auf einem dreiteiligen Romanzyklus des amerikanischen Autors John Jakes, der in der deutschen Übersetzung die Titel *Die Erben Kains* (1982), *Liebe und Krieg* (1984) sowie *Himmel und Hölle* (1987) trägt. Hier trifft Orry Main als guter Südstaatensohn in der legendären Militärakademie West Point auf den Nordstaatensprössling George Hazard. Während Orry das Leben auf einer Plantage mit Sklaven gewohnt ist, lebt George sklavenfrei im Norden, die Familie besitzt eine florierende Eisenhütte. Obwohl die Lebensläufe der jungen Männer nicht unterschiedlicher sein könnten, freunden sie sich an – nicht wissend, dass sie sich eines Tages als Feinde im Sezessionskrieg gegenüberstehen würden.

Aus dem viele Jahre lang zwischen den Nord- und Südstaaten Amerikas schwelenden Konflikt um die Frage der Sklaverei ist ein offener Krieg entbrannt, in den auch die Familien Main und Hazard hineingezogen werden. Wie viel zählt eine Freundschaft seit Jugendtagen, wenn die Armeen sich als feindliche Todesbringer gegenüberstehen und man zwischen Recht und Gewissen, zwischen Loyalität für den Freund oder für den Staat steht? Neben all den Schrecken des Krieges lässt John Jakes aber auch positive Beispiele von Liebe, Mut und Opferbereitschaft nicht zu kurz kommen und entwirft so ein Kaleidoskop der Zeit des amerikanischen Bürgerkriegs.

Richard Chamberlain – oder besser: Pater Ralph de Bricassart – hat dagegen einen ganz anderen Kampf auszufechten, den zwischen seiner Liebe zu Meggie Cleary und seiner Liebe zu Gott. Obwohl der Pater der jungen Frau deutlich zu verstehen gibt, dass Gott für ihn immer an erster Stelle stehen wird, und Meggie schließlich einen anderen Mann heiratet und auch ein Kind mit ihm bekommt, gibt es kein Ende der Gefühle zwischen den beiden Unglücklichen. Der Ehebruch lässt lange, aber nicht vergeblich auf sich warten.

Nach wenigen gemeinsamen Tagen mit Ralph und Meggie als Liebespaar ist die junge Frau erneut schwanger … Die australische

Schriftstellerin Colleen McCullough (*Masters of Rome*) lieferte die literarische Vorlage für die Fernsehserie. Ihr Roman *Die Dornenvögel* (1977), der das Spannungsverhältnis zwischen Glauben, Liebe, Hoffnung und Verrat in sich vereint, wurde bereits als Buch zum Bestseller. Dieses Spannungsverhältnis war dem ZDF offenbar ein bisschen zu straff gewirkt, es lehnte die Ausstrahlung wegen des religiösen Konfliktpotenzials ab. Nachdem Sat.1 die Miniserie im Januar 1985 gesendet hatte, strahlte sie die ARD im Oktober erneut aus.

90.

Weil Georg Rollenhagens »Froschmeuseler« ein echter Exot unter allen Epen, Gedichten und Romanen in diesem Buch ist

Zugegeben, Georg Rollenhagens tausendseitiges, mit Holzschnitten versehenes Tierepos *Froschmeuseler* ist ein echter Exot unter all den in diesem Band behandelten Büchern. Das mag schon an seinem Autor liegen: Georg Rollenhagen war zeitlebens ein vielbegabter Mann. So war er nicht nur Schriftsteller und Pädagoge, sondern auch Mathematiker, Meteorologe, Astrologe, Botaniker, Geistlicher und Übersetzer. An der Wittenberger Universität hatte er zu den Studenten Melanchthons gehört.

Obwohl es ein Kriegsbuch ist, in dem es um Massenschlachten, Morde, Anführer und Besiegte geht, hebt es sich von anderen Kriegsbüchern – bei denen wahrscheinlich jeder bestimmte Erwartungen hegt – ab. Im *Froschmeuseler*, der erstmal 1595 in Magdeburg gedruckt wurde, geht es nämlich nicht um mittelalterliche Schlachten zwischen verschiedenen europäischen Reichen, sondern um einen Krieg in Miniaturformat – zwischen Fröschen und Mäusen. Und das kam so:

Wie in der Malerei gab es auch auf der literarischen Ebene das Problem, dass man hinsichtlich der Schlachten, die nun auf Masse zielten, neue Darstellungsmöglichkeiten benötigte. Denn wie sollte man eine Schlacht mit mehreren Zehntausend Kämpfern en détail darstellen? Der neue Typ des Tierepos im 16. Jahrhundert kann als Antwort auf dieses spezielle mediale Problem der Darstellbarkeit des Krieges beziehungsweise einzelner Schlachten in der Literatur angesehen werden. Das augenscheinlichste Merkmal ist hierbei wohl die Ersetzung der gängigen Handlungsfiguren in Tierfabeln – also Wolf, Löwe und Fuchs – durch Klein- und Kleinsttiere wie Mücken, Flöhe, Frösche und Mäuse.

Im Vers-Epos *Froschmeuseler* beginnt alles damit, dass Bröseldieb, der Sohn des Mäusekönigs, durch die unterlassene Hilfeleistung von Seebolt Bausback, dem König der Frösche, umgekommen ist. Sehr schnell erreicht die schlechte Kunde den Hof des Mäusekönigs durch die Gefangennahme eines Frosches, der dem Herrscher der Mäusewelt einen Augenzeugenbericht liefern soll. Der Mäusekönig (nicht zu verwechseln mit dem aus dem *Nussknacker*!) sendet sofort Boten in alle Himmelsrichtungen aus, um wehrfähige Mäuse als Soldaten zu berufen. Der gemeine Mord an seinem Sohn soll gesühnt werden. Die Frösche erfahren von den Plänen und nehmen nun ihrerseits militärische Maßnahmen auf. Die besonnenen Charaktere auf beiden Seiten werden im Kriegsgeheul einfach überhört. Man kennt das ja.

Nach den Gesprächen und Diskussionen der beiden Könige mit ihren Fürsten und Ratsmännern klärt Rollenhagen ausgiebig über die Ausrüstung der Mäuse und Frösche auf. Hier gibt es freilich Waffen und Verteidigungsausrüstungen, aber diese entstammen dem Lebensumfeld der Tiere. So werden beispielsweise Nussschalen zu Rüstungen und Muscheln zu Schilden. Ebenso wird die – man ist geneigt zu sagen: internationale – Zusammensetzung der Heere beleuchtet. Denn es heuern auf beiden Seiten auch andere Tierarten zum Kampf an. Die Tiere fungieren freilich als Chiffre, das Besondere ist jedoch die Vermischung der Wesenszüge der Tiere mit denen der Menschen.

Höhepunkt ist – nach unzähligen Massenschlachten und vielen Toten – zweifellos der Zweikampf zwischen den beiden Königen. Nach klassischem Muster treffen sie zunächst zu einem kurzen Gespräch aufeinander, in dem sie sich gegenseitig die Schuld am Blutvergießen zuschieben und das Recht nach Gottes Willen auf ihrer Seite spüren. Am Ende schlagen die Mäuse die Frösche vernichtend. Und dann greift Gott ins Geschehen ein und straft die brutalen Mäuse für deren Vernichtungskrieg.

Der *Froschmeuseler* ist ein Exot – nicht nur hinsichtlich Kriegsliteratur, sondern freilich auch hinsichtlich des Lesegeschmacks der Menschen von heute. Tiere, die gegeneinander Krieg führen – und das auch noch in Versen?! Rollenhagens Epos ist vielleicht keine Strandlektüre und auch nichts für die Fahrt in der Straßenbahn, aber wer sich einmal auf die fidel diskutierenden und kämpfenden Mäuse, Frösche und Co. eingelassen hat, wird von der phantasievollen Gestaltung der Figuren, ihrem Kalkül und den vielen weisen Sinnsprüchen des Autors fasziniert sein, versprochen!

10. KAPITEL

Jugendbücher und Schullektüre

Weil Siegfried Lenz' »Deutschstunde« uns Nachhilfe
in Sachen Mut und Gewissen gibt

Ist Siggi Jepsen zu Unrecht in der Jugendstrafanstalt gelandet? Und welchen Sinn soll es haben, in einer Deutschstunde einen Aufsatz über »Die Freuden der Pflicht« zu schreiben? Ist es wahr, dass Siggi im Grunde eine Strafe seines Vaters absitzt, der diese nie zu verbüßen hatte? Drei Jahre muss er dort zubringen, bevor sich die Anstaltstüren wieder öffnen und ihn einer ungewissen Zukunft übergeben. Wegen Diebstahls sitzt er ein, gestohlen hat er (wir schreiben das Jahr 1954) aber kein Auto wie ein junger Wilder und auch keinen Alkohol aus einem Geschäft, sondern Kunst. Bilder des berühmten und international ausgezeichneten Malers Max Ludwig Nansen.

In seiner schleswig-holsteinischen Heimat kennen alle den Farbenkünstler, den man nur »der Maler« nannte. Bekannt ist er einerseits für seine Werke, andererseits für sein groteskes Schicksal, das kurz vor Ende des Zweiten Weltkriegs noch eine ganz unerwartete Wendung nahm. Nansen wurde nämlich auf direkten Befehl aus Berlin mit Berufsverbot belegt: Er durfte nicht mehr zu Papier, Pinsel und Farben greifen, verschiedene Bilder wurden beschlagnahmt und/oder vernichtet. Expressionistisch und entartet, hieß das Urteil, das den Maler zur Persona non grata machte. Hier, in der Heimat des jungen Siggi Jepsen, wo jeder den anderen kannte, wo jeder mit jedem in irgendeiner Beziehung stand, ausgerechnet hier war sein Vater Polizeivorsteher und für die Durchsetzung des Berufsverbots verantwortlich.

Jens Ole Jepsen ist ein Hundertfünfprozentiger. Eine ihm auferlegte Aufgabe erfüllt er zur vollsten Zufriedenheit, nein, sogar noch darüber hinaus. Er ist es gewohnt, Befehle zu erhalten und sie beflissentlich auszuführen, er hat Freude an seiner Pflicht. Dass Entscheidungen hin und wieder dem eigenen Gewissen entgegenstehen, stört nicht. Das Unrecht kann man zwar nicht ausschalten, das Gewissen schon. Und so macht er sich an seine Aufgabe und überbringt dem Maler die Nachricht vom Berufsverbot.

Für den zehnjährigen Siggi Jepsen ist der Maler eine zweite Vaterfigur, sein Atelier und Wohnhaus sind Orte, an denen er sich wohl- und geborgen fühlt. Ihm würde es nicht im Traum einfallen, den Vater bei dessen widerlicher Aufgabe zu unterstützen. So mausert sich der Junge zum Komplizen des Malers, warnt ihn vor Übergriffen des Vaters, bringt Bilder in Sicherheit und versteckt sie vor dem Zugriff der Staatsmacht.

In der Anstalt muss Siggi eines Tages einen Aufsatz schreiben. Das Thema lautet: »Die Freuden der Pflicht«. Er hat jedoch so viel zu erzählen, dass er gar nicht erst zu schreiben beginnen kann – und gibt ein leeres Heft ab. Als Folge kommt er in den Arrest, und hier sortieren sich seine Gedanken und Erinnerungen, und er erzählt die Geschichte von seinem Vater, wie der den Maler und Freund Max Nansen drangsalierte, seine eigene Familie für die Obrigkeit opferte, wie es überhaupt dazu kam, dass er, Siggi, nun in der Jugendstrafanstalt sitzt und diesen Aufsatz schreibt.

Dass Siegfried Lenz' Roman *Deutschstunde* ausgerechnet im Jahr 1968 zum ersten Mal erschien, ist mehr als ein Wink mit dem berühmten Zaunpfahl. Die Protestbewegung der 1960er Jahre hatte von der Bundesrepublik ebenso Besitz ergriffen wie von vielen anderen Teilen der Welt.

Lenz' Roman zeigt exemplarisch den damals brodelnden Generationenkonflikt: Auf der einen Seite ist der obrigkeitsgehorsame Vater, der seine Handlungen keineswegs hinterfragt hat und gemeinsam mit seiner ideologiehörigen Frau nicht einmal davor zurückschreckte, den eigenen Sohn als Deserteur zu denunzieren. Auf der anderen Seite ist der aufmüpfige Sohn, dessen Vater zum Feind werden muss, weil er den Idealen des Kindes nicht entspricht. Lenz erzählt an dieser Stelle aber nicht nur eine simple Familiengeschichte aus deutschen Landen während des Krieges, sondern ist Chronist einer Zeit, in der viel zu viele Landsleute bereitwillig die Außerkraftsetzung der Regeln des Menschseins und des verlässlichen Miteinanders hinnahmen und einer Macht gehorchten, die – ohne dass sie es erkannt oder hätten wahrhaben wollen – ihr Unglück bedeutete.

Wer das Werk Siegfried Lenz' ein wenig kennt (zum Beispiel durch die Bücher *Der Verlust*, 1981; *Arnes Nachlass*, 1999; *Schweigeminute*, 2008), taucht ein in seine typische Erzählweise – ernst und traurig, aber auch humorvoll und lebensnah. *Deutschstunde* ist kein Roman, in dem aus jeder Seite ein erhobener Zeigefinger ragt und auf die Gefahren totalitärer Systeme und die blinde Gehorsamkeit vieler Zeitgenossen hinweist. Und dennoch weiß man am Ende, dass es die persönliche Courage und das Gewissen sind, die den Mutigen vom Feigling unterscheiden, die das Richtige vom Falschen trennen.

92.

Weil man es als Outsider meistens nicht leicht hat und Susan E. Hinton zeigt, warum das so ist

Rivalisierende Familien oder Außenseiterbanden gibt es nicht nur in William Shakespeares *Romeo und Julia* oder in der *West Side Story*! Als die erst 16-jährige Susan E. Hinton 1967 ihren ersten Roman *Die Outsider* vorlegte, wurde dieser ein so durchschlagender Erfolg, dass die Jugendliche sogleich als die Stimme ihrer Generation gefeiert wurde. Denn sie war ganz nah dran am Lebensgefühl ihrer Altersgenossen, als sie von den unterschiedlichen sozialen Umständen schrieb, unter denen Kinder und Jugendliche in ein und derselben Stadt aufwuchsen.

Tulsa, eine Stadt im amerikanischen Bundesstaat Oklahoma, war zugleich Hintons Heimat als auch Handlungsort für ihre

Außenseiter. Im Mittelpunkt stehen die rivalisierenden Gangs »Greasers« aus dem Ostteil und »Socs« aus dem Westteil der Stadt – seit Jahren bitter verfeindet, was immer wieder zu Auseinandersetzungen führt. Vorbilder für diese Gangs waren niemand anderes als Schülerinnen und Schüler aus ihrer eigenen Klasse in der Mitte der 1960er Jahre. Hinton stellte sich die Frage, woraus sich die Konflikte zwischen den Jugendlichen entwickeln und auf welchem Weg sie aus ihren Problemen herausgeführt werden können.

Zentrale Figur und Ich-Erzähler des Romans ist der erst 14-jährige Michael Curtis, genannt »Ponyboy«. Er ist ein cleveres Kerlchen, liebt Bücher und Musik und will vor allem cool sein. Deswegen gehört er auch wie seine Brüder Darry und Sodapop zu den Greasers. Doch Mitglied einer Gang zu sein, bedeutet auch, Zielscheibe der Rivalen zu werden. Als ein paar betrunkene Socs Ponyboy zu ertränken versuchen, wird deren Anführer Bob Sheldon vom Greaser Johnny, einem vernachlässigten und depressiven 16-Jährigen, in Notwehr erstochen. Dies setzt eine Kettenreaktion von Gewalt und Gegengewalt in Gang, die zu noch mehr Verletzten und Toten führt.

Gewalt und Totschlag unter Jugendlichen, suchthaftes Rauchen und Trinken bei Minderjährigen, gestörte Familienverhältnisse und permanentes Fluchen – es gab viele Gründe, warum einige Schulen und Bibliotheken Susan E. Hintons Roman *Die Outsider* lieber nicht in ihren Leseräumen platzieren oder gar im Unterricht behandeln wollten. Klar, das klassische Bild vom amerikanischen Highschoolschüler, der fleißig lernt, ein gutes Elternhaus hat und bestenfalls noch in der Schulmannschaft Football spielt oder bei den Cheerleadern mitturnt, stellt Hinton mit ihren desillusionierten Jugendlichen mit schwachem sozialen Hintergrund und ausgeprägter Perspektivlosigkeit auf den Kopf. Das Ausbrechen aus dem sozialen Gefüge, der Versuch, Gutes zu tun und doch irgendwie immer wieder zu scheitern, hat mehr Konsequenzen als blaue Flecken und andere körperliche Wunden.

Dieses Themengebiet hat die Autorin auch noch in verschiedenen Folgewerken bearbeitet, zum Beispiel in *Jetzt und hier* (1971), *Rumble Fish* (1975) und *Entscheidung in Oklahoma* (1979). Heute gehört vor allem der Roman *Die Outsider* zum festen Lesekanon in Schulen und wird fortlaufend in großer Auflage publiziert.

93.

Weil John Green auf dem besten Weg ist, ein junger Klassiker unter den modernen Jugendbuchautoren zu werden

John Green würde es so ausdrücken: *Das Schicksal ist ein mieser Verräter*! Und für junge Menschen, die mit Lebensumständen geschlagen sind, die schlichtweg gemein sind, trifft das wohl auch zu. Denn wie soll sich die 16-jährige Hazel mit ihrer Krebserkrankung schon fühlen? Gut etwa? Und wie soll das werden mit Gus, den sie in einer dieser von ihr nicht gerade wohlbedachten Selbsthilfegruppen trifft und da plötzlich jemand ist, mit dem sie Musik hört und über Bücher spricht, mit dem sie zu Unternehmungen aufgelegt ist und der auch einfach mal zuhören kann, der sie schlichtweg versteht? Denn Mitleid will Hazel nicht, sondern ihr Leben leben – mit Aufs und Abs, hektisch, skurril, liebevoll, tiefgründig, ehrlich, echt.

Hazel ist nur eine von John Greens Romanheldinnen und -helden, die in den letzten Jahren ihren Siegeszug durch die Jugendzimmer hinein in die Bestsellerlisten angetreten haben. *Das Schicksal ist ein mieser Verräter* kletterte sofort nach seinem Erscheinen unter anderem auf Platz eins der Bestsellerlisten der *New York Times* und des *Wall Street Journals*. Angefangen hatte Greens Erfolgsgeschichte aber mit dem Schüler Miles Halter aus seinem Debütroman *Eine wie Alaska* (2005), der nach dem Tod seiner Freundin die wahren Umstände ihres Ablebens herausfinden möchte und dabei bemerkt, wie wichtig das Mädchen für ihn und alle anderen im Internat in Alabama war.

Greens Beteiligung an den Romanen *Tage wie diese* (2008) und *Will & Will* (2010) trugen zu seinem bisherigen Erfolg ebenso bei wie der Roman *Die erste Liebe [nach 19 vergeblichen Versuchen]* aus dem Jahr 2006, in dem das Wunderkind Colin zwar alle Schulfächer beherrscht wie ein kleiner Professor und pausenlos aus Worten und Sätzen Anagramme bildet, der in der Liebe aber weniger Glück hat und ständig (19 Mal!) von Mädchen sitzengelassen wird, die Katherine heißen. Da kommt er auf die wahnwitzige Idee, eine Berechnungsgrundlage für das Glück abzufassen, die völlig auf den Kopf gestellt wird, als das permanente Katherine-Opfer auf das Mädchen Lindsey trifft.

Green war 24 Jahre alt, als er an seinem ersten Roman *Eine wie Alaska* zu schreiben begann; er war noch ganz nah dran an seiner eigenen Jugend und den schönen und weniger schönen Erlebnissen auf der Highschool und im Internat. Die Nähe zu seinen Figuren, das Sich-Einfühlen in die jugendlichen Charaktere hat er auch in den folgenden Romanen bewahrt und arbeitet so unaufhörlich (wenn auch eher zufällig) daran, schon mit unter 40 Jahren ein echter Klassiker auf dem Jugendbuchmarkt zu werden. Seine Bücher »lesen sich weg«, ohne simpel oder platt zu sein, sein Erzählstil ist so sympathisch wie seine Figuren. Damit befindet sich Green in der launigen Gesellschaft eines Stephen Chbosky (*Vielleicht lieber morgen*, 1999), David Levithan und Rachel Cohn (*Nick & Norah – Soundtrack einer Nacht*, 2006; *Naomi & Ely – Die Liebe, die Freundschaft und alles dazwischen*, 2007), Jeff Kinney (*Gregs Tagebuch*, seit 2008) und des 2013 leider verstorbenen Wolfgang Herrndorf (*Tschick*, 2010).

Wer nun meint, Jugendliteratur ist nur was für Jugendliche, der kann sich nicht nur von John Green eines Besseren belehren lassen. *Harry Potter*, *Die Tribute von Panem* und einige andere zunächst als Jugendbücher deklarierte Romane haben längst bewiesen, dass Jugendliteratur nicht zwangsläufig eine Frage des Alters ist. Eine guterzählte Geschichte ist und bleibt eine guterzählte Geschichte! John Green hat davon einige auf Lager – und die zeigen, wie die Jugend von heute tickt, aber auch – Gott sei Dank –, dass wir Erwachsenen in unserer eigenen Jugendzeit mit ähnlichen Sorgen und Glücksmomenten zu tun hatten und also nichts verpasst haben!

94.

Weil Erich Kästners Jungs ein ganzes Klassenzimmer zum Fliegen bringen, mit einer Propellermaschine am Nordpol landen und aus einer Wolke »Stille Nacht, heilige Nacht« singen

Rudi Kreuzkamm wurde entführt! Und nicht etwa von irgendwelchen verbrecherischen Ganoven, sondern ausgerechnet von den ach so verhassten Realschülern. Denn es besteht schon immer eine erbitterte Feindschaft zwischen den Gymnasiasten vom Kirchberger Internat und den Realern. Und nicht nur den Kreuzkamm haben diese Halunken gefangen genommen, auch die Diktathefte, die sie dem Alten, sprich: dem Deutschlehrer, auf dem Nachhauseweg vorbeibringen sollten, sind in den Besitz der Gegner übergegangen. »Teufel, Teufel! Die Diktathefte haben sie auch?«, fragt Matthias, der Stärkste in der Freundesclique, und resümiert: »Gott sei Dank!« Kein Wunder, schließlich hat er »Provintz« mit tz geschrieben und in »Profiand« gleich mal zwei Fehler eingebaut – »Die reinste Rekordhascherei!« Den Kreuzkamm sollen die Realschüler herausrücken, die Diktathefte können sie getrost behalten, befindet Matthias und hat sich längst mit seinen Freunden auf den Weg gemacht, um den Klassenkameraden zu befreien.

Dabei hat die Jungsclique doch eigentlich gar keine Zeit, um in der Gegend rumzustreunen und Kloppe an fremde Kinder zu verteilen. Weihnachten steht vor der Tür, bald fahren alle Schüler des Internats zu ihren Eltern nach Hause.

Doch nicht nur Weihnachten wartet auf seine feierliche Gestaltung, sondern auch das hauseigene Theaterstück, eigens von Johnny für die große Weihnachtsfeier in der Turnhalle geschrieben. Das Stück in fünf Akten heißt *Das fliegende Klassenzimmer* »und war gewissermaßen eine prophetische Leistung«. Es würde nämlich den Schulbetrieb beschreiben, wie er in Zukunft gestaltet sein würde. Frontalunterricht? Keine Spur! Tafelbilder? Mitnichten! Feste Sitzpläne? Aber nicht doch! Der Unterricht wird nämlich zum Lokaltermin. Zu Stundenbeginn (ergo im ersten Akt) wird eine Propellermaschine bestiegen, mit der man im zweiten Akt am Kraterrand des Vesuvs landet – Geographieunterricht mal ganz anders! Im dritten Akt werden die Pyramiden von Gizeh besucht, im vierten Akt wird's kalt, denn man landet am Nordpol. Das Ende hat es dann noch einmal in sich: »Durch ein Versehen des Studienrats und weil das Höhensteuer versagte, kamen sie, im fünften und letzten Akt, in den Himmel.« Von einer Wolke würden sie dann an der Seite von Petrus *Stille Nacht, heilige Nacht* singen und das Publikum in kolossale Raserei versetzen!

Doch – wie gesagt – mit der Probe für den letzten Akt ist es nun erst einmal aus. Denn Rudi Kreuzkamm wurde entführt, samt den Diktatheften. Im Kampf um Ehre und Gewissen kann es nur einen Sieger geben. Und wie ermittelt man den am besten? Natürlich mit einem Zweikampf – ausgefochten von den beiden stärksten Jungen des Gymnasiums (Matthias) und der Realschule (Heinrich Wawerka). Unter der Losung »Eisern!« ziehen die Jungs zur Schlacht. Dann setzt es Knüffe und Püffe, ertönt Jubelgeschrei und Angstgezeter, am Ende aber siegt Matthias. Auf das Wort der Realer kann man natürlich nicht bauen. Sie wollen den Gefangenen partout nicht herausgeben. Es helfen also nur noch eine klug durchdachte Schneeballschlacht und eine Befreiungsaktion. Nur die Diktathefte teilen ein ungeahnt schweres Schicksal.

Erich Kästners Roman für Kinder, wie er *Das fliegende Klassenzimmer* (1933) untertitelte, ist eine aufregende Jungsgeschichte, die auch im Erwachsenenalter noch zu lesen Spaß macht. Kästner belebt die gute alte Zeit, in der Jungs noch aufeinander eingeschworene Freunde waren, die gemeinsam durch dick und dünn gingen. Die Jungen haben alle ihre eigenen Qualitäten, erkennen aber auch, dass sie als Gruppe nahezu unschlagbar sind und es mit jedem »Feind« aufnehmen können. Kästner erinnert alle Erwachsenen daran, dass sie auch einmal Kind waren und mit denselben Schwierigkeiten beim Heranwachsen zu kämpfen hatten. Geduld ist also ebenso gefragt wie Einfühlungsvermögen. Alle anderen Weisheiten des lustigen Buches erliest man sich lieber selbst!

95.

Weil die Schülerromane von Hesse, Torberg,
Strauß und Co. zeigen, dass Mädchen und Jungen
heute mit denselben Problemen zu kämpfen haben
wie vor 100 Jahren

Der Schülerschaft von heute geht es doch viel zu gut! Die Mädchen und Jungen können anziehen, was sie wollen, für die Hausaufgaben können sie auf den schier unbegrenzten Wissensschatz des Internets zurückgreifen, für die meisten von ihnen stehen nicht einmal mehr Griechisch und Latein auf dem Stundenplan. Und erst recht gibt es nicht mehr den tyrannischen Lehrer von vor 100 Jahren – mit Spitzbart und schwarzem Gehrock, der nicht nur mit aller Macht französische Konjugationslinien durchpaukte, sondern bei einer vorlauten, einer falschen oder gar keiner Antwort den entsprechenden Schüler nach vorn an den Katheder zitierte und ihn

Bekanntschaft mit dem Lineal oder dem Rohrstock schließen ließ. Einen Eintrag (Tadel!) ins Klassenbuch inklusive. Und vielleicht auch noch mit anschließendem Gespräch mit dem Arbeitervater, der zwischen zwölfstündiger Fabrikarbeit und Reparaturen in der Hinterhofwohnung alles andere als einen Sinn für die Lausbubengeschichten seines Sprösslings hatte.

Es ist gut, dass Mädchen und Jungen heutzutage ein Veto einlegen dürfen, wenn es zu Spannungen zwischen Lehrer- und Schülerschaft kommt. Ganz anders sah das noch vor 100 Jahren aus, als von reformierter, freier Schule (wie der in Erich Ebermayers Roman *Kampf um Odilienberg*, 1929) noch keine Rede war und die Kinder tatsächlich hauptsächlich für die Schule lernten und nur ganz wenig fürs richtige Leben. In den ersten 30 Jahren nach 1900 ist eine Reihe von sogenannten Schülerromanen entstanden, die die misslichen Verhältnisse in den deutschen Lehranstalten auf literarische Weise aufdeckten. Wer nun meint, die Gefühlswelt der Jugendlichen von vor 100 Jahren hat mit der der heutigen Jugend nichts zu tun, der irrt gewaltig. Denn freilich geht es – damals wie heute – um die erste Liebe, Erfolge und Misserfolge in der Schule, die Entdeckung von Musik und Literatur und das Bewusstwerden des eigenen Ichs in einer sich verändernden Welt.

Frank Thiess ließ seine Schüler 1926 in seinem Roman *Das Tor zur Welt* erkennen: »Es ist da eine Wand zwischen uns und dem Leben.« Etwas konkreter wurde Walter Harich in seinem Roman *Primaner* (1931): »Was hilft uns Sophokles für unsere Sexualnot?« An die Elterngeneration gewendet, konstatieren die Schüler: »Ihr füttert uns mit Idealen, nach denen zu leben euch gar nicht einfällt!« Fehlendes Einvernehmen oder Verständnis zwischen Kindern, Eltern und Schule stand schon damals auf der Tagesordnung – mit zum Teil katastrophalen Folgen! Bereits in den 1920er Jahren hatten Untersuchungen ergeben, dass zahlreiche Schülerselbstmorde auf die schwierigen Bedingungen in den Schulen zurückzuführen seien – diktatorische Lehrer, großer Druck bei den zu bewältigenden Aufgaben und die große Diskrepanz zwischen den vermittelten Idealen und der Realität brachten immer wieder Schülerinnen und Schüler dazu, sich das Leben zu nehmen.

So kam den Romanen seinerzeit auch eine wichtige aufklärerische Funktion zu. Sie schilderten die Gedankenwelt der Jugendlichen, zeigten ihre Ängste auf und machten deutlich, dass sie im schlimmsten Fall zum äußersten Mittel greifen konnten. Selbstmord ist eines der zentralen Themen der Schülerromane jener Jahre und findet beispielsweise in den Romanen von Emil Strauß (*Freund Hein*, 1902), Hermann Hesse (*Unterm Rad*, 1906), Friedrich Torberg (*Der Schüler Gerber*, 1930) und auch Walter Harich (*Primaner*) Niederschlag.

Liebeskummer, das Gefühl, ein Versager zu sein, soziale Ausgrenzung, Stress zuhause oder in der Schule – die Auslöser für Selbstmordgedanken sind vielfältig. Und sie haben sich in den zurückliegenden Jahrzehnten nicht verändert. Warnsignale gibt es viele – man muss sie nur richtig deuten und rechtzeitig eingreifen.

96.

Weil »Wir Kinder vom Bahnhof Zoo« alles andere als eine traute Kindheitsgeschichte ist

Auf einem Auge blind zeigt sich oft der Mensch, wenn die Gefahr besteht, dass das geordnete Leben durcheinandergerät. Vor Kümmernissen anderer verschließen wir gern mal die Augen, wir verdrängen Dinge als Hirngespinste, obwohl sie längst Tatsachen sind, lassen sie nur einfach nicht an uns herankommen, obwohl sie uns unbemerkt schon betreffen. Probleme beschäftigen uns oft erst, wenn man ihren schlechten Atem dauerhaft im Nacken spürt.

So ein Tabuthema rückte in den Fokus der Wahrnehmung, als die *Stern*-Reporter Horst Rieck und Kai Hermann im Jahr 1978 das Schicksal von Christiane F. öffentlich machten. Die Jugendliche war damals 15 Jahre alt und sagte vor Gericht gegen einen Geschäftsmann aus, der seine sexuellen Eskapaden mit minderjährigen Prostituierten mit Drogen (Heroin) bezahlte.

Die beiden *Stern*-Reporter baten das Mädchen zum Interview; entstanden sind dabei zahllose Tonbandaufnahmen, die die beiden anschließend in Buchform veröffentlichten. Das Buch, das unter dem Titel Wir Kinder vom Bahnhof Zoo (1978) bekannt wurde, ist eine detaillierte Schilderung des Lebens von Christiane F., die als Ich-Erzählerin agiert. Beginnend mit ihrem gewalttätigen Vater, der Mutter, die sich trennt und mit den Kindern zu einem neuen Freund zieht, mit dem sich Christiane nicht versteht, über erste Erfahrungen mit Haschisch, Alkohol und Medikamenten, als sie gerade zwölf Jahre alt ist, bis hin zu ihrem Freund Detlef. Den lernt sie mit 13 Jahren in einer Diskothek kennen und verliebt sich in ihn. Die Liebe, die sie womöglich in ihrem Leben bis dahin entbehrt hatte, will sie nun auskosten. Doch Detlef ist derjenige, der sie zum ersten Mal in Kontakt mit Heroin bringt, und er ist es auch, der – selbst Stricher am Bahnhof Zoo – dem Mädchen offenbart, wie »leicht« es ist, das Drogengeld mit dem Dienst an Freiern zu verdienen.

Horst Rieck und Kai Hermann brachten Auszüge aus den Interviews zunächst als Vorabdruck im Magazin *Stern* heraus. Dass der Berliner Bahnhof Zoo ein Umschlagplatz für Drogen und Prostitution war und welche Schicksale sich dort an jedem Tag formten, drang so zum ersten Mal nachhaltig in das Bewusstsein der Menschen in der Bundesrepublik ein.

Die Lebensgeschichte von Christiane F., diese geschilderten kurzen 16 Jahre, war auch ein schockierendes Zeitzeugnis der 1970er Jahre. Soziale Verrohung, Entzugsversuche, das Hineinstolpern in eine Sekte, die Ablehnung der »spießigen« Gesellschaft und die immer wieder aktuelle (Sehn-)Sucht nach Drogen bestimmten das Leben der jugendlichen Erzählerin, die es zuletzt aber schafft, vom Heroin wegzukommen und ihren Hauptschulabschluss zu machen.

Anfang der 1980er Jahre war *Wir Kinder vom Bahnhof Zoo* das meistverkaufte Sachbuch in der Bundesrepublik. Der Teufelskreis aus Prostitution und Drogen sowie das Buch als solches wurden im Deutschunterricht thematisiert. Der Titel wurde in 15 Sprachen übersetzt und kann eine Auflage von mehr als drei Millionen Exemplaren weltweit vorweisen. Christiane F. versuchte sich (wenn auch mäßig erfolgreich) als Schauspielerin und Sängerin. 2013 veröffentlichte sie mit Sonja Vukovic das Buch *Christiane F. – Mein zweites Leben*, das von den Jahren seit der Veröffentlichung des ersten Buches bis heute erzählt.

97.

Weil Ödön von Horváths »Jugend ohne Gott« zeigt, wie schwierig es ist, in einem diktatorischen System Menschlichkeit und Aufrichtigkeit zu vermitteln und zu bewahren

Als Ödön von Horváth 1937 seinen Roman *Jugend ohne Gott* veröffentlichte, geschah dies nicht mehr in Deutschland, wo er viele Jahre gelebt und gearbeitet hatte, sondern in Amsterdam. Schnell wurde er zum Erfolg und in acht Sprachen übersetzt, denn literarische Werke – noch dazu so ausgezeichnete –, die den Nationalsozialismus kritisch reflektierten, fanden ein großes Publikum. Ein Jahr zuvor war der Weltbürger Horváth aus Deutschland verwiesen worden, seine Bücher wurden anschließend verboten, *Jugend ohne Gott* landete 1938 auf dem NS-Index, der sogenannten »Liste des schädlichen und unerwünschten Schrifttums«.

Ein Weltbürger war der Autor aus zwei Gründen: wegen seiner Familiengeschichte und wegen seiner Wahrnehmung der Welt und der Ablehnung des Nationalsozialismus, dessen Zeuge er während seiner Zeit in Deutschland wurde. Ödön von Horváth wurde 1901 in Fiume im heutigen Kroatien geboren, das seinerzeit zur k.u.k. Monarchie Österreich-Ungarn gehörte. Sein Vater war Diplomat, weswegen er seine Kindheit in Belgrad, Budapest und München verbrachte. Später ging es nach Bratislava, wieder nach Budapest und schließlich nach Wien. 1919 kehrte er nach München zum Studium zurück, lebte später hauptsächlich in Berlin, Salzburg und Murnau. Dass sich dieser Kosmopolit schwerlich für die Ideale des Nationalsozialismus hatte begeistern können, machte sich schon Ende der 1920er Jahre bemerkbar, als er sich in seinen Stücken bereits mit der Gefahr des Faschismus auseinandersetzte.

Dass Faschismus und Nationalsozialismus keineswegs zu einem von den Nazis propagierten »neuen Menschen«, sondern eher zu funktionierenden Maschinenmenschen führten, spiegelte er in seinem Roman *Jugend ohne Gott*. Hier hat sich ein junger Lehrer, der von alten, humanistischen Werten geprägt wurde, mit einer Schulklasse auseinanderzusetzen, die die »neuen Werte« des NS-Staates offenbar schon mit der Muttermilch aufgenommen haben. Elternhaus und Medien (allem voran das Radio) verbreiten ihre Ideologie an die Masse, der funktionierende Volkskörper besteht nicht mehr aus Individuen, sondern schon die Kinder »wollen Maschinen sein, Schrauben, Räder, Kolben, Riemen – doch noch lieber als Maschinen wären sie Munition: Bomben, Schrapnells, Granaten.« Im Roman haben die Schüler keine Namen, sondern werden nur mit jeweils einem Buchstaben benannt.

Gerechtigkeit und Güte sind nur noch leere Worthülsen, doch in einem System, das keinen Widerspruch duldet, ist der Lehrer zu einer handlungsunfähigen Marionette geworden. Wie weit darf sich ein Lehrer von seinen Idealen entfernen, wie sehr darf er sie außer Acht lassen, ohne dem feindlichen System auch noch in die Hände zu spielen? Eine Prüfung in Sachen Aufrichtigkeit und Mut steht dem Lehrer während eines schulischen Zeltlagers bevor, das hauptsächlich der körperlich-militärischen Ertüchtigung der Jungen dienen soll. An einem Tag verschwindet der Fotoapparat eines Jungen, kurz darauf ist ein anderer Junge tot. Der Lehrer, der indirekt Mitschuld an diesem Mord trägt, steht vor der Aufgabe, diese Mitschuld einzugestehen und den Mörder zu überführen.

Sowohl in *Jugend ohne Gott* als auch in seinem Roman *Ein Kind unserer Zeit* (posthum 1938 veröffentlicht) setzte sich Ödön von Horváth mit den Gefahren faschistischer Systeme auseinander. Er zeigt auf, wie schnell und unkompliziert große Menschenmassen für eine Ideologie gewonnen werden können und wie ihr unbedingt und ohne sie zu hinterfragen Folge geleistet wird. Horváth demonstriert aber auch, wie schwierig es ist, sich als Einzelperson gegenüber der Masse behaupten zu können (am Beispiel des Lehrers in *Jugend ohne Gott*) und wie schwer es ist, sich aus dieser gesichts- und fühllosen Masse zu befreien, eigene Fehler einzusehen und sich wieder den humanistischen Werten zuzuwenden, wie es auf den Soldaten in *Ein Kind unserer Zeit* zutrifft.

Horváth hat mit *Jugend ohne Gott* ein zeitenunabhängiges Werk über Verantwortung, Selbstbehauptung und Menschlichkeit geschaffen, das seit Jahrzehnten in Schulklassen ganz hervorragend die Gefahren des Totalitarismus aufzeigt, in dem die Menschen und voran die Jugend – wenn nicht auch den Glauben an Gott – den Glauben an die Menschlichkeit zu verlieren drohen.

98.

Weil man nicht laufen können muss, um ein echtes Vorstadtkrokodil zu sein

Ein gesticktes Krokodil ist ihr Erkennungszeichen, und wer das nicht vorweisen kann (auf die Hose genäht), der gehört auch nicht zur Clique. Zu den *Vorstadtkrokodilen* können schließlich nur Kinder gehören, die Mut bewiesen haben. In einer Hütte im Wald hat die Bande ihr Geheimversteck.

Hannes will unbedingt zu den Krokodilern gehören, aber Olaf, der Anführer der Gruppe, besteht auf eine Mutprobe. Der Zehnjährige soll auf einem stillgelegten Ziegeleigelände im guten alten Dortmund ein ausgedientes Fabrikgebäude erklimmen – an einer Feuerleiter. Hier ist natürlich offiziell Betreten verboten. Aber so besteht keine Gefahr, dass sie von Erwachsenen beobachtet oder gar gestört werden. Auf dem Dach angekommen, soll Hannes »Krokodil! Krokodil!« rufen und ist dann feierlich in die Bande aufgenommen. Der Junge ist nicht schwindelfrei, schafft es aber mit Mühe und Not aufs Dach. Er ruft das Codewort, alle Kinder jubeln – doch dann folgt der Abstieg. Schnell kommt Hannes ins Rutschen, und am Ende flüchten die erschrockenen Kinder, während der Knirps an einer morschen Regenrinne hängt. Maria, das einzige Mädchen der Truppe, ruft die Feuerwehr …

Dass so ein Abenteuer natürlich nicht ohne Folgen bleiben kann, liegt auf der Hand. Von der Feuerwehr mit dem großen Einsatzfahrzeug zuhause abgeliefert zu werden, ist ja eine Sache, dass sich die Eltern aber auch noch anhören dürfen, doch besser auf den Filius aufzupassen, eine andere. Hannes kriegt sowas von Stubenarrest! Fernsehverbot inklusive!

Da bleibt viel Zeit, um aus dem Fenster zu sehen oder mit der Mutti zu plaudern. Unter anderem über Kurt, einen Jungen, der im Rollstuhl sitzt. Den lernt er wenig später vor dem Wohnhaus kennen, und ehe es sich die beiden versehen, haben sie sich auch schon angefreundet. Über das vermeintliche Hindernis des Rollstuhls hinweg. Für Hannes liegt es nahe, den neuen Freund bei den Krokodilern unterzubringen. Hier zeigt sich jedoch, dass die anderen Kinder weit weniger offen für neue Freunde sind als er. Vor allem für neue Freunde, die im Rollstuhl sitzen. »Was sollen wir mit dem, mit einem Krüppel, der dauernd gefahren werden muss? Wir können nur welche brauchen, die auf Bäume und Dächer klettern«, tönt beispielsweise Bandenchef Olaf. Die anderen Jungs sind auf seiner Seite und lehnen den Aufnahmeantrag also ab.

Aber Kurt hat ein unschlagbares Argument für seine Mitgliedschaft: »Ich weiß alles, was in der Siedlung vorgeht«, erklärt er Hannes. Denn so traurig es auch einzugestehen ist, als Junge im Rollstuhl hat er keine Freunde und verbringt viel Zeit damit, die Gegend mit seinem Fernglas zu beobachten. Dass Kurt dabei auch auf eine Diebesbande mit Mopeds gestoßen ist, die seit einiger Zeit ihr Unwesen in der Siedlung treibt, macht ihn für die Gruppe interessant. Kurt wird trotz des Rollstuhls zum Krokodiler und gemeinsam macht sich die Bande auf die Spur der Einbrecher. 1500 Mark Belohnung sind ausgesetzt!

Im Kästner'schen Sinne hat Max von der Grün mit *Vorstadtkrokodile* 1976 ein Abenteuer für Kinder und Jugendliche vorgelegt, das vor allem von der Selbstständigkeit der jungen Menschen erzählt. Im Sinne des Untertitels (*Eine Geschichte vom Aufpassen*) wird hier nicht nur auf das Geschehen in der Nachbarschaft aufgepasst (wodurch die Diebesbande überführt werden kann), sondern auch aufeinander.

Was bei der Mutprobe von Hannes noch fehlschlägt (wir erinnern uns, alle Kids sind vor Schreck weggelaufen und haben Hannes an der Dachrinne hängen lassen), entwickelt sich im Laufe der Handlung zum Positiven: Die Kinder nehmen die Schwächen und Bedürftigkeiten von anderen wahr und stellen sich auf sie ein. Kurt, der zunächst nur der Junge im Rollstuhl ist, mit dem man ja doch nichts anfangen kann, wird zum festen Bestandteil der Gruppe.

Dass Max von der Grün genau dieses Resultat bei den jungen Leserinnen und Lesern erzielen wollte, ist natürlich klar. Nicht umsonst hat er die Geschichte seinem Sohn Frank gewidmet, der im Rollstuhl saß, und der eigentlichen Geschichte ein kleines Vorwort vorangestellt. Hier sagt Max von der Grün ganz klipp und klar: Schaut hin, nur weil jemand gehandicapt ist, heißt das noch lange nicht, dass er/sie kein vollwertiges Mitglied in eurem Freundeskreis sein kann. Das ist genau so ein Junge oder Mädchen, wie ihr es auch seid – lediglich mit einer »Schwäche« mehr. Aber von der sollte doch letztendlich nicht die ganze Freundschaft abhängen. Wir haben's gelesen und uns zu Herzen genommen.

99

Weil Bölls »Die verlorene Ehre der Katharina Blum« ein Paradestück über die Verantwortung eines jeden Bürgers ist

Die Medien sind die vierte Macht im Staat, das hatte nicht zuletzt auch Heinrich Böll in den 1970er Jahren erkannt. Als er im Januar 1972 im Magazin *Der Spiegel* in einem Beitrag die Motive und Vorgehensweise der Terroristen der Rote Armee Fraktion (RAF) und die sensationsgeile Berichterstattung vor allem durch die Boulevardmedien (*Bild*-Zeitung) resümiert hatte, brach in der Bundesrepublik ein Sturm der Entrüstung los.

Auf direktem Wege bezichtigte man den Autor (allen voran die Springer'sche *Bild*-Zeitung), Sympathisant der Terroristen zu sein, selbst in der renommierten ARD-Nachrichtensendung *Tagesschau* wurde er in einem Kommentar als »Anwalt der anarchistischen Gewalttäter« betitelt. Wenige Tage später räumte Böll ein, die Aktionen der RAF-Gruppe relativiert, aber nicht verharmlost zu haben.

Zwei Jahre nach dem *Spiegel*-Beitrag veröffentlichte Heinrich Böll seine Erzählung *Die verlorene Ehre der Katharina Blum*. Mit dieser Geschichte wollte er dem Phänomen nachgehen, wie Gewalt entstehen und wohin sie führen kann. Mittelpunkt der Geschichte ist die 27-jährige Haushälterin Katharina Blum, die sich auf einer Karnevalsfeier in einen Mann namens Ludwig Götten verknallt und mit ihm eine Nacht in ihrer Wohnung verbringt. Was sie nicht wissen konnte: Götten wird verdächtigt, einen Bankraub und Mord verübt zu haben. Die Polizei beschattet ihn.

Als die Wohnung am Morgen gestürmt wird, ist Götten verschwunden, Katharina wird wegen des Verdachts der Fluchthilfe festgenommen und mehrfach verhört. Die ZEITUNG, eine unmissverständliche Anspielung auf die *Bild*-Zeitung, greift die vermeintlichen Taten Göttens auf und präsentiert die Vermutungen über Bankraub und Mord als Fakten (in Wahrheit stimmt beides nicht), zudem macht sie aus der unbescholtenen und völlig unschuldigen Katharina Blum eine »eiskalte und berechnende« – »Mörderbraut«, deren Wohnung »ein Konspirationszentrum, ein Bandentreff, ein Waffenumschlagplatz« ist.

Sie erhält Drohanrufe und Schmähzuschriften, Katharinas Mutter wird im Krankenhaus mit den (von der ZEITUNG erdachten) Vorwürfen gegen ihre Tochter vom Sensationsjournalisten Werner Tötges konfrontiert (zumindest gibt er vor, bis zur Mutter vorgedrungen zu sein); einen Tag später stirbt die Mutter. Tötges stilisiert in der Sonntagsausgabe die Mutter als erstes Todesopfer von Katharina Blum. Am vierten Tag nach der Karnevalsnacht meldet sich Katharina bei der Polizei. Sie habe vor sieben Stunden den Journalisten Werner Tötges erschossen.

Heinrich Böll zeigt die Hilflosigkeit der Opfer und das verantwortungslose Agieren der Boulevardpresse auf, die ungezügelt zur Meinungsbildung beiträgt, ja eher Meinung vorgibt. Es gilt keine Unschuldsvermutung, Fakten werden blindlings für die Quote außer Acht gelassen, Wert und Ehre eines Menschen werden für die Verkaufszahlen mit Füßen getreten. Auf eine Entschuldigung oder eine detaillierte, ehrliche Gegendarstellung kann man lange warten. Die öffentliche Meinung wird durch das Massenorgan ZEITUNG repräsentiert, faktentreue Berichterstattungen zum Fall finden keinerlei Beachtung. Dies hat sich bis heute – 40 Jahre nach Erscheinen des Buches – im Grunde wenig geändert.

Noch immer betreibt die Boulevardpresse ihr oft gefährliches Spiel mit Halbwahrheiten, Lügen und Manipulationen. Nicht nur die von Böll angeprangerte ZEITUNG ist letzten Endes für die Folgen verantwortlich, sondern ein jeder, der sich an einer medialen Hetzjagd beteiligt, sie gutheißt oder schlichtweg ignoriert. *Die verlorene Ehre der Katharina Blum* ist ein Lehrstück in Sachen politischer und gesellschaftlicher Verantwortung und gehört zu Recht seit Jahrzehnten auf den Lehrplan in deutschen Schulen.

100.

Weil Jan Guillous »Evil« uns zwingt, vor Gewalt nicht mehr die Augen zu verschließen

Jan Guillous Jugendroman *Evil* (1981) ist nichts für schwache Nerven, aber unbedingt lesenswert. Das Böse lauert in diesem schwedischen Erfolgsbuch, das längst zum Schulstoff beim skandinavischen Nachbarn geworden ist, fast auf jeder Seite. Und das ist nicht etwa eine abstrakt erzeugte Spannung, auch nicht der Teufel oder irgendein anderes Phantasiemonster, das sich genüsslich der Körper junger Menschen annehmen würde. Nein, es ist das Böse in jedem (oder fast jedem) von uns, das sich Bahn schlägt und in einer Welt des Wegschauens und des Sich-Anpassens zu voller Blüte gelangt.

Das Böse kommt in Gestalt von Eltern, Lehrern und Mitschülern, die sich nicht mittels Stimme Gehör verschaffen und Respekt einfordern, sondern durch den Einsatz einer Kleiderbürste und eines Ledergürtels oder einer Hundepeitsche, aber auch durch Schläge mit der blanken Faust.

Guillous Roman beginnt mit den Worten: »Der Schlag traf ihn hoch am rechten Wangenknochen.« Und damit startet er eine Gewaltorgie, mit der sich der 14-jährige Erik auseinanderzusetzen hat. Bei diesem Abendessen, als der Schlag ihn am Wangenknochen trifft, hatte er geschickt den Kopf ein wenig gewendet. Er kennt nämlich mittlerweile die Reaktionen seines gewalttätigen

Vaters, der zu Tisch – zum Zwecke der Bestrafung – bevorzugt auf die Nase zielt. »Auf der Wange tat so ein Schlag nicht weh. Es war nur ein stummes, weißes Gefühl, ihn zu bekommen.« Dieses weiße Gefühl ist die Wut, die sich in ihm anstaut, weil er so machtlos gegen den Vater ist, weil die Mutter wegschaut und aus der eigenen Angst heraus ihren Sohn vor den Attacken des Ehemanns nicht in Schutz nehmen kann.

Diese Wut lässt sich nicht durch sportliche Erfolge und gute Noten in der Schule kompensieren, diese Wut findet nur aus den eigenen Fäusten heraus den Weg der Wiedergutmachung. Die Fäuste des Jungen treffen allerdings nicht den Vater, sondern andere Mitschüler, gegenüber denen er sich als Anführer einer schon berüchtigten Clique beweisen muss. Nachdem in der Schule allerdings die Fäuste einmal zu oft geflogen sind, wird Erik der Lehranstalt verwiesen.

Etwas Besseres jedoch konnte dem Jungen nicht passieren, denkt sich die schwache Mutter, die den Moment gekommen sieht, ihren Sohn in ein Eliteinternat zu stecken, wo er vor den Schlägen des Vaters sicher ist. Doch so altehrwürdig das Internat Stjärnsberg auch nach außen hin scheinen mag, im Inneren ist es ebenso verrottet und gefühllos wie die Welt, aus der Erik gerade erst entkommen ist. Einzige Ausnahme ist Pierre, sein Zimmergenosse und einziger Freund im Internat.

In Stjärnsberg »erziehen« nicht nur die Lehrer, sondern auch die Schüler. Die interne Hackordnung von oben nach unten sieht einen ganzen Katalog von Strafen vor, den die älteren Schüler gegen die jüngeren anwenden – sich zu wehren ist zwecklos, werden die Bestrafungen doch dadurch nur schlimmer. Erik aber lässt sich von diesen Regeln nicht beeindrucken, ihn wird man nicht kleinkriegen …

Was macht den Menschen böse, fragt Jan Guillou, dessen Schilderungen auf eigenen Erlebnissen in der Jugend (Mitte bis Ende der 1950er Jahre) beruhen. Was kann man tun, wenn man in einen

Strudel der Gewalt hineingezogen wird und die einzige Möglichkeit, sich zu wehren, darin besteht, mitzutun, stärker zu sein, kräftiger zuzuschlagen? Guillous Roman ist keine Verherrlichung von Gewalt, vielmehr führt er auf schmerzlich-detailreiche Weise vor, welche Mechanismen ablaufen, dass Gewalt, anstatt zu einer Lösung zu führen, nur noch mehr Gewalt erzeugt.

Brutalität gegenüber dem Schwachen, so scheint es, findet erst ein Ende, wenn der Schwache selbst zum Starken geworden ist und sich wehrt. Mitunter ist man als Leser selbst so sehr in diesem brutalen Zirkel gefangen, dass man den Moment herbeisehnt, in dem Erik sich mit Fäusten gegen die anderen zur Wehr setzt, obwohl man doch sonst eigentlich für eine friedliche Konfliktlösung eintritt. Man ist als Leser gleichsam wie der Buchheld von der Ohnmacht des Opfers betroffen und will, obwohl falsch, das nächste Auge-um-Auge-Kapitel eröffnen.

Erik kämpft sich derweil durch den Internatsalltag, mit Zurückstecken und mit Demütigungen und Schlägen. Doch dieses Leben will er hinter sich lassen, will später Anwalt werden, um all diesem Treiben ein Ende zu machen. Jan Guillou selbst hat nicht Jura studiert, sondern wurde Journalist und Schriftsteller. Er hat die Lebens- und Lernbedingungen in seinem früheren Internat öffentlich gemacht, was letztlich zur Schließung der elitären Einrichtung führte. Auch seinem Romanhelden Erik gelingt der Absprung. Stjärnsberg liegt nach dem Schulabschluss hinter ihm. Bevor er aber mit dem Studium beginnt, hat er noch einen letzten Kampf auszutragen. Also macht er sich auf den Weg nach Hause …

11. KAPITEL

111 deutsche Buchjahre: eine Unbedingt-lesen-Liste

Weil das Deutsche Reich am Anfang des Jahrhunderts im schönsten Kaiserwetter erblüht, ein blauer Engel sein Unwesen treibt und literarisch durchaus auch mal zur Fließbandarbeit übergegangen wird

»Früher hatten wir auch 'nen Kaiser« sagt man heute ein wenig geringschätzig, vor allem, wenn jemand einen Wunsch hat, den man aber nicht zu erfüllen gewillt ist, oder wenn jemand meint, dass früher ja sowieso alles besser war. Da verweist man dann augenzwinkernd auf das frühere deutsche Staatsoberhaupt, das es in dieser Form ja nicht mehr gibt, und macht damit unmissverständlich klar, dass Wunscherfüllung und Vergangenheitssehnsucht auf dasselbe Ergebnis hinauslaufen: auf keines nämlich. Als Wilhelm II. nach dem Tod seines Vaters Friedrich III. (dem berühmtem 99-Tage-Kaiser) 1888 den Thron bestieg, sah das aber noch ganz anders aus.

Bis 1918 währte die Regentschaft des letzten Kaisers von Deutschland und Königs von Preußen, die 30 Jahre seines Herrschens sind ganz bescheiden als Wilhelminisches Zeitalter in die Geschichtsbücher eingegangen. Auch nach der Jahrhundertwende, ja, im Grunde bis zu seinem Abdanken, war der Kaiser der Inbegriff des Patriotismus, eine Leitfigur für ein wirtschaftlich und politisch starkes Deutsches Reich. Wo auch immer sich der Kaiser im Reich blicken ließ (natürlich nur bei »Kaiserwetter«), flammten Jubelrufe auf und so manches Fräulein und so manche gestandene Frau wird beim Anblick des adretten Mannes in einer seiner phantasieumwebten Paradeuniformen weiche Knie bekommen haben.

Wir sind Kaiser! – Heute ist es in Deutschland kaum vorstellbar, dass vor nur 100 Jahren die Leute ganz verrückt waren nach Fanartikeln aus dem Hohenzollern-Haus: Für Sammler gab es so gut wie alles mit dem Konterfei des Kaisers und seiner getreuen Gattin Auguste Viktoria. Autogrammpostkarten inklusive.

Ein bisschen dick aufgetragen hat aber nicht nur der Kaiser, sondern auch das Bildungsbürgertum, das schon zu manch anderen Zeiten mehr von sich hielt, als es eigentlich repräsentierte. Heinrich Mann nimmt diesen Umstand in seinem weltweiten Erfolgsbuch *Professor Unrat oder Das Ende eines Tyrannen* (1905) aufs Korn, das unter dem Titel *Der blaue Engel* mit Marlene Dietrich verfilmt wurde. Darin ist Professor Raat eine Koryphäe im Lehrberuf – leider kann ihn aber auch keiner leiden. Er triezt seine Schüler und erinnert sie immer wieder an ihr gesellschaftliches Benimm. Raat hat sogar seinen Sohn verstoßen, der durch die Examina ratterte und allerlei Amüsements mit Damen gesucht hatte. Die Doppelmoral des Erziehers fliegt auf, als er selbst im Lokal »Der blaue Engel« der Barfußtänzerin Rosa Fröhlich verfällt.

Wenn von einem Mann die Rede ist, kann ein weiterer aus dieser Familie nicht weit sein. Und hier ist er auch schon: Thomas Mann. Der hat 1901 mit seinen *Buddenbrooks* nicht nur den ersten deutschen Gesellschaftsroman herausgebracht und darin den Untergang einer Kaufmannsfamilie vor dem Wilhelminischen Zeitalter beschrieben, sondern dafür auch den Literaturnobelpreis bekommen, allerdings erst 1929. Handlungsort der *Buddenbrooks* ist wie bei *Professor Unrat* die Hansestadt Lübeck. Während die Lübecker sich über die Darstellung der Leute in Heinrichs Roman aber zu Tode schämten und das Buch quasi verschwiegen wurde, war die Aufnahme von Thomas' Roman wohlgefälliger.

Nichts mit Lübeck zu schaffen, aber dennoch mit Werken von bleibender Intensität haben sich in diesen Jahren die Lyrikerin Else Lasker-Schüler, der Lyriker Stefan George und der Dramatiker Gerhart Hauptmann mit dem ersten Jahrzehnt des 20. Jahrhunderts verknüpft. Während die später bedeutende Lyrikerin Else Lasker-Schüler mit *Styx* (1902) ihren ersten Gedichtband veröffentlichte, publizierte der geheimnisumwitterte Stefan George seinen neuen Gedichtzyklus *Der siebente Ring* (1907) mit den berühmten »Maximin«-Gedichten. Gerhart Hauptmann schließlich präsentierte 1903 in Berlin sein neues Stück *Rose Bernd* über das Schicksal einer jungen Kindsmörderin. Als das Drama wenig später in Wien inszeniert wurde, »gefiel« es dem österreichischen Kaiser so sehr, dass er es nach wenigen Aufführungen absetzen ließ.

Zum ersten Mal machte auch ein junger Autor auf sich aufmerksam, der bis heute zu den beliebtesten und weltweit bekanntesten deutschen Schriftstellern gehört: Hermann Hesse. Der Württemberger, der schon im Kindesalter zu schreiben begonnen hatte, legte 1904 seinen ersten Roman *Peter Camenzind* vor, zwei Jahre später folgte *Unterm Rad*, die Geschichte eines Schülers, der an den an ihn gesetzten Erwartungen zerbricht. Hesse übte hier ganz offen Kritik am völlig veralteten Schulwesen um die Jahrhundertwende.

Etwa um dieselbe Zeit wie Hesse machte der Berliner Schriftsteller Georg Hermann auf sich aufmerksam. Der Hauptstädter wurde vor allem durch seinen Roman *Jettchen Geberts Geschichte* (1906) und dessen Fortsetzung *Henriette Jacoby* (1908) bekannt, die die Geschichte einer jüdischen Berliner Familie Mitte des 19. Jahrhunderts erzählen. Hermann wurde zu einem der meistgelesenen Autoren seiner Zeit. Allein sein *Jettchen* erlebte in den Jahren nach dem Erscheinen 120 Auflagen.

Vorn mit dabei sind dieser Tage auch zwei Huchs – Ricarda und deren Cousin Friedrich. Die Braunschweigerin, die als Dichterin begann, wechselte später ins Prosafach und ist vor allem für ihre biographischen und historischen Werke geachtet. Kurz nach der Jahrhundertwende erschienen unter anderem *Ausbreitung und Verfall der Romantik* (1902) und die Biographie *Gottfried Keller* (1904). Friedrich, ebenfalls in Braunschweig gebürtig, stand in Kontakt mit Mann und Rilke und wurde 1904 freier Schriftsteller. Zu seinen bekanntesten Werken zählen die Jugendgeschichte *Mao* (1907) und *Pitt und Fox. Die Liebeswege der Brüder Sintrup* (1909).

Zugegeben, der spätere Lebensweg der Hedwig Courths-Mahler, vor allem in den 1930er und 1940er Jahren, ist verworren und hat ihr wegen ihrer Nähe zum Nationalsozialismus in der Literaturgeschichte viel Häme und Abneigung eingebracht. Doch im ersten Jahrzehnt des 20. Jahrhunderts war sie von diesem Fehlgang noch weit entfernt und veröffentlichte 1904 ihren ersten Roman *Licht und Schatten*, der als Fortsetzungsreihe im *Chemnitzer Tageblatt* erschien. Courths-Mahler war eine »Frauenschriftstellerin«, wie sie im Buche steht: Liebe, Intrigen, Reichtum – aus diesem Stoff sind all ihre Romane gestrickt, und sie fanden reißenden Absatz. Dass Kitsch und Kommerz eine herrliche Hochzeit eingehen können, bewies Courths-Mahler nachdrücklich. Ihr Erfolg war so groß, dass die Autorin zur Dauerarbeit überging und nicht weniger als 208 Romane und Novellen verfasste, oft mehrere in einem Jahr. Und nun sage noch einer, dass nur in Fabriken am Fließband produziert wird!

102.

Weil wir im zweiten Jahrzehnt alten Bekannten über den Weg laufen, Brücken und Tunnel bauen und wieder einreißen und am Ende nichts mehr so ist, wie es vorher war

Das neue Jahrzehnt hatte gerade erst begonnen, da beschwor der expressionistische Lyriker Jakob van Hoddis mit einem Gedicht schon das *Weltende* (1911) herauf. So ganz Unrecht hatte er nicht, wenn man bedenkt, dass drei Jahre später die Welt in Flammen und Trümmern stehen würde. Im gleichen Jahr schlug Eduard von Keyserling ganz andere *Wellen*, als er in seinem gleichlautenden Roman einen Badesommer an der Ostsee schilderte. Hier sieht zunächst alles ganz idyllisch aus, die unterschiedlichen Akteure genießen das Beisammensein und die Sonne, die Ostsee schickt stetig ihre Wellen ans Ufer – nicht ahnend, dass eine unglückliche Frau hier bald den Tod suchen würde.

Große Wellen, wenn auch in anderer Hinsicht, schlug Bernhard Kellermann, der 1913 seinen bekanntesten Roman vorlegte: *Der Tunnel*. Das technikbegeisterte neue Jahrhundert findet hier seinen Widerklang, aber Kellermann macht am Ende deutlich, dass Technik – so begeisternd sie auch sein mag – letztlich doch wieder veraltet sein wird. So geht es auch dem Tunnel, den ein Ingenieur am Grund des Atlantiks von Amerika nach Europa bauen möchte. Visionär sind die Beschreibungen Kellermanns, und nach 26 Jahren Bauzeit (die ohne den Ersten Weltkrieg (!) in die 1920er und 1930er Jahre fallen) gipfeln sie in der Fertigstellung des Tunnels. Nun überfliegen aber längst schnelle Luftschiffe das große Wasser und machen den Tunnel nutzlos.

Und hier die üblichen drei Verdächtigen, ohne die ein literarisches Jahrzehnt jener Zeit gar nicht funktionieren würde: Thomas Mann legt 1913 *Der Tod in Venedig* vor, jene vieldiskutierte Novelle über den alternden Künstler Gustav von Aschenbach, der sich am Strand in den Jüngling Tadzio verliebt und sich nicht einmal von einer hereinbrechenden Choleraepidemie davon abbringen lässt. Heinrich Mann widmet sich in *Der Untertan* (1918) einmal mehr dem deutschen Spießbürger im Kaiserreich und beweist sich als genauer Beobachter seiner Zeit. Hermann Hesse erfreut uns neben seinem Roman *Roßhalde* (1914) mit seiner Erzählung *Demian* (1919), in der er die Entwicklungsgeschichte des Jungen Emil Sinclair vom Kindes- bis zum reifen Erwachsenenalter verfolgt. Hesse traf so kurz nach dem Ersten Weltkrieg den Nerv der Zeit, das Buch wurde ein hübscher Erfolg. Den konnte auch Kurt Schwitters mit seinem Gedichtband *Anna Blume* (1919) verbuchen. Das titelgebende Gedicht hatte der Autor zu Werbezwecken sogar an Litfaßsäulen anschlagen lassen.

Um noch einmal auf Hermann Hesse zurückzukommen: Dessen Buch *Demian* über die lebenslange Freundschaft zweier Jungen lässt sogleich an einen der wichtigsten deutschen Lyriker denken – Georg Heym. Sein Werk blieb ebenso unvollendet wie das Leben des jungen Mannes, 1912 verunglückte Heym beim Schlittschuhlaufen, als er seinen besten Freund retten wollte. Rund 500 Gedichte und Fragmente hat der nur 24 Jahre alte Autor hinterlassen, die unter anderem in den Gedichtbänden *Der Krieg* (1911) und *Der Kondor* (1912) Eingang fanden.

Sehr viel weniger verklärt als Hesse und seine Bücher treffen wir die Berliner Schriftstellerin Alice Berend an, deren Herz ganz eindeutig für den kleinen Mann schlägt. Auf humoristische, einfühlsame Weise schreibt sie vom Berliner Leben, mal aus historischer, mal aus aktueller Perspektive, und würzt ihre Romane mit viel Witz und charmanten Lebensweisheiten. Nach ihrem Tod 1938 ist es um das Werk Alice Berends still geworden – es wird Zeit, dass sie wieder von einem größeren Publikum entdeckt wird. Unbedingt lesen sollte man ihre Romane *Frau Hempels Tochter* (1913), *Die Bräutigame der Babette Bomberling* (1915) und *Spreemann & Co.* (1916). Während die Konflikte von Berends Figuren mit einem Augenzwinkern oder Achselzucken gelöst werden, geht es in Walter Hasenclevers Stück *Der Sohn* (1914) ans Eingemachte. Die Auseinandersetzung zwischen einem Vater und seinem Sohn spiegelt den allgemeinen Generationenkonflikt jener Zeit; Hasenclever hat damit eines der wichtigsten Stücke des Expressionismus verfasst.

Ebensolche und noch ganz andere Töne schlägt der Philosoph Salomo Friedlaender an, der mit *Die Bank der Spötter* (1919) ganz philosophisch einen »Unroman« schreibt und – wenn man dem Klappentext der Erstausgabe Glauben schenken darf – seinem Leser »harte Zynismen« entgegenschleudert und »aus dem Paradies der Gewöhnlichkeit« vertreibt. Wohl bekomms!

103

Weil die Goldenen Zwanziger die literarische Blütezeit der Weimarer Republik waren

Stürzte man sich in die Bücherfluten der 1920er Jahre, könnten gute Schwimmer Zug um Zug machen und würden doch niemals ankommen, so umfangreich ist das Material. Die Großstädte – allen voran Berlin – wurden zum Schmelztiegel unterschiedlicher Kulturen, Stilrichtungen und Lebensentwürfe. Nach den Schrecken des Ersten Weltkriegs erholte sich die Wirtschaft, das gesellschaftliche Leben gewann wieder an Kraft; Wissenschaft, Kultur und Kunst erlebten ungeahnte Höhen. Die unteren wie oberen Zehntausend vergnügten sich bei Reinhardt im Theater oder bei einer Promenade am Kurfürstendamm. Viele Fäden der Großstadtsinfonie liefen am Potsdamer Platz und am Alexanderplatz zusammen.

Kein Wunder also, dass Alfred Döblin diesen Ort gleich mal titelgebend für seinen 1929 erschienenen Roman *Berlin Alexanderplatz* verwendet, für die Geschichte des berühmten Franz Biberkopf, der, aus dem Gefängnis entlassen, nun endlich ein guter Mensch werden will. Doch zeig mir deine Freunde, und ich sage dir, wer du bist: Der treudoofe Biberkopf versucht sich als Zeitungsverkäufer und Hausierer, freundet sich aber dummerweise mit einem Verbrecher an. Die Abwärtsspirale setzt sich erneut in Gang.

1929 ist übrigens ein gutes Jahr für Romane: Altmeister Georg Hermann legt seine *Träume der Ellen Stein* vor, die Was-wäre-wenn-Geschichte einer reifen Dame, deren Leben sich in ihren Träumen in andere Bahnen lenken lässt. Hätte sie doch ihre Jugendliebe geheiratet, wäre ihrem Beruf nachgegangen, hätte sie doch ein Kind bekommen. Aber Träume zerplatzen am Morgen wie Seifenblasen, sie sind nur eine Drehtür ins bekannte Leben zurück.

Durch eine ganz andere Drehtür gelangen Vicky Baums *Menschen im Hotel* (1929). Sie treten aus der glitzernden Metropole Berlin in die Herrschaftlichkeit eines Hotels und wollen doch nichts anderes, als vor der Realität fliehen: Die Ballerina Grusinskaya, die ihre Pirouetten nur noch vor leeren Rängen dreht, ein offenbar Todkranker, der alle Brücken zur Vergangenheit abgebrochen hat und nur noch sein Erspartes durchbringen will, eine Sekretärin, ein Generaldirektor, ein Trickbetrüger – kurzum das ganze Personal eines Großstadtromans.

Betrüger? Mit solchen kennen sich Erich Kästners *Emil und die Detektive* (1929) ja auch bestens aus! Emil Tischbein reist zum ersten Mal aus der Kleinstadt nach Berlin und wird gleich im Zug um sein Taschengeld erleichtert. Gut, dass man in Berlin schnell und unkompliziert neue Freunde finden kann, und unter der »Parole Emil!« wird der Dieb beschattet und dingfest gemacht – 1000 Mark Belohnung inklusive. Kästner schuf eine freche Jungengeschichte, die stilistisch Vorbild für viele andere Autoren wurde.

Zwar steht in Ernst Glaesers Roman *Jahrgang 1902* (1928) auch die Freundschaft zwischen Jungen im Mittelpunkt, dies aber nicht amüsant, sondern als Geschichte übers Erwachsenwerden am Vorabend des Ersten Weltkriegs. Wie kann man sich gegen die Erwachsenen behaupten und seinen Platz in einer Gesellschaft finden, die gerade auseinanderbröckelt? Den Ersten Weltkrieg konnte schließlich niemand mehr aufhalten. Hieß es im Sommer 1914 noch von den Soldaten »Zu Weihnachten sind wir wieder zuhause«, verloren in den folgenden vier Jahren Millionen Menschen ihr Leben. Die Schrecken des Krieges fingen unter anderem Erich Maria Remarque mit *Im Westen nichts Neues* (1929) und Arnold Zweig mit *Der Streit um den Sergeanten Grischa* (1927) ein. Menschen als Kanonenfutter, die Unfähigkeit, sich ins zivile Leben wiedereinzugliedern und der Irrsinn soldatischer Befehle gegen das Leben waren die Eckpunkte der Romane, die ein Lesepublikum rund um den Globus fanden. Wie viele Soldaten werden sich wohl auf dem Schlachtfeld gewünscht haben, all dem einfach den Rücken zukehren zu können? Vielleicht in eine Maschine steigen und in die Stille des Weltraums reisen?

Otto Wilhelm Gail hat das mit seinem Science-Fiction-Roman *Der Schuss ins All* (1925) wagemutig versucht. Wie Gail den ersten Sonnenaufgang im All aus Sicht eines Astronauten schildert (ohne dass dies jemand vorher erlebt hatte), hat die Phantasie beflügelt und der Weltraumforschung viel wissbegierigen Nachwuchs verschafft. Hans Henny Jahnns *Perrudja* (1929) hat zwar nicht vor, ins All zu reisen, aber er hat diverse Pläne für die Gestaltung der Welt. Warum nicht sich von alten Fesseln lösen und einen neuen Menschen in einer neuer Weltordnung schaffen? Jahnns Mammutwerk besticht durch einen ihm eigenen Erzählrhythmus und hatte nach seinem Erscheinen nicht zuletzt aufgrund der vielfältigen Darstellung sexueller Spielweisen für ordentlich Zündstoff gesorgt. Geerdeter scheint da auf den ersten Blick Thomas Manns *Der Zauberberg* (1924) zu sein. Aber Mann wäre nicht Mann, wenn sein Hans Castorp lediglich einen Sanatoriumsaufenthalt hinter sich bringen wollte. Der Rest ist Geschichte.

104.

Weil es in den 1930er Jahren ein letztes großes und viel kleines Aufbäumen beim Marsch ins Dritte Reich gab

Als Ende der 1920er Jahre der amerikanische Finanzmarkt zusammenbrach und damit die Weltwirtschaftskrise auslöste, wurde auch die Weimarer Republik schwer getroffen. Die Goldenen Zwanziger, die heute synonym für Wirtschaftswachstum sowie zahlreiche gesellschaftliche und kulturelle Strömungen stehen, fanden mit dem »Schwarzen Freitag« an der Börse ihr abruptes Ende. Wie nach dem Ersten Weltkrieg wurde Deutschland ins wirtschaftliche Elend gestoßen. Die Produktion ging rapide zurück, der Außenhandel sank enorm, ein Heer von Millionen Arbeitslosen breitete sich im Land aus. Sparen hieß die oberste Maxime der damaligen Regierung, vor allem auch im sozialen Bereich. Doch wie soll der Mensch mit leeren Taschen und ohne Arbeit auch noch sparen?

Eine Reihe von Zeitromanen greift das Elend des Durchschnittsbürgers auf – die Sorgen und Nöte um das Überleben: Nur ja nicht den Job verlieren, bloß nicht von spärlicher Stütze leben müssen, wenn man nur ja die Miete für die Wohnung wird bezahlen können. Einer der Klassiker unter diesen Romanen ist Hans Falladas *Kleiner Mann – was nun?* (1932), in dem der Angestellte Johannes Pinneberg verzweifelt um das Auskommen seiner kleinen Familie kämpft. Arbeitslos in der Wirtschaftskrise zu sein, dazu mit einer schwangeren Frau und ohne Rücklagen – Pinneberg hätte es wahrlich besser treffen können. Aber er gibt nicht auf – auch als die Familie illegal in einer Laubenkolonie lebt und Pinneberg einmal mehr seinen Job verloren hat. Für Hans Fallada, der ein Jahr zuvor bereits *Bauern, Bonzen und Bomben* und danach *Jeder stirbt für sich allein* (1947) veröffentlichte, bedeutete der Roman den Durchbruch als Schriftsteller, drei Jahre nach Erscheinen waren schon 100.000 Exemplare über den Ladentisch gegangen.

Nicht bis in die nächste Laubenkolonie, sondern nach Amerika zieht es *Von drei Millionen drei* in Leonhard Franks gleichnamigem Roman, der ebenfalls 1932 erschien. Drei arbeitslose Männer, die mit über 40 ihre Jugend längst überschritten haben, wollen weg aus Deutschland und auf dem fernen Kontinent neu anfangen. Doch das Abenteuer kann nicht halten, was es einst versprach.

So schlecht es um die Weimarer Republik in wirtschaftlichen Belangen auch stand, literarisch hatte sie ihre Hochzeit noch nicht überschritten. Ganz im Gegenteil. Oskar Maria Graf legte im Jahr eins nach der Jahrzehntwende seinen Roman *Bolwieser* vor, im selben Jahr glänzten außerdem Marieluise Fleißer mit *Mehlreisende*

Frieda Geier, Kurt Tucholsky mit seinem *Schloß Gripsholm*, Gabriele Tergit mit ihrem Roman über Erfolg und Scheinerfolg *Käsebier erobert den Kurfürstendamm* und Karl Jakob Hirsch mit seinem Roman *Kaiserwetter*, der einen Mordskandal in Hannover kurz vor dem Ausbruch des Ersten Weltkriegs thematisiert.

In die Welt der Angestellten entführten Siegfried Kracauer mit dem Roman *Georg* (1932) und Hermann Kesten mit *Der Scharlatan* (1932). Joseph Breitbach – unter seinem Namen wird übrigens seit 1998 der mit 50.000 Euro höchstdotierte deutsche Literaturpreis vergeben – veröffentlichte sein Sittengemälde *Die Wandlung der Susanne Dasseldorf* (1932) und Irmgard Keun machte sich mit *Gilgi, eine von uns* (1931) und *Das kunstseidene Mädchen* (1932) zumindest literarisch unsterblich.

Doch man ahnt es, wenn man auf die Jahreszahlen schaut. Vom »Schwarzen Freitag« Ende der 1920er Jahre war es nur ein Katzensprung bis zum »Braunen Jahrzehnt«, das so viel Elend über die Welt brachte. Einige hatten es vorausgesehen, manche geahnt, die meisten wohl für unmöglich gehalten: Eine Partei, eine Ideologie reißt die Macht an sich und verbrennt erst Bücher und dann Menschen. Die literarische Produktion erfuhr zwar kein abruptes Ende, doch die Auswirkungen des Nationalsozialismus auf den Kulturbetrieb hatten schon vor der Machtergreifung beobachtet werden können.

Lion Feuchtwanger hatte 1930 mit Erfolg seine sogenannte Wartesaal-Trilogie begonnen (zu der noch die Romane Die Geschwister Oppermann, 1933, und Exil, 1939 gehören), die das Erstarken des Nationalsozialismus in Deutschland zum Thema machte. Der Autor ging – wie so viele seiner Kolleginnen und Kollegen – ins Exil. Unter ihnen auch Bertolt Brecht (Leben des Galilei, 1939), Thomas Mann und dessen Sohn Klaus, der unter anderem 1936 im Amsterdamer Exilverlag Querido seinen Roman Mephisto veröffentlichte. Darin prangerte Mann die Verquickung des Nationalsozialismus mit allzu bereitwilligen Stars an, die sich mit dem neuen System arrangierten.

Friedo Lampes Roman *Am Rande der Nacht* wurde kurz nach seiner Veröffentlichung 1933 von den Nazis verboten. Es kommt ohnehin einem Wunder nahe, dass der im Stil des Magischen Realismus verfasste Roman (mit seinem homoerotischen Grundtenor) überhaupt hatte erscheinen können. Von Walter Mehring ist Ähnliches zu berichten. Sein satirischer Roman *Müller – Chronik einer deutschen Sippe*, den er 1935 im österreichischen Exil herausgebracht hatte, wurde noch im selben Jahr zurückgezogen. Die Nazis hatten Druck auf die damals noch selbstständige österreichische Regierung ausgeübt und ein Verbot erwirkt, da das Werk – so die Begründung – das »arische Rasse-Empfinden« beleidige. Mehring schilderte in seiner beißenden Satire den Aufstieg der fiktiven Familie Müller – die geborenen Untergebenen, die seit der Römerzeit jede Staatsform auf ihrem Rücken zu tragen vermochten und nachweislich »urarischer« Abstammung seien.

Als Walter Mehrings Roman erschien oder besser nicht erschien, hatte man seine anderen Werke längst im Mai 1933 auf dem Scheiterhaufen der Bücherverbrennung vernichtet. Die Liste der »verbrannten Bücher« ist lang, um jedes Buch zu lang. So absurd es klingen mag: Die Bücher fielen den Flammen zum Opfer, gerade weil sie ihre besonderen Qualitäten hatten – die aber mit der dumpfen Ideologie der Nazis nicht zusammenpassten.

In den Flammen zu landen, war demnach, wenn man so will, eine Vernichtung und eine Wiederbelebung zugleich. Es ist dem Romancier Oskar Maria Graf also nicht zu verdenken, dass er, als seine Bücher weder den Feuern übergeben noch verboten worden waren, in der Wiener *Arbeiter-Zeitung* zwei Monate nach der Bücherverbrennung 1933 schrieb: »Nach meinem ganzen Leben und nach meinem ganzen Schreiben habe ich das Recht, zu verlangen, dass meine Bücher der reinen Flamme des Scheiterhaufens überantwortet werden und nicht in die blutigen Hände und die verdorbenen Hirne der braunen Mordbande gelangen.« Sein obskurer wie nachvollziehbarer Wunsch wurde ihm selbstverständlich erfüllt.

105

Weil die Mitte des 20. Jahrhunderts unter dem Zeichen der Aufarbeitung und Bewältigung der jüngsten deutschen Vergangenheit stand, Bücher von Weltruhm hervorbrachte und zuletzt auch wieder den ganz normalen Alltagswahnsinn in den Fokus rückte

Acht Tage unermüdlicher Arbeit haben Wolfgang Borchert trotz seines frühen Todes mit gerade einmal 26 Jahren für die deutsche Literaturlandschaft unsterblich gemacht. Denn sein in so kurzer Zeit niedergeschriebenes Drama *Draußen vor der Tür* um den Kriegsheimkehrer Beckmann, der sich in der Zivilgesellschaft nicht mehr zurechtfindet, wurde sofort nach seiner Ausstrahlung als Hörspiel im Februar 1947 ein großer Erfolg. Noch nicht einmal zwei Jahre war der Krieg aus, da stellte sich Borchert die wichtigen Fragen nach Moral, Schuld, Gott und Tod und traf damit den sensiblen Nerv seiner Zeitgenossen. Wolfgang Borchert, der auch zahlreiche Kurzgeschichten hinterlassen hat, hat den ganz großen Erfolg seines berühmten Stückes aber nicht mehr miterleben dürfen: Er starb einen Tag vor der lange erwarteten Uraufführung an den Folgen seiner Lebererkrankung.

Noch vor dem Ausbruch des Zweiten Weltkriegs hatte Anna Seghers an ihrem Werk *Das siebte Kreuz* (1942 im Exil veröffentlicht) zu arbeiten begonnen, der Geschichte von sieben KZ-Insassen, die aus der Haft entfliehen und binnen sieben Tagen wieder eingefangen werden sollen.

Von den sieben Kreuzen, an denen die Flüchtlinge landen sollen, bleibt nur eines leer. Zur selben Zeit etwa (nämlich 1937) ist die Handlung in Alfred Anderschs erstem Roman *Sansibar oder der letzte Grund* (1957) angesiedelt. Hier kreuzen sich in Rerik an der Ostsee die Schicksale eines Kommunisten, einer Jüdin und eines Pfarrers, der ein Stück »entartete Kunst« vor der Zerstörung durch die Nazis retten will.

Die Ursachen und Folgen des Zweiten Weltkriegs, die mit ihm verknüpften Schicksale bilden die Schwerpunktthemen der Literatur nach 1945. Noch bis in die 1960er Jahre hinein ist die sogenannte Nachkriegs- beziehungsweise Trümmerliteratur wichtiger Bestandteil der Vergangenheitsbewältigung – im Osten wie im Westen Deutschlands. Viele der Autorinnen und Autoren gehörten zu einer neuen Generation von Schriftstellern, veröffentlichten gerade ihre ersten Bücher. Heinrich Böll legte sein *Haus ohne Hüter* (1954) vor, in dem zwei Familien mit dem Verlust der im Krieg gefallenen Väter umzugehen versuchen. Auch Günter Grass war unter ihnen und startete 1959 mit *Die Blechtrommel* seine »Danziger Trilogie« (zu der noch *Katz und Maus*, 1961, und *Hundejahre*, 1963, gehören).

Opfer und Täter des Nationalsozialismus begegnen sich in Wolfgang Koeppens Roman *Der Tod in Rom* (1954). In der ewigen Stadt treffen zwei verwandte Familien wieder aufeinander und beweisen, dass das Deutschland des Wirtschaftswunders hinsichtlich seiner Vergangenheitsbewältigung voller Widersprüche steckt und das Ende des Krieges noch lange nicht das Ende der Ideologien und Ängste bedeutet. In ihrem Roman *Das unauslöschliche Siegel* (1946) beschreibt die arrivierte Schriftstellerin Elisabeth Langgässer ihre Erfahrungen als Tochter eines jüdischen Vaters, der zum Katholizismus konvertierte. 1936 war Langgässer als »Halbjüdin« aus der Reichsschrifttumskammer ausgeschlossen und mit Publikationsverbot belegt worden. Ihre Tochter Cordelia wurde als »Volljüdin« nach Theresienstadt und Auschwitz deportiert, überlebte das Vernichtungslager aber und gelangte nach der Befreiung nach Schweden.

Das Leben, Überleben, Morden und Sterben im Konzentrationslager ist eines der zentralen Themen der Nachkriegsliteratur, natürlich nicht nur in Deutschland, sondern weltweit. Den wahren Fall eines Kindes, das eines Tages im Konzentrationslager Buchenwald auftaucht und von den Häftlingen vor den Wachleuten versteckt wird, griff der in der DDR lebende Bruno Apitz in seinem ersten Roman *Nackt unter Wölfen* (1958) auf. Er verhalf ihm – in 30 Sprachen übersetzt – zu Weltruhm und wurde 1963 unter der Regie von Frank Beyer von der DEFA verfilmt.

Während Hugo Hartung seinen Roman *Ich denke oft an Piroschka* (1954) im Budapest des Jahres 1923 spielen ließ, bestand die deutsche Literatur in den anderthalb Jahrzehnten nach dem Zweiten Weltkrieg aber nicht nur aus einer einzigen historischen Rückschau. Die Bundesrepublik erlebte ihr Wirtschaftswunder, der Aufbau der sozialen Marktwirtschaft schritt voran, Alltagsprobleme, die es auch schon vor dem Krieg gegeben hatte, gewannen wieder mehr Bedeutung. Um Liebe, Macht und Wohlstand geht es nun auch wieder, so unter anderem in Martin Walsers Debüt *Ehen in Philippsburg* (1957). Der satirische Roman zeigt, dass der Eindruck einer entstehenden Wohlstandsgesellschaft mit moralischen Grundfesten an der einen oder anderen Stelle bloßer Schein ist.

Was Martin Walser auf hohem Niveau vorlegte, lieferten Marie Louise Fischer (veröffentlichte über 100 Romane, unter anderem *Zerfetzte Segel*, 1953) und Heinz G. Konsalik (160 Romane, darunter *Der Arzt von Stalingrad*, 1956) fortan am laufenden Band. Ihre Trivialromane sind zwar so durchschaubar wie Frischhaltefolie, erfreuten sich aber dennoch großer Beliebtheit und führten seit den 1950er Jahren zu Millionenauflagen.

106

Weil in den 1960er Jahren niemand die Absicht hatte, eine Mauer zu errichten, Literatur dann aber doch von Ost und West kommt

»Niemand hat die Absicht, eine Mauer zu errichten«, erklärte der DDR-Staatsratsvorsitzende Walter Ulbricht im Juni 1961 während einer Pressekonferenz in Ost-Berlin, nur zwei Monate später führte er seine Aussage ad absurdum, als in Berlin die Mauer errichtet wurde und die Metropole von einem Tag auf den anderen eine geteilte Stadt war. Es war eine der deutschen Schicksalsstunden nach dem Zweiten Weltkrieg, die dazu führte, dass Abertausende Biographien in beiden deutschen Teilen einen Riss bekamen, oft ganz neu geschrieben werden mussten.

Christa Wolf ist eine der Ersten, die das Thema literarisch aufgreift und in ihrer Erzählung *Der geteilte Himmel* (1963) über die Trennung eines Paares schreibt, das an den ost- und westdeutschen Realitäten scheitert. Während die Protagonistin Rita in der DDR und ihrem sozialistischen System bleiben möchte, geht – als es noch möglich war – ihr Freund Manfred über Ost-Berlin in den Westen. Das Experiment, mittels Sozialismus eine gerechtere Gesellschaft aufzubauen, als man sie vom kapitalistischen Westen erwartete, lief in der DDR auf Hochtouren, auch die Kulturschaffenden waren in diesen Prozess eingebunden.

Auf Brigitte Reimanns Erzählung *Ankunft im Alltag* (1961) geht die Bezeichnung »Ankunftsliteratur« zurück – das Ankommen und die Identifikation der Menschen mit ihrem neuen Staat. Positive Helden braucht das junge Land und begeisterte Leserinnen und Leser finden Erik Neutschs *Spur der Steine* (1964), Hermann Kants *Die Aula* (1965) und Wolfgang Johos *Das Klassentreffen* (1968). Die Schrecken des Krieges und das Niederlassen in der sowjetischen Besatzungszone beschreibt Dieter Noll in seinem zweibändigen

Roman *Die Abenteuer des Werner Holt* (1960 und 1963), dessen erster Teil zum Unterrichtsstoff in der Oberschule gehörte. Dass die Autoren keineswegs alle auf den Spuren des Sozialistischen Realismus schrieben, aber dennoch große Erfolge feiern konnten, bewies die Schriftstellerin Irmtraud Morgner mit ihrem Roman *Hochzeit in Konstantinopel* (1968), in dem sie Phantastik und Realistik vereinte und dies – passend zu den 60er Jahren – aus feministischer Perspektive tat.

In der Bundesrepublik rückte noch einmal die jüngste deutsche Vergangenheit in den Fokus der Romanciers und Dramatiker. Siegfried Lenz legte seinen Roman *Deutschstunde* (1968) um die Verantwortung und den Mut des Einzelnen in einem diktatorischen System vor. Peter Weiss rekapitulierte in seinem Stück *Die Ermittlung* (1965) den ersten Frankfurter Auschwitzprozess, der gerade zu Ende gegangen war. Mittels dokumentarischen Theaters, in dem aktuelle politische oder soziale Themen aufgegriffen werden, schuf Weiss ein »Oratorium in elf Gesängen«, in dem neun Opfer- und zwei Täterzeugen von den Greueltaten in den Konzentrationslagern berichten. Rolf Hochhuth verarbeitete in seinem Fünfakter *Der Stellvertreter* (1963) das Schweigen des Vatikans zu den Verbrechen Nazi-Deutschlands. Papst Pius XII. hatte nicht nur ein Konkordat mit dem Deutschen Reich geschlossen und das Regime damit anerkannt, sondern auch keinen öffentlichen Einspruch bezüglich der Massendeportationen und Ermordungen in den Konzentrationslagern erhoben, obwohl er darüber schon frühzeitig in Kenntnis gesetzt worden war.

Das Enfant terrible der deutschen Dichtkunst, Rolf Dieter Brinkmann, legte 1968 seinen einzigen Roman *Keiner weiß mehr* vor, ist aber vor allem für seine Gedichtsammlungen *Westwärts* und *Rom, Blicke* bekannt, die in den 1970er Jahren erschienen. Leichterer Muse widmete sich Utta Danella, die mit ihrem Roman *Stella Termogen* (1960) den Durchbruch schaffte, seither über 70 Millionen Exemplare ihrer Bücher verkaufen konnte und damit eine der kommerziell erfolgreichsten Autorinnen und Autoren Deutschlands ist.

107.

Weil es in den 70ern eine Wiederkehr des »Werthers« gibt, so mancher seine Kindheit hinterfragt, mancher überhaupt zu viel fragt und sagt und am Ende doch alles eine unendliche Geschichte ist

Oscar Wildes Mutter soll einmal gesagt haben, dass es natürlich die Zensur geben müsse, weil die Leute ja sonst sagen würden, was sie denken. Die Dame lebte noch in einem anderen Jahrhundert, in einem anderen Staat. In Deutschland wird man in den 1970er Jahren doch sagen dürfen, was man möchte? In der Bundesrepublik vielleicht, in der DDR – höchsten ein- oder zweimal. Als der Liedermacher und Lyriker Wolf Biermann bei einem Westauftritt 1976 ein paar negative Töne über sein Heimatland DDR vernehmen ließ, wurde er kurzerhand wegen der Verletzung »staatsbürgerlicher Pflichten« ausgebürgert. Er war der SED-Führung aufgrund seiner kritischen Haltung lange schon ein Dorn im Auge gewesen. Diejenigen, die sich gegen die Ausbürgerung einsetzten, traf es mitunter gleich mit: Der Lyriker Reiner Kunze (*Die wunderbaren Jahre*, 1976) siedelte 1977 in die Bundesrepublik über, der Schriftsteller Günter Kunert (*Unterwegs nach Utopia*, 1977) verließ die DDR 1979.

Das Jahrzehnt hatte im Westen gut, aber ebenfalls kritisch angefangen: Uwe Johnson brachte den ersten Band seiner Romanfolge *Jahrestage* (1970) heraus, in der er die Lebensgeschichte seiner Protagonistin Gesine Cresspahl, einer alleinerziehenden Mutter, die aus der DDR geflüchtet ist und in New York lebt, erzählt. Im vierbändigen Roman spannt er einen Themenbogen von der Weimarer Republik bis zum Prager Frühling. Noch umfangreicher als Johnson arbeitete Walter Kempowski: Seine *Deutsche Chronik* umfasst nicht weniger als neun Bände und reflektiert den Niedergang des deutschen Bürgertums im 20. Jahrhundert – exemplarisch an Kempowskis eigener Familiengeschichte. 1971 erschien der womöglich bekannteste Band der Reihe, *Tadellöser & Wolff*, in dem der Autor von seiner Kindheit berichtet. (Noch eine andere setzte sich dezidiert mit ihrer Kindheit im Dritten Reich auseinander: Christa Wolf in ihrem Roman *Kindheitsmuster*, 1976.) Sieben der neun Bände von Kempowskis *Chronik* erschienen in den 1970er Jahren.

Auf ein produktives Jahrzehnt konnte auch die Lyrikerin Sarah Kirsch blicken. Über ein Dutzend Kinderbücher, Gedichte und Prosabände konnte sie veröffentlichen und sich so als eine der bedeutendsten deutschen Lyrikerinnen etablieren. Als Unterzeichnerin des Ausbürgerungsprotestes wurde auch Sarah Kirsch 1977 aus der DDR »entlassen«.

Ulrich Plenzdorfs Kultstück beziehungsweise Kulturroman *Die neuen Leiden des jungen W.* (1972) fängt damit an, dass der Protagonist, der 17-jährige Ostdeutsche Edgar Wibeau, tot ist. In einem von Plenzdorf arrangierten jugendsprachlichen Stil zeichnet die (mehrfach unterschiedlich editierte) Geschichte die kurze Lebenszeit des Jugendlichen nach, der bei der Lektüre von Goethes *Werther* (der mit der Pistole um Punkt zwölfe!) Ähnlichkeiten zu seinem eigenen Leben entdeckt. Dass das nicht gut ausgehen kann, dürfte klar sein.

Während Plenzdorfs *Neue Leiden* in der damaligen Jetztzeit spielten, rückte Otfried Preußler einen Jungen des 18. Jahrhunderts ins Zentrum seines Jugendbuchs *Krabat* (1971), in dem sich der gleichnamige Held gegen seinen Meister behaupten muss. Der Müller unterrichtet seine Lehrlinge nicht nur im Handwerk, sondern bringt ihnen auch die Schwarze Kunst näher. Zu dumm, dass der Meister seine Kräfte lieber dem Bösen widmet. Und dann verbirgt er auch noch ein schreckliches Geheimnis um Leben und Tod.

Einen ebenso beliebten und mit dem Deutschen Jugendbuchpreis ausgezeichneten Roman für Kinder und Jugendliche legte Michael Ende 1973 mit *Momo* vor. Hier ist ein kleines Mädchen die große Heldin, die die Welt vor den »grauen Herren« rettet, die die Menschen um ihre Lebenszeit betrügen. Graue Herren und Betrug – Ende dachte damals schon ans fragwürdige Finanzsystem. Und so mancher DDR-Bürger hat sich vielleicht sogar gedacht, die alten Politbonzen seien gemeint. Die haben den Leuten schließlich auch nur die Zeit (und noch mehr) gestohlen. 1979 folgte dann noch ein Roman von Michael Ende, den man fast als Motto für die ganze Welt der Literatur verstehen könnte: *Die unendliche Geschichte*.

108.

Weil in den 1980er Jahren endlich die Fakten auf den Tisch kommen: Ist Deutschland ein Problemstaat? Und: Atomkraft – Nein danke!

Die 1980er Jahre sind geprägt von gelb-roten Stickern, auf denen »Atomkraft – Nein danke!« steht. Als im April 1986 im Atomkraftwerk Tschernobyl ein Reaktor explodierte und einen Super-GAU nicht gekannten Ausmaßes verursachte, hielt die Welt den Atem an. In vielen Teilen Europas war die radioaktive Verseuchung zu messen. Die beiden Teile Deutschlands trennte die Form der Information darüber. Während in der Bundesrepublik in breiter Öffentlichkeit diskutiert wurde, verharmloste die DDR-Führung das Unglück. Umweltgruppen, die die Nutzung der Kernenergie seit jeher in Frage gestellt hatten, forderten in Ost und West nun den Ausstieg aus dieser Art der Energiegewinnung.

Schon im Jahr nach der Katastrophe veröffentlichte Christa Wolf ihr Buch *Störfall. Nachrichten eines Tages*, in dem sie die Reaktorkatastrophe und die Operation des Bruders der Erzählerin auf denselben Tag fallen lässt und hinterfragt, inwieweit der technische Fortschritt den Menschen zum Wohl oder Übel gereiche. Gudrun Pausewang schilderte ebenfalls 1987 in ihrem Jugendroman *Die Wolke* das Schicksal eines Mädchens, das Opfer eines fiktiven Reaktorunfalls in der Bundesrepublik wurde. Schon 1983 hatte sich die Autorin in ihrem Roman *Die letzten Kinder von Schewenborn* mit den Folgen einer Nuklearkatastrophe auseinandergesetzt.

Mit einem ganz anderen Umweltgift hatte sich Monika Maron 1981 in ihrem Romandebüt *Flugasche* beschäftigt: mit dem Braunkohlekraftwerk in Bitterfeld. Sowohl eine Zeitungsreportage zum Thema als auch das Buch der im Osten lebenden Schriftstellerin durften in der DDR nicht erscheinen. Der S. Fischer Verlag brachte es jedoch in der Bundesrepublik heraus. Um wohlgefälligere Düfte kümmerte sich Patrick Süskind 1985 in seinem Welterfolg *Das Parfum* (20 Millionen Exemplare in 49 Sprachen!). Der Waisenjunge Jean-Baptiste Grenouille sehnt sich danach, zum besten Parfümeur der Welt zu werden, und schreckt weder vor Manipulation noch vor Mord zurück.

Wie tief das Sehnen in uns Menschen steckt, zeigte Brigitte Kronauer mit ihrem Roman *Rita Münster* (1983), in dem die Heldin im Grunde ein Opfer ihrer Gefühle ist. Verzweifelt wünscht sie sich die Erfüllung ihrer Liebe zu einem verheirateten Mann, muss aber feststellen, dass ihre Hoffnungen vergeblich sind. Sie sieht die Stunden und Tage an sich vorüberziehen, nicht schnell genug können sie vergehen. Ganz anders geht es im selben Jahr dem Kapitän John Franklin in Sten Nadolnys Roman *Die Entdeckung der Langsamkeit*. Der Kapitän ist in seinem Leben von einer solchen Beharrlichkeit und Langsamkeit bestimmt, dass er Schwierigkeiten im Umgang mit der Schnelllebigkeit seiner Umgebung hat. Dort, wo die Uhren zumeist etwas langsamer gehen, hat Erwin Strittmatter

seinen dreibändigen Roman *Der Laden* (1983, 1987, 1992) angesiedelt: in einem Dorf in der Lausitz. Hier schildert er die autobio-
graphisch angehauchte Lebensgeschichte des Jungen Esau Matt,
der mit seiner Familie einen Kolonialwarenladen betreibt.

Dass es eine Kluft gibt zwischen Mensch und Staat, offenbarten
in den 1980er Jahren unter anderem die Autoren Christoph Hein,
Wolfgang Hilbig und Günter Wallraff. Dass sich die Ärztin Claudia
in Heins Novelle *Der fremde Freund* (1982) nicht mehr wohl in
ihrem Leben in der DDR fühlt, hat vor allem mit ihr selbst und
ihrer Vergangenheit zu tun. Ähnlich steril wie ihre Arbeitsbedin-
gungen hat sie ihr Leben eingerichtet, konnte nach einer zerbro-
chenen Freundschaft nie wieder Vertrauen zu anderen Menschen
aufbauen. Sie gaukelt sich vor, dass es ihr gutgehe, aber der Leser
weiß es besser. Als in Hilbigs Roman *Eine Übertragung* der einfache
Arbeiter C. plötzlich der »Schwarzarbeit des Schreibens« nachgeht,
ruft das die Stasi auf den Plan. Er kommt in Untersuchungshaft
und verliert mehr und mehr den Boden unter den Füßen. Sein
einstmals ruhiges Leben als Heizer ist zerstört.

Gestörte, wenn nicht sogar zerstörte Existenzen präsentierte der
Enthüllungsjournalist Günter Wallraff mit seinen Reportagen und
dem Buch *Ganz unten* (1985), für das er sich als türkischer Arbeiter
ausgab und vielerorts in Deutschland Ausländerfeindlichkeit, Aus-
beutung und Missachtung erfuhr. Gnadenlos offenbarte Wallraff
die in der Bundesrepublik allgegenwärtige Feindseligkeit gegenüber Ausländern. Er hielt der Gesellschaft einen Spiegel vor, der
vielen wie ein Zerrspiegel erschien. Dass seine Recherchen zwar
eine öffentliche Diskussion in Gang brachten, die unseligen Umstände in vielen Bereichen aber dennoch nicht abgestellt worden
sind, zeigt Wallraff auch heute noch in seinen aktuellen Under-
cover-Einsätzen.

109.

*Weil man in den 1990er Jahren zwischen Popliteratur
sowie alten und neuen Stimmen wandeln konnte,
aber plötzlich über allem die Frage stand: Was bleibt?*

Was bleibt, fragte Christa Wolf im Jahr eins nach der Wende in
Deutschland und reflektierte in ihrer Erzählung einen gewöhnlichen Tag im Leben einer Schriftstellerin: Mit welchen Gefühlen
und Zweifeln sie sich hinsichtlich ihres eigenen Handelns und der
Wirkungsweise des Staates, von dem sie überwacht wird, ausei-
nandersetzen muss. Aus der Frage, was von der eigenen Identi-
tät bleibe, wurde nach der Veröffentlichung der Erzählung eine
Generalabrechnung mit der Schriftstellerin und gleich mit sämtlichen Autoren der DDR. Der deutsch-deutsche Literaturstreit des
Einheitsjahres war geboren und noch Jahre später wurde über die
Güte von Schriftstellerinnen und Schriftstellern der DDR und die
Güte ihrer Werke debattiert. Welchen Wert hat Literatur, die im
Schatten einer Diktatur, die trotz oder gerade wegen dieser Dik-
tatur entstanden ist? Was zählten Autoren und ihre zum Teil sehr
hohen DDR-Auflagen in einem vereinten Deutschland?

Der Vorteil bei alten Büchern liegt darin, dass man bereits um ihr
Schicksal weiß. Schaut man allein zurück auf die 1910er bis 1930er
Jahre, wahre Glanzzeiten des deutschen Romans, kann man fest-
stellen, dass viele der damals schon berühmten und erfolgreichen
Autoren auch heute noch eine wichtige Rolle im Literaturbetrieb
spielen. Mehr aber noch von ihnen – obwohl viel gelesen und
verehrt – sind heute fast oder gänzlich vergessen, fristen ihr Da-
sein in alten Privatbibliotheken oder verstauben in Antiquariaten.
Wer erinnert sich und liest heute noch die unerschütterlichen
Romane einer Alice Berend, eines Paul Gurk oder eines Friedo
Lampe? Literarische Güte allein ist kein Garant für ein Überdauern
der Zeit.

Die 1990er Jahre waren die Zeit des Literarischen Quartetts um Marcel Reich-Ranicki. Die vier Damen und Herren wetteiferten regelmäßig um das interessanteste neue Buch auf dem Markt, präsentierten Lobeshymnen oder Verrisse von Romanen und Erzählungen und schafften es, dass die Zuschauerinnen und Zuschauer wenig später in die Buchhandlungen stürmten. Aus den 90ern bleiben Werke zwischen neuartiger Popliteratur wie Benjamin von Stuckrad-Barres *Soloalbum* (1998) und den Texten traditioneller Autoren wie Erich Loest, der im Jahr 1995 seinen Roman *Nikolaikirche* herausbrachte.

Einigen Büchern gelingt es, durch eine sehr viel spätere Verfilmung noch einmal auf sich aufmerksam zu machen, wie Uwe Timms Novelle *Die Entdeckung der Currywurst* (1993), die 15 Jahre nach Erscheinen mit der großartigen Barbara Sukowa in der Hauptrolle den Weg auf die große Leinwand fand.

Als ob sie sich verabredet hätten, wurden die Veröffentlichung und Verfilmung von Bernhard Schlinks Welterfolg *Der Vorleser* jeweils zur gleichen Zeit umgesetzt wie Timms *Currywurst*.

Der große deutsche Romancier Siegfried Lenz legte mit *Arnes Nachlass* (1999) die berührende Geschichte eines traumatisierten Pflegekindes vor. Vier Jahre vor seinem Tod entzückte Detlev Meyer mit seinem Roman *In meiner Seele ist schon Herbst* (1995) nicht nur seinen schwulen Fankreis. Längst ein alter Hase auf dem Buchmarkt war Andreas Steinhöfel, als er mit *Die Mitte der Welt* (1998) einen Volltreffer im Bereich Jugendbuch landen konnte, für den er für den Deutschen Jugendliteraturpreis nominiert wurde.

Jedes Jahrzehnt bringt aber auch neue literarische Stimmen hervor, so unter anderen Benjamin Lebert, dessen Debütroman *Crazy* (1999) über die Jugenderlebnisse eines Jungen mit einer körperlichen Behinderung in über 30 Sprachen übersetzt und verfilmt wurde, und Jenny Erpenbeck, die die *Geschichte vom alten Kind* (1999) erzählte. Wen und was man auch in 30, 50 und 100 Jahren noch lesen wird? Man wird sehen.

110.

Weil auf dem Belletristikmarkt von Flaute keine Spur ist und wir jedes Jahr in einen abwechslungsreichen Bücherfrühling und Bücherherbst starten können. Oder, um es mit Arno Geiger zu sagen: Es geht uns gut

Seit der Emanzipierung von Onlinekaufhäusern wird dem geneigten Leser der Erwerb von Büchern so einfach wie nur möglich gemacht. Ein paar Klicks ist man heute nur noch von der Bestellung entfernt, zuvor hat man kleine Rezensionen konsumieren und den Stand in der Verkaufsrangliste studieren können. Seit Mitte der 2000er Jahre wird dem umworbenen Konsumenten aber nicht nur der Kauf leichtgemacht, ihm wird auch gleich noch gesagt, was, bitte schön, derzeit unglaublich lesenswert und mit besonderem Prädikat bedacht ist. Denn die beiden deutschen Buchmessen in Frankfurt und Leipzig loben seit 2005 gleich jede für sich einen Buchpreis aus, der dann für das beste deutschsprachige Buch des Jahres steht. Es gibt also in jedem Jahr zwei beste Romane und das ganz ohne Pattsituation.

Bei den Buchpreisen trifft sich das »Who is who« (die Anglizisme sei entschuldigt) der Literaturszene: Verlage reichen ihre Vorschläge ein, eine Jury bestimmt dann eine Longlist (ups!) und eine Shortlist (ups, schon wieder!).

Aus Letzterer wird schließlich die Siegerin oder der Sieger gekürt und – zumindest in Frankfurt – mit 25.000 Euro Preisgeld bedacht. Dass eine solche Auszeichnung sich immer positiv auf die Vermarktung eines Buches auswirkt, dürfte klar sein. Ein Blick auf die Bestsellerlisten zeigt regelmäßig, dass mit Preisen bedachte Autoren und Bücher zu einem Ansturm in den Buchhandlungen führen. Mitunter wird von zuvor vom Lesepublikum wenig beachteten Autoren so viel Buchmaterial angefordert, dass die Verlage erstmal nachdrucken müssen.

Natürlich ist es eine Ehre, für einen Buchpreis nominiert zu werden. Aber wer nicht gewinnt, ist eben doch nur Zweiter. Während sich einige Autorinnen und Autoren nicht darüber hinwegtrösten können, haben andere mehr Glück. Herta Müller beispielsweise. Längst war die rumäniendeutsche Autorin bekannt und gerühmt für ihre Werke über die Diktatur in Rumänien, und es wird nicht wenige gegeben haben, die ihren Roman *Atemschaukel* als bestes Buch des Jahres 2009 gesehen haben. Gewonnen jedoch hatte Kathrin Schmidt mit ihrem Roman *Du stirbst nicht*. Kathrin Schmidt freute sich sehr, Herta Müller tröstete sich derweil mit dem Literaturnobelpreis, der ihr im gleichen Jahr zugesprochen wurde.

Das zurückliegende Jahrzehnt hat gezeigt, dass sich die deutschsprachige Literatur – sozusagen im Urland der Dichter und Denker – auch im Zeitalter der Massenmedien und der übergroßen Konkurrenz der fremdsprachigen Literatur behaupten kann. Geistreiche, hintergründige, humorvolle und anrührende Romane, Novellen und Erzählungen sind in den letzten Jahren auf den Markt gekommen, die – zurückkehrend auf die Frage, »was bleiben wird« – von nachhaltiger Substanz sind. Dass sich einige der hier erwähnten Werke auch in den Nominierungslisten der beiden wichtigen Buchpreise wiederfinden, ist nicht nur als Beweis für den guten Geschmack der Jurys, sondern auch als eine Bestätigung der jeweiligen Buchgüte zu verstehen. Kann man da ein paar Rosinen aus dem großen Kuchen picken? Versuchen wir es mal pseudoliterarisch:

Josefine und ich hatten *Eine Wohnung mitten in der Stadt.* Unsere gemeinsame Zeit schien unerschöpflich, und als *Die Mittagsfrau* kam und das *Corpus Delicti* unserer Liebe brachte, war es nicht mehr Winter, sondern *Frühling*. Ich sagte zu ihr: *Dies ist kein Liebeslied.* Aber sie erwiderte nur: *Als wir träumten*, saßen wir *In Zeiten des abnehmenden Lichts* und *Lichtjahre entfernt* auf unserer *Atemschaukel* und dachten an *Die Vermessung der Welt*, die uns *Ruhm* einbringen würde. Und was wir dabei alles sehen würden: *Böse Schafe* und *Berliner Verhältnisse* und *Die Habenichtse*. Und wenn das nicht gelänge, dann suchten wir in Bulgarien nach *Apostoloff* und schrieben am Ende auf dem *Turm*, umgeben von einem *Schwarm* niedlicher Tiere, den *Roman unserer Kindheit*. Und so könnte es ewig weitergehen. Darauf freuen wir uns.

Die kursiv gesetzten Titel stammen nacheinander von: Hans Magnus Enzensberger, Stephan Niederwieser, Julia Franck, Juli Zeh, Thomas Lehr, Karen Duve, Clemens Meyer, Eugen Ruge, Rainer Merkel, Herta Müller, Daniel Kehlmann (2x), Katja Lange-Müller, Raul Zelik, Katharina Hacker, Sibylle Lewitscharoff, Uwe Tellkamp, Frank Schätzing und Georg Klein.

12. KAPITEL

Zu guter Letzt

Weil Bücher eine gute Stütze sind

So unterschiedlich die Menschen sind, so verschieden ist auch der Reiz, der Bücher auf sie ausübt. Es gibt diejenigen, die nicht einen Tag verstreichen lassen können, ohne zumindest ein paar Seiten eines Romans zu lesen oder ein neues Buch zu kaufen. Dann gibt es den Wochenendleser, der sich Samstag und Sonntag in den Sessel pflanzt und nur noch zum Essen, Schlafen und in dringenden Fällen der Körperhygiene aufsteht. Und es gibt, ich möchte ihn mal den Zufallsleser nennen, der sich sommers am Strand wiederfindet und zum Zeitvertreib den Roman seiner Frau liest, weil die gerade einen Cocktail schlürfen, sonnenbaden oder ins Wasser gegangen ist …

Wie es auch zum Bucherwerb und zum Schmökern kommen mag, so ist auch die Frage entscheidend, was mit den Büchern nach ihrer primären Nutzung geschieht. Wir hatten ja bereits einen launigen Blick auf das Sortieren von Büchern in Regalen werfen können. Aber es geht natürlich auch anders. Da gibt es die Ausleiher, die regelmäßig in die Bibliothek gehen. Dann gibt es die, die ein Buch auslesen und es danach sofort bei eBay zum Weiterverkauf anbieten, und jene, die Bücher bereitwillig verleihen, ohne die Aussicht, sie jemals wiederzubekommen.

Doch, liebe Leserinnen und Leser, Bücher können auch noch einen ganz anderen Zweck erfüllen, einen wahrlich praktischen! Warum sollen sie ihr Dasein beispielsweise nur als hübsch anzusehende Ausstellungsware im Wohnzimmer fristen? In Sachen Exfreund fand ich beispielsweise Hilfe: Barbara Honigmann lieferte mir mit *Eine Liebe aus nichts* den passenden letzten Gruß, der schnurstracks in dessen Briefkasten landete. Darüber hinaus habe ich da so eine Zimmerpflanze, die mit den Jahren unheimlich an Höhe und seitlicher Ausdehnung zugelegt hat. Vor allem die größeren Äste drohen bisweilen zu brechen. Gut, dass ich Abhilfe fand! Den schwersten Ast habe ich kurzentschlossen mit zwei dicken Bänden abgestützt, links mit einem Günter Grass, rechts mit einer Vicky Baum. Steht jetzt wieder wie 'ne Eins!

Als mein Couchtisch wackelte, hatte ich ihn zuerst mit einem etwas dünneren Hardcoverbuch austarieren wollen. Das hat aber nur bedingt geklappt, weil der Einband auf die Dauer noch etwas nachgegeben hat. Folge: Der Tisch wackelte wieder. Ich empfehle also dringend den Einsatz von Taschenbüchern. Luis Algorris *Du hörst von mir* liegt seit Kurzem beschwörend unter meinem Telefonapparat. Mit René Goscinnys *Ruhe, ich esse!* habe ich erfolgreich den Schrägstand meiner Mikrowelle ausgleichen können, und als ein Türrahmen *Aus den Fugen* zu geraten drohte, fand sich eine entsprechende Hilfe bei Alain Claude Sulzer.

Aber jetzt mal ehrlich! Das nehmen Sie doch nicht etwa ernst? Bücher sind zwar tatsächlich eine gute Stütze, aber doch hauptsächlich ideell! Sie sind immer da, wenn wir sie brauchen, sie helfen uns durch so manchen schweren Tag oder begleiten unsere glücklichen. Sie gehen von Hand zu Hand oder bleiben für immer wie beste Freunde. Sie sind schön anzusehen und vermitteln uns das Gefühl, unheimlich schlau zu sein. Sie lassen uns an dem Leben anderer teilhaben, bremsen die Schnelligkeit des Alltags aus und lassen uns doch zugleich im Rekordtempo Raum und Zeit vergessen.

Bücher sind ... einfach Bücher! Und jetzt den alles entscheidenden letzten Satz zu finden, der all die vorhergehenden Seiten noch einmal bündelt, alle Handlungsstränge und Einfälle miteinander verknotet, um diesen Knoten gleich darauf wieder zu zerschlagen, ist an dieser Stelle unheimlich schwer und im Grunde doch auch unnötig. Nach diesem letzten Satz nämlich fängt das Buchabenteuer doch erst richtig an!

DIE LETZTE AUTOPSIE

WIE IST DAS, WENN MAN EINEM FREMDEN GANZ UND GAR SEIN HERZ ÖFFNET?
EIN ROMAN ÜBER DIE LIEBE UND WAS SIE MIT UNS MACHT

DIE LETZTE AUTOPSIE
EINE LIEBE UNTER DEM SEZIERMESSER – ROMAN
Von Paul Hille
280 Seiten, Klappenbroschur
ISBN 978-3-86265-212-9 | Preis 14,95 €

Als Paul den Sektionsauftrag bekommt, steht für ihn fest: Dies wird keine normale Autopsie. All die Gefühle, die er sonst unterdrückt, lässt er dieses Mal an sich heran. Inspiriert durch die Intensität dieser Erfahrung, rekonstruiert er in Gedanken die Geschichte seiner Liebe zu Maria:

Fasziniert von dem Bild einer Wildfremden, das er im Internet findet, macht Paul etwas Verrücktes – er schreibt ihr.

Zwei Menschen, die einander vollkommen unbekannt sind, schicken sich von nun an leidenschaftliche E-Mails. Doch Maria ist in einer festen Partnerschaft und hadert damit, sie für jemanden aufs Spiel zu setzen, den sie kaum kennt.

Exakt seziert Paul seine Beziehung zu Maria und legt so jede Schicht einer Amour fou frei, die die Liebenden fast um den Verstand bringt.

Stefan Müller
111 GRÜNDE, BÜCHER ZU LIEBEN
Eine Liebeserklärung an das Lesen

ISBN 978-3-86265-001-9
© Schwarzkopf & Schwarzkopf Verlag GmbH, Berlin 2014
Erste Auflage Januar 2014 | Alle Rechte vorbehalten. Dieses Werk
ist urheberrechtlich geschützt. Jede Verwendung, die über
den Rahmen des Zitatrechtes bei korrekter und vollständiger
Quellenangabe hinausgeht, ist honorarpflichtig und bedarf der
schriftlichen Genehmigung des Verlages

Coverfotos: © thinkstock.com
Autorenfoto: © Stefanie Brandenburg
Lektorat: Sylvia Gelinek

KATALOG
Wir senden Ihnen gern kostenlos unseren Katalog.
Schwarzkopf & Schwarzkopf Verlag GmbH
Kastanienallee 32, 10435 Berlin
Telefon: 030 – 44 33 63 00
Fax: 030 – 44 33 63 044

INTERNET | E-MAIL
www.schwarzkopf-schwarzkopf.de
info@schwarzkopf-schwarzkopf.de